DE L'HUMAIN AUGMENTÉ AU POSTHUMAIN

Fondateur
André ROBINET †

Directeur
Gilbert HOTTOIS

Entre modernité et postmodernité, cette collection d'essais a pour vocation première d'encourager des réflexions originales sur l'avenir d'une civilisation caractérisée par les interactions entre traditions et technosciences.

Pour Demain

Bernard BAERTSCHI

DE L'HUMAIN AUGMENTÉ AU POSTHUMAIN

UNE APPROCHE BIOÉTHIQUE

Ouvrage publié avec le concours
du Centre national du livre

PARIS
LIBRAIRIE PHILOSOPHIQUE J. VRIN
6, Place de la Sorbonne V[e]

2019

Imprimé en France

ISSN 0180-4847

ISBN 978-2-7116-2877-3

www.vrin.fr

INTRODUCTION

« Deviens meilleur ! » est un impératif pour l'être humain – certains aspirent même à devenir *le* meilleur. *De facto*, nous avons besoin de nous perfectionner sans cesse, de nous dépasser parfois, pour atteindre les buts que nous nous fixons ou que d'autres nous fixent, dans le monde du travail singulièrement. Mais aussi *de jure* : cette aspiration a été conceptualisée comme un devoir moral par certains philosophes. En effet, Kant fait de la recherche de la perfection personnelle un devoir envers soi-même ; c'est même le devoir moral par excellence puisque, si je dois aider les autres, si l'altruisme donc est un devoir, c'est afin que ceux que j'aide soient à même de rechercher cette perfection[1]. Quant à Aristote, il considérait que l'épanouissement humain, l'*eudaimonia* que l'on traduit un peu inexactement par « bonheur », consistait dans une vie vertueuse ; or les vertus, ce sont des excellences que l'on se doit d'acquérir[2]. S'améliorer est donc souvent dans notre tradition une exigence *et* un impératif moral. John Harris relève, de manière générale : « On peut douter qu'il y ait jamais eu une époque dans laquelle les êtres humains [*ape-descended persons*] ne se soient pas efforcés de s'améliorer »[3].

Pourtant, ce projet d'amélioration, remis récemment au centre de notre attention sous le nom de *human enhancement* par des auteurs anglo-saxons, est actuellement reçu avec une certaine tiédeur, avec fraîcheur même, voire parfois avec une franche hostilité. Dépasser ses limites serait-il devenu moralement discutable ? C'est en tout cas ce qu'on entend régulièrement dire lorsque ces limites sont celles non de l'individu, mais de

1. *Doctrine de la vertu*, Paris, Vrin, 1985, p. 56-57.

2. *Éthique à Nicomaque*, Paris, Vrin, 1987, p. 81.

3. *Enhancing Evolution. The Ethical Case for Making Better People*, Princeton, Princeton UP, 2007, p. 13.

l'espèce humaine : le projet transhumaniste de travailler à l'avènement d'un être posthumain, à savoir d'un être qui ne serait plus affligé des limitations inhérentes à l'espèce humaine – c'est ainsi que Max More présente ce projet –[1], suscite la désapprobation, voire une aversion déclarée. Sauf bien sûr chez ses partisans, tels les membres de l'association *Humanity+* (nouvelle dénomination de la *World Transhumanist Association*), et chez les technoenthousiastes de tout horizon.

On pensera peut-être que le projet d'amélioration et la visée transhumaniste sont de nature bien différente, à l'instar de Jean-Michel Besnier qui affirme : « Ce que veut le transhumanisme, ce n'est pas parfaire l'humanité, mais nous arracher à l'humanité »[2]. Il y a certes des différences marquées entre les deux projets, mais selon moi, il sont en continuité au niveau de la *motivation* et des *finalités* : le transhumanisme n'est que la dernière étape de la volonté d'améliorer l'être humain, de lever les limitations qui l'empêchent d'être lui-même, à savoir de satisfaire des buts essentiels qui lui sont chers, et cela par les moyens appropriés dont il dispose. Ces moyens sont il est vrai nouveaux : il s'agit pour une bonne part de moyens biomédicaux et (bio)technologiques, et on verra que ce sont eux qui cristallisent une bonne partie de la méfiance et de la réprobation. Toutefois, vu que ce projet d'amélioration est comme l'a dit Harris consubstantiel à l'humanité, on doit affirmer que l'avènement annoncé d'un être posthumain n'est pas si révolutionnaire qu'il paraît, si ce n'est le vocable utilisé – il faudra d'ailleurs se demander s'il recouvre beaucoup plus qu'une rhétorique, inspirée d'une sorte d'eschatologie, a-religieuse en ce qu'elle n'annonce pas un état final et définitif, le posthumain étant un devenir ouvert et impossible à caractériser précisément *a priori*. C'est pourquoi j'examinerai le *human enhancement* et le transhumanisme successivement et dans la foulée, d'autant que c'est dans le projet d'amélioration déjà que se posent les questions morales décisives. Mon argumentation militera aussi en faveur d'une certaine déflation dans un sujet qui semble de plus en plus avoir les propriétés d'une baudruche, ou si on préfère une comparaison plus littéraire, d'une certaine grenouille dont parle La Fontaine.

La méfiance que l'on observe actuellement face au dépassement des limites, celles des individus ou celles de l'espèce, est-elle justifiée ? C'est à cette question qu'est dévolu cet ouvrage. Mon propos ne sera toutefois pas de passer en revue les différents progrès actuels et futurs, ou les multiples prouesses technologiques annoncées pour en évaluer individuellement la

1. B. Jousset-Couturier, *Le Transhumanisme*, Paris, Eyrolles, 2016, p. 14-15.
2. J.-M. Besnier, *Demain les posthumains*, Paris, Fayard, 2010, p. 45.

faisabilité ou la désirabilité, sauf dans la mesure où cela me permettra d'avancer dans ma réflexion, qui se veut donc plus générale. Je ne parlerai pas non plus de la médecine d'amélioration, car ce n'est pas du rôle de la médecine qu'il s'agit ici et encore moins de sa vocation. Certes la médecine est concernée, en particulier dans la question des neuromédicaments à visée « dopante », puisque ce sont les médecins qui prescrivent et que les substances concernées ont souvent été mises au point dans le cadre de la recherche biomédicale; mais la question du dépassement des limites va bien au-delà et, somme toute, si une amélioration est disponible, peu importe qui est en charge de la délivrer, l'autorité politique ayant toutefois la tâche que veiller à ce que cela soit fait de manière équitable, sûre et sans risque excessif. Le rôle dévolu à la médecine est un problème à lui tout seul, et les controverses ne manquent pas entre ceux qui estiment que le médecin doit se limiter à la restauration de la santé et ceux qui pensent qu'il est un prestataire de services au service justement des désirs et préférences de ses patients – on devrait peut-être parler de ses *clients* –[1], mais je n'en dirai rien.

Les neuromédicaments ne sont qu'un moyen d'amélioration parmi d'autres. Certains d'entre eux sont très anciens, ils accompagnent même l'humanité depuis ses débuts, tels les outils; d'autres ne font appel à aucun artefact, comme l'éducation. Certains sont invasifs et durables, ainsi l'éducation encore, bien qu'elle le soit fort différemment des modifications du génome; mais tous ne le sont pas : soumettre son cerveau à un champ magnétique ou électrique pour « doper » certaines de ses capacités cognitives n'a que des effets très périphériques et passagers, de même que la prise de substances psychoactives. Il y a là une grande diversité. Je focaliserai mon intérêt sur les moyens nouveaux, apparus dans le sillage des progrès technoscientifiques. Ils ressortissent essentiellement à trois disciplines : la biologie (la génétique en particulier), les neurosciences et l'ingénierie (l'intelligence artificielle et l'informatique), et ne m'occuperai des moyens traditionnels, comme les outils ou l'éducation, que dans la mesure où ils posent les mêmes questions ou qu'ils permettent un contraste pertinent. Plus précisément, ces nouveaux moyens comprennent des substances psychoactives (neuromédicaments), des appareils de stimulation cérébrale transcrâniens (un appareil placé à l'extérieur du crâne crée

1. J. Varelius, « Illness, Suffering and Voluntary Euthanasia », *Bioethics*, 21/2, 2007, p. 82.

un champ magnétique ou électrique qui agit sur le cerveau)[1], des implants cérébraux[2], des interfaces cerveau-machine ou cerveau-ordinateur[3], déjà utilisés pour les personnes tétraplégiques, des microprocesseurs implantés sous la peau et des interventions sur le génome humain. Tous ne suscitent évidemment pas les mêmes inquiétudes morales.

J'aimerais encore souligner un dernier point : les arguments que je vais présenter et discuter ressortissent en premier lieu à la morale ou à l'éthique (j'utilise ces deux expressions comme synonymes) et non à la politique. Cela ne veut pas dire que je n'examinerai pas les soucis qui ont trait au côté social de l'être humain, comme les questions liées à l'équité ou à la justice distributive, mais que je considérerai comme un arrière-plan donné et qui ne demande pas à être justifié que nous vivons dans une démocratie libérale et pluraliste, c'est-à-dire dans une société qui reconnaît à chaque individu un ensemble de libertés et de droits fondamentaux (en gros, ceux qui sont contenus dans la *Déclaration universelle des Droits de l'homme*), et en particulier le droit de mener la vie de son choix, dans la mesure où il ne cause de tort à personne, où il respecte les règles fondatrices d'une telle société et ne met pas en danger des valeurs qui sont centrales pour elle, comme l'égalité, la liberté, voire, mais c'est déjà plus délicat vu le flou sémantique qui entoure cette notion, la dignité. L'État n'a donc pas à s'occuper des différentes conceptions de la vie bonne que chacun entretient, ni de l'idéal de la personne auquel il aspire, sauf si, par là, il est la source d'un préjudice pour autrui ou d'un danger pour les libertés et droits fondamentaux. Et ici, on voit qu'il existe tout de même un lien entre l'éthique et la politique, en ce sens qu'il se pourrait que des pratiques d'amélioration mettent en danger certains de ces droits, si bien qu'il y aurait de bonnes raisons politiques de les réguler et de les limiter, voire de les interdire.

Les deux notions corrélatives de conception de la vie bonne et d'idéal de la personne vont jouer un rôle important dans la question de l'amélioration. Il me faut donc en préciser la signification dès maintenant. Si (presque) tout être humain cherche à s'améliorer, tout être humain cherche aussi le bien-être ou, pour utiliser une expression plus vague, à être heureux; Aristote le soulignait déjà[4]. Cela signifie que nous voulons

1. TMS : *Transcranial magnetic stimulation* et tDCS : *Transcranial direct current stimulation.*

2. DBS : *Deep Brain Stimulation*, mis au points pour traiter la maladie de Parkinson.

3. BMI : *Brain Machine Interface* ou BCI : *Brain Computer Interface*.

4. *Éthique à Nicomaque*, *op. cit.*, p. 40.

réussir notre vie et nous épanouir en tant qu'êtres humains, conformément à l'idée que nous nous faisons de nous-mêmes, de la personne que nous voulons et aimerions être. Autrement dit, nous désirons mener une vie qui soit bonne et heureuse selon la conception que nous nous faisons d'un être humain accompli : conception de la vie bonne et idéal de la personne sont des notions corrélatives, et lorsqu'il est question d'amélioration, celle-ci fait nécessairement référence à la vie bonne que nous désirons mener (nous voulons qu'elle soit meilleure, dans le sens où nous l'entendons) et à l'idéal de la personne que nous voulons être (nous voulons devenir une personne plus accomplie, dans le sens où nous l'entendons). Toutefois il n'existe pas d'accord général sur ce que doit être une vie bonne ou une personne accomplie : chaque société, chaque période, chaque culture en ont proposé un modèle, voire plusieurs; pensons au héros homériques, aux saints dans les diverses religions ou, plus modestement, au modèle bourgeois de la réussite.

Pendant des siècles, ces divers modèles se sont souvent affrontés sur la place publique, parfois dramatiquement comme l'attestent les guerres de religion. Mais peu à peu l'idée s'est dégagée que chacun devait avoir la liberté de vivre selon ses propres conceptions et idéaux et que l'État n'avait pas à s'en occuper, ni à intervenir sur ce plan. C'est l'idée que le libéralisme politique a défendue et défend encore. Elle implique notamment qu'une désapprobation morale ne débouche pas nécessairement sur une interdiction légale, qu'il est même rare que cela doive être le cas, comme les meilleurs philosophes l'affirmaient déjà bien avant la naissance de la Modernité. Thomas d'Aquin écrit en effet :

> La loi humaine s'adresse à la multitude des hommes dont la plus grande part n'est pas composée d'hommes consommés en vertu. Voilà pourquoi la loi humaine ne prohibe pas tous les vices dont les vertueux s'abstiennent, mais seulement les plus graves, dont la majeure partie des gens peuvent s'abstenir, et surtout ceux qui tournent au détriment d'autrui, sans la prohibition desquels la société humaine ne saurait se conserver; c'est ainsi que la loi humaine interdit les homicides, les vols et autres crimes semblables [1].

Le libéralisme politique moderne a suivi cette voie. On peut donc discuter des conceptions du bien et de la vie bonne au niveau moral, et il est bon de le faire; on peut même porter des jugements moraux à leur propos et estimer que l'une ou l'autre est inappropriée pour les êtres humains que nous sommes, mais le législateur doit la plupart du temps se garder d'y

1. Thomas d'Aquin, *Somme théologique*, Ia-IIae, q. 96, a. 2, 1984, disponible en ligne : http://docteurangelique.free.fr/livresformatweb/sommes/1sommetheologique1apars.htm.

mettre et le nez et la main, sauf comme je l'ai dit s'il y a menace d'un préjudice pour autrui ou pour les libertés et droits fondamentaux [1].

Que penser sur le plan moral du projet actuel d'amélioration ou d'augmentation de l'être humain, qui culmine dans le transhumanisme? Pour répondre à cette question, je commencerai par mieux la circonscrire en donnant quelques exemples et en présentant plusieurs distinctions importantes pour mon propos (premier chapitre). Puis j'examinerai dans le détail les principales objections qui ont été dirigées contre le projet d'amélioration de l'être humain, affirmant soit qu'il serait en lui-même inacceptable (chapitre II), soit qu'il mettrait en péril la conception que nous avons et devons avoir de nous-mêmes (chapitre III). Chemin faisant, on se rendra compte que, souvent, c'est moins l'objectif (l'amélioration) qui est visé que les moyens utilisés à cet effet, lorsqu'ils font appel aux biotechnologies et plus généralement aux technologies convergentes ou NBIC (nano-bio-info-cogno-technologies).

L'examen de ces objections montrera qu'elles ne sont pas toujours solides ou que leur validité est limitée à certains cas bien particuliers. Ce résultat se confirme si on aborde la question par un autre côté, celui des utilisateurs, à partir de leur expérience des effets de la consommation de substances psychostimulantes (chapitre IV). J'arriverai ainsi à une première conclusion disant que le projet d'amélioration soulève certes des difficultés, mais qu'aucune n'est assez sérieuse pour l'évaluer de manière négative ou pour penser qu'il faudrait le combattre sur le plan moral.

Au-delà des objections particulières se profile toutefois une interrogation plus fondamentale, concernant la question de savoir quel genre de personne nous voulons être et qu'est-ce qui constitue un épanouissement proprement humain, bref, qu'est-ce qu'une vie humaine bonne et réussie. Il faut donc aussi se demander si le projet d'amélioration y est conforme (chapitre V). La réponse que j'y ferai ne sera pas vraiment surprenante, étant donné la pluralité qui caractérise une société libérale : la conformité du projet d'amélioration est jugée différemment en fonction des différentes conceptions de la vie bonne adoptées dans notre société. Pour certains, il y a antagonisme entre le projet et l'épanouissement humain, alors que pour d'autres, ils sont en continuité. Le transhumanisme est du côté de la

1. Il ne faut pas confondre cette approche libérale avec le libertarisme (appelé aussi par certains « néo-libéralisme ») promu par nombre des transhumanistes, ceux qu'on nomme « technolibertaires » (G. Hottois, *Philosophie et idéologies trans/posthumanistes*, Paris, Vrin, 2017, p. 175).

continuité, c'est pourquoi d'ailleurs il est à évaluer de la même manière que le projet d'amélioration lui-même (chapitre VI).

L'opposition entre les conceptions de la vie bonne est indépassable, en ce sens qu'il n'existe pas d'argument qui puisse convaincre l'un ou l'autre camp d'erreur, même si je pense que certains arguments présentés sont meilleurs que d'autres. En ce qui concerne le transhumanisme et l'annonce de l'avènement d'un être posthumain, il est, comme je viens de dire, la dernière manifestation du désir d'amélioration et de perfectionnement qui habite l'espèce humaine depuis toujours. Cette continuité entre l'humanisme et le transhumanisme s'exprime encore dans l'affirmation que nous devons nous efforcer de rendre notre monde plus « humain ». Le dernier chapitre (chapitre VII) sera dévolu à l'examen de deux tentatives dans ce sens, qui ne sont toutefois pas dépourvues d'ambiguïté, ce qui permettra de mettre en lumière une vertu nécessaire à toute l'entreprise d'amélioration, la modestie[1].

1. Ce livre prolonge et approfondit une réflexion que je mène depuis plusieurs années et dont les résultats ont été en partie publiés dans divers articles : « La pilule du bonheur… Pourquoi non ? », *Revue médicale suisse*, 90, décembre 2006, p. 2816-2820 ; « Devenir un être humain accompli : idéal ou cauchemar ? », dans J.-N. Missa et L. Perbal (éd.), « *Enhancement* ». *Éthique et philosophie de la médecine d'amélioration*, Paris, Vrin, 2009, p. 79-95 ; « L'humanité se dit de multiples manières », *Journal International de Bioéthique*, 22/III-IV, 2011, p. 67-76 ; « Qu'est-ce qu'une véritable amélioration ? », *Bioethica Forum*, 4/1, 2011, p. 4-11 (j'ai écrit cet article avec Alex Mauron ; j'ai donc signalé dans le texte les emprunts que j'y ai faits, car les idées développées à cette occasion nous sont communes) ; « Defeating the Argument from Hubris », *Bioethics*, 8, 2013, p. 435-441 ; « Neuromodulation in the Service of Moral Enhancement », *Brain Topography*, 27/1, 2014, p. 63-71 ; « What Is It Like to Be "Tuned" ? », *Jahrbuch für Wissenschaft und Ethik*, 19, 2014, p. 189-202 ; « L'obsolescence programmée de la nature humaine », *Foi & Vie*, 4, décembre 2014, p. 46-61 ; « *Human Enhancement*. Les principaux enjeux éthiques », *Revue d'éthique et de théologie morale*, 2015, 286, p. 11-23 et « "Améliorer les animaux" : le génie génétique à la rescousse du carnivorisme », dans M. Jouan et J.-Y. Goffi (éd.), *L'animal*, Paris, Vrin, 2016, p. 297-317.

CHAPITRE PREMIER

UNE FABLE, DES DONNÉES ET QUELQUES DISTINCTIONS

UNE VOITURE « TUNÉE »

Je commence par une petite histoire afin de cadrer agréablement le sujet et de mobiliser nos intuitions.

David, mécano-bicoleur habile, vient de s'acheter une Golf GTi d'occasion pour un prix dérisoire. C'est qu'elle n'est plus en très bon état. Qu'importe, il se met à l'ouvrage et, se procurant sur internet les pièces qu'il est nécessaire de changer, il remet peu à peu sa voiture en bon état de marche. Bien sûr, cela prend du temps, mais il approche du but; déjà, elle roule, et ses accélérations lui procurent le plaisir qu'il attendait. Alors qu'il va s'attaquer à la carrosserie, il tombe sur une revue consacrée au *tuning*. Comme on le lit sur wikipedia, « le tuning, ou personnalisation automobile (ou encore préparation automobile), est la modification d'un véhicule de série; automobile, moto, vélo, scooter, etc. Dans certains cas le but est d'améliorer les performances d'un véhicule ou son confort (parfois les deux), dans d'autres il s'agit simplement de le personnaliser » [1].

Enthousiasmé par ce qu'il découvre, David décide de « tuner » sa voiture. Ce sera plus long, mais le résultat sera bien meilleur. Et en effet, le travail terminé, la Golf GTi ne ressemble à aucune de ses pareilles, au point où, si David n'avait pas laissé le nom de la marque et du modèle sur la carrosserie, on pourrait hésiter. Elle brille de mille feux, rase le sol et ses performances vont au-delà des modèles conventionnels. Il la fait essayer à

1. fr.wikipedia.org—Tuning.

ses amis. Certains s'exclament : « Quelle voiture ! » D'autres : « Ça, c'est une sacrée Golf ! » Ou même : « Ce n'est plus une Golf, c'est bien mieux ! »

David s'est procuré une voiture en mauvais état, il l'a « soignée » et, alors qu'elle allait être pleinement rétablie, il a décidé de l'« améliorer » ou de l'« augmenter ». Il y a réussi. La voiture qui est sortie de ses mains était encore une voiture – et c'est bien normal, car ce qu'il voulait, c'était une voiture –, mais est-ce encore une Golf GTi ? Les réactions de ses amis montrent que la réponse à cette question n'est pas claire. Toutefois, est-il important de pouvoir y répondre ? David, en tout cas, s'en moque : il voulait une voiture puissante et personnalisée, faisant l'admiration de ses amis, il l'a. Ses désirs ont été pleinement satisfaits, il ne lui reste qu'à savourer le plaisir de la conduite.

Devenir meilleur

L'être humain n'est pas une voiture, car une personne n'est pas une chose, répètent les philosophes depuis Kant au moins[1]. Certes, mais notre corps a quelque chose d'une voiture. Être confortablement « assis » dans un corps en pleine santé permet d'en jouir et de se livrer au plaisir de le conduire. Pour ce faire, il nous faut le conserver en bon état, malgré le vieillissement, et l'améliorer sur certains points, en fonction des buts que nous poursuivons. Par l'éducation et le travail sur nous-même, nous tâchons d'améliorer nos capacités affectives et notre humeur ; par l'entraînement physique, nos capacités musculaires et athlétiques ; par le bronzage, notre apparence et notre attractivité. Mais nous ne désirons pas tout changer en nous : certaines de nos capacités nous satisfont pleinement – de la même manière, David n'a pas modifié la plupart des pièces de sa voiture, car elles remplissaient parfaitement leur fonction, au vu de ce qu'il en attendait. Cela reste donc une voiture, mais améliorée ou augmentée. Ainsi, quand nous travaillons à améliorer nos capacités mentales ou physiques, nous ne touchons pas à la plupart d'entre elles : nous n'avons pas l'idée de sortir des limites de l'humanité, mais de la parfaire.

David a amélioré sa voiture, mais il ne s'est pas amélioré lui-même (bien qu'il ait amélioré sa rapidité de déplacement, ce qui lui permet de plus remplir son agenda journalier). Améliorer nos capacités physiques, c'est un peu comme améliorer une voiture, mais améliorer nos capacités mentales ? N'est-ce pas plutôt améliorer le conducteur ? La question du

1. *Fondements de la métaphysique des mœurs*, Paris, Vrin, 1980, p. 113.

rapport entre la personne et son corps est complexe et débattue; on voit qu'il y a fondamentalement deux manières de le concevoir: le corps fait partie de la personne ou il n'en fait pas partie, mais est un peu comme un outil. Toutefois, je peux laisser cette difficulté de côté pour l'instant, car même dans une conception aussi dualiste que celle suggérée par l'histoire de David et de sa Golf GTi, l'amélioration du véhicule compte aussi comme une amélioration des capacités de la personne; je l'ai signalé à propos de la rapidité de déplacement. On dira la même chose d'une prothèse; on voit ainsi qu'on peut améliorer la personne de manière externe ou interne. Cela fait-il une différence morale? J'y reviendrai.

Si l'être humain veut s'améliorer, c'est qu'il n'est pas satisfait de lui-même et de ses capacités. C'est là une vérité immémoriale, même si elle recèle quelque paradoxe puisque, comme le relevait Voltaire: «Malgré l'opiniâtreté des hommes à louer l'antique aux dépens du moderne, il faut avouer qu'en tout genre les premiers essais sont toujours grossiers»[1]. C'est que, renchérit Alphonse Allais: «L'homme est imparfait, mais ce n'est pas étonnant quand on pense à l'époque où il a été créé»[2]. Éducation, apprentissage, médecine, mise au point d'outils et de machines, invention de l'écriture ont été les vecteurs principaux de l'amélioration de l'être humain dans les siècles passés. Au XVIIIe siècle, Claude-Adrien Helvétius note dans son ouvrage *De l'Esprit*: «L'art de l'éducation n'est autre chose que la connaissance des moyens propres à former des corps plus robustes et plus forts, des esprits plus éclairés, et des âmes plus vertueuses»[3]. Ce disant, il ne prétend d'ailleurs pas énoncer quelque chose de révolutionnaire, ni même de nouveau: il constate la fonction et le but de l'éducation, pratiquée depuis que les êtres humains ont des enfants à élever, c'est-à-dire des êtres qui naissent dans un état d'inachèvement et n'atteignent pas leur plein développement tout seuls, spontanément. Le but de l'éducation est d'*améliorer* le donné naturel, au sens de le parfaire.

Les Lumières ont encore salué, avec Condorcet, la perfectibilité indéfinie de l'être humain[4] et, dans l'Antiquité, je l'ai dit, la morale avait pour but avoué de rendre les personnes vertueuses, c'est-à-dire excellentes. Bien sûr, la manière dont cette perfection et cette excellence ont été conçues a varié, mais elles étaient cependant chaque fois comprises de

1. *La Princesse de Babylone*, dans *Romans et contes*, Paris, Folio, 1972, p. 92.

2. http://www.proverbes-citations.com/conf6.htm.

3. *De L'Esprit*, Paris, Fayard, 1988, p. 553.

4. *Esquisse d'un tableau historique des progrès de l'esprit humain*, Paris, GF-Flammarion, 1988, p. 293.

manière positive, comme d'ailleurs le mot « améliorer » l'indique : devenir meilleur est, par définition, une bonne chose. John Harris le souligne à juste titre : « L'amélioration de l'être humain est bonne par définition, tout comme un bienfait doit évidemment être bienfaisant. Cela est trivialement vrai, mais les améliorations sont aussi bonnes parce que les choses que nous appelons des améliorations font du bien »[1]. Personne ne le niera dans le cas des outils ou de l'éducation, ou du moins d'une éducation bien comprise. Ce que certains contestent alors, c'est d'une part certains moyens utilisés, et d'autre part que certaines améliorations – et non pas toutes – soient de *véritables* améliorations.

Le cas de l'éducation souligne que l'être humain a les mêmes désirs immémoriaux d'amélioration pour ses enfants que pour lui : engendrer des enfants sains et les rendre meilleurs que la nature les lui a procurés. Aristote, par exemple, estime que l'éducateur doit faire comme ceux qui « redressent le bois tordu »[2], c'est-à-dire courber l'enfant dans la direction opposée au penchant naturel à réformer. Le souci de la qualité des générations futures prolonge cette préoccupation : dans son *Orchésographie* publiée en 1589, le maître de danse Thoinot Arbeau vante le mérite des bals, qui permettent à garçons et filles de se rencontrer en tout bien tout honneur, mais aussi d'évaluer leur agilité et leur bonne condition physique, promesse d'une descendance saine : le choix d'un partenaire dans le dessein de faire de beaux enfants en bonne santé est important. Plus dramatiquement, on doit aussi mentionner l'infanticide des enfants malformés, pratiqué pendant des siècles; Aristote demandait : « Qu'une loi défende d'élever aucun enfant difforme »[3]. De nos jours, les moyens ont heureusement changé, mais le même but est toujours poursuivi, par l'emploi de tests prénataux et préimplantatoires pour détecter des maladies génétiques et chromosomiques graves. D'où le risque, disent certains, d'un « eugénisme libéral » : le choix des moyens n'est effectivement pas moralement neutre.

Depuis peu, il est beaucoup question de neuroamélioration, c'est-à-dire d'améliorations que les neurosciences nous apportent déjà et nous promettent pour le futur. Elles ciblent essentiellement nos états mentaux, tant cognitifs qu'affectifs. Cette cible non plus n'est pas nouvelle. Pensons à la mémoire : on l'améliore depuis longtemps par l'apprentissage (réciter des poésies, jouer aux échecs, ...) et par des outils (agendas, calculatrices,

1. *Enhancing Evolution. The Ethical Case for Making Better People*, *op. cit.*, p. 185.
2. *Éthique à Nicomaque*, *op. cit.*, p. 116.
3. *La Politique*, Paris, Vrin, 1962, p. 542.

ordinateurs, …). Pensons encore à l'attention, aidée par l'ingestion de substances excitantes naturelles, comme le café ou à l'effet des cigarettes : fumer une cigarette permet à un individu d'étudier deux heures de plus[1]. Quant à l'humeur, elle s'améliore chez certaines personnes grâce à l'alcool – mais évidemment pas chez tous –, et certains « neurojouets » comme *Necomini* sont capables de la rendre plus transparente aux autres[2], ce qui est source d'une meilleure maîtrise de soi chez ceux qui veulent soigner leur réputation. William Safire demande : « Supposez que nous puissions développer un médicament qui nous rende moins timide, plus honnête ou intellectuellement plus séduisant, avec un bon sens de l'humour. Qu'est-ce qui nous empêcherait d'utiliser un tel "Botox pour le cerveau"? »[3]. Dans le même ordre d'idée, Carl Elliott s'interroge : « Si vous êtes anxieux et vous sentez seul, qu'un médicament peut régler le problème, pourquoi rester anxieux et seul? »[4]. Mais peut-être ce qui est légitime dans l'ordre du traitement médical ne l'est-il plus lorsqu'on en sort? C'est ce que pensent beaucoup et que Michael Sandel a exprimé en des termes forts : « Les interventions médicales pour soigner, prévenir la maladie ou ramener un blessé à la santé ne profanent pas la nature mais l'honorent »[5], contrairement à l'amélioration, qui donc profanerait la nature. Reste à savoir où est la limite entre la déprime et la dépression, entre la timidité et la phobie sociale. Jasper et Derek Tran ont parlé de « traitements ambigus » pour désigner ceux qui ne se limitent pas à guérir les patients, mais les améliorent; ainsi certains enfants hyperactifs atteints d'un déficit d'attention modéré ont, pendant leur traitement, disposé d'une capacité d'apprentissage plus élevée que la moyenne, c'est-à-dire que la normale[6]. Le traitement a constitué une amélioration susceptible de leur donner un avantage compétitif à l'école, de les doper donc.

On se rend compte que l'amélioration peut être comprise dans deux contextes différents : dans le premier, l'objectif est fixé et il s'agit de trouver les moyens d'y parvenir, la nature ne nous les fournissant pas. Ainsi en va-t-il de l'éducation, dont l'objectif est de « former des corps plus

1. J. Tran et D. Tran, « (De)regulating Neuroenhancement », *University of La Verne Law Review,* 37, 2015, p. 108.

2. J. Brenninkmeijer et H. Zwart, « From "Hard" Neuro-Tools to "Soft" Neuro-Toys? Refocussing the Neuro-Enhancement Debate », *Neuroethics*, 10, 2017, p. 343.

3. Dans S. Marcus (éd.), *Neuroethics. Mapping the Field*, New York, Dana Foundation, 2002, p. 8.

4. C. Elliott, *Better than Well*, New York, Norton & Company, Inc., 2003, p. 298.

5. M. Sandel, « The Case Against Perfection », *Atlantic Monthly,* 293/3, 2004, p. 57.

6. « (De)regulating Neuroenhancement », art. cit., p. 105.

robustes et plus forts, des esprits plus éclairés, et des âmes plus vertueuses », ou du Botox : devenir « moins timide, plus honnête ou intellectuellement plus séduisant, avec un bon sens de l'humour ». Dans le second, l'objectif n'est pas fixé et il s'agit de lancer un mouvement vers un meilleur dont la nature reste indéterminée, vu le caractère imparfait du présent – c'est ce que soulignent tant Voltaire qu'Allais. Certes, si on parle d'imperfection, c'est qu'on a une idée de la perfection et qu'on va agir sur le donné en le poussant plus loin (comment d'ailleurs pourrait-on faire autrement ?) ; mais ce faisant, il n'est pas exclu qu'on effectue un saut qualitatif. C'est justement l'ambition ultime du transhumanisme.

Nick Bostrom, l'une des figures marquantes de ce mouvement et qui a, relève Gilbert Hottois, « beaucoup fait pour défendre la respectabilité philosophique du trans/posthumanisme »[1], estime en effet que les sciences actuelles vont bientôt nous permettre d'agir sur les fondements mêmes de l'humain, nous mettant par là à même non seulement d'aménager la nature humaine, mais de la transformer et même de la dépasser : « "Le transhumanisme" a acquis ses assises en établissant une façon de penser qui met au défi la prémisse suivante : la nature humaine est et devrait rester essentiellement inaltérable »[2]. Il ne s'agit ici pas seulement d'améliorer nos performances ou d'augmenter nos capacités, mais de changer notre nature : le transhumanisme se propose « la transformation biophysique de l'être humain »[3]. Ce mouvement ne serait donc pas une simple version du *human enhancement* ? Je dirai plutôt que c'en est la totale réalisation, culminant dans l'avènement non seulement d'un être possédant des capacités en un sens plus que simplement humaines, mais d'un être *posthumain*. Toutefois, si le premier pas, celui de l'amélioration, est légitime, le second l'est-il encore ? Si on en doute, ne faudrait-il pas, de peur de s'engager sur une pente glissante, renoncer à toute amélioration, du moins à toute amélioration qui va au-delà de ce qui est naturel à l'être humain, personne ne voulant ou ne pouvant par exemple renoncer à l'éducation des enfants ? Voilà encore des questions auxquelles il faudra répondre.

1. *Philosophie et idéologies trans/posthumanistes*, *op. cit.*, p. 18.

2. *Qu'est-ce que le transhumanisme ?*, 2000, disponible en ligne : http://transhumanism.org/languages/french/transhumanisme.html.

3. G. Hottois, J.-N. Missa et L. Perbal (éd.) *Encyclopédie du trans/posthumanisme*, Paris, Vrin, 2015, p. 9. Gilbert Hottois souligne que « transhumanisme » et « posthumanisme » désignent différents courants, avec différents programmes (*Philosophie et idéologies trans/posthumanistes*, *op. cit.*, chap. VIII). Mon propos n'est pas de les examiner tous ; ainsi, je ne dirai rien de l'intelligence artificielle (IA) et très peu de chose des Cyborgs.

LE CAS DES NEUROMÉDICAMENTS

Le désir d'amélioration de l'être humain est donc fortement ancré en lui et s'exprime par des aspirations variées. Il vaut pour lui et pour les êtres dans lesquels il se projette, comme ses enfants. Anjan Chatterjee rapporte qu'à la question, posée aux États-Unis : « Si vous aviez la possibilité de donner à votre enfant un médicament qui lui fasse courir peu de risques une heure avant ses leçons de piano et que, par là, il devienne un excellent musicien, le feriez-vous ? », 48% des parents répondent par l'affirmative[1]. Diverses substances psychoactives ont justement été mises au point assez récemment. Leur cas est particulièrement instructif, car elles sont faciles d'accès et leur effet est en principe directement mesurable, puisque beaucoup agissent sur des performances cognitives. Leur emploi est donc un bon indicateur des désirs d'amélioration de nos contemporains.

Il s'agit de médicaments, dont un usage élargi, hors-indications et hors-prescription, est réputé source d'amélioration. Les principales substances utilisées et étudiées sont la fluoxétine, le méthylphénidate, le propanolol, le donépézil et l'ocytocine[2]. La fluoxétine, tel le Prozac, est un anti-dépresseur inhibant la recapture de la sérotonine; elle augmenterait la confiance en soi, le sentiment de bien-être et aurait des effets sur la personnalité que certains qualifient de « miraculeux »[3]. Le méthylphénidate (telle la Ritaline) est une amphétamine prescrite à des millions d'enfants pour traiter l'hyperactivité; elle a un effet améliorant sur l'attention. Le modafinil, mis sur le marché à l'origine pour soigner la narcolepsie, maladie où la personne s'endort brutalement pendant la journée, permet de rester éveillé et alerte de longues heures. Le propanolol est un bêta-bloquant, mis au point comme traitement de l'hypertension artérielle, mais dont les effets modulateurs sur certaines émotions font qu'il est utilisé contre le trac, notamment par des musiciens, et qu'il serait susceptible d'inactiver les souvenirs traumatisants. Le donépézil a été développé dans le cadre de la recherche sur la maladie d'Alzheimer où il n'a malheureusement démontré aucune efficacité; mais il améliorerait la mémoire. L'ocytocine enfin est une substance capable de moduler les états affectifs comme l'empathie;

1. A. Chatterjee, « Cosmetic Neurology and Cosmetic Surgery : Parallels, Predictions, and Challenges », *Cambridge Quarterly of Healthcare Ethics*, 16/2, 2007, p. 131.

2. Ce ne sont pas les seules; on en trouvera une liste plus complète avec une description de leurs effets psychologiques dans McPherson *et al.*, « Moral enhancement, at the Peak of Pharmacology and at the Limit of Ethics », *Frontiers Pharmacology*, à paraître.

3. T. Pieters et S. Snelders, « Psychotropic Drug Use : Between Healing and Enhancing the Mind », *Neuroethics*, 2, 2009.

elle serait donc à l'origine d'une amélioration de nature morale, vu le rôle de cette émotion dans notre comportement[1]. Le propanolol aurait aussi ce type d'effet en diminuant les préjugés raciaux implicites et en augmentant l'aversion à causer un dommage à autrui[2]. D'autres substances, souvent apparentées – comme des amphétamines et des inhibiteurs de la recapture de la sérotonine – auraient des effets analogues, mis en évidence dans plusieurs études.

L'usage élargi de ces substances est déjà répandu, ainsi que diverses études l'ont montré. Par exemple, aux États-Unis entre 6.9 et 16.2% des étudiants disent avoir utilisé des psychostimulants ; les chiffres sont un peu plus bas en Europe. Chaque fois, l'usage augmente pendant la période des examens, ce qui indique que le but est bien l'amélioration des performances cognitives, et non une question de « style de vie » – ce qu'on appelle parfois l'usage récréatif des neuromédicaments[3]. Une enquête menée en 2008 par la revue *Nature* a montré que 20% des scientifiques avaient de leur propre aveu eu recours à l'une ou l'autre de ces substances[4]. Mais quelle est leur efficacité en tant que neuroaméliorants ? J'ai souvent utilisé le conditionnel lorsque je les ai présentées ; c'est que leurs effets ne sont pas très spectaculaires, et sont même controversés, du moins si l'on se fie aux mesures objectives effectuées. On a certes mesuré dans certaines études un effet sur la mémoire, l'attention et les fonctions exécutives (comme la capacité de planification), mais c'est parfois au détriment d'autres fonctions mentales. Par ailleurs, en ce qui concerne la mémoire, il semble que si les individus qui en sont faiblement dotés reçoivent un bénéfice, ceux qui ont une bonne mémoire voient une détérioration de leurs performances mnésiques[5]. Il se pourrait aussi que les effets de ces substances varient d'un individu à l'autre, en fonction de leurs prédispositions génétiques, ce qui rendrait la mise en évidence de leurs effets plus difficile.

1. P. Zak, « The Physiology of Moral Sentiments », *Journal of Economic Behavior and Organization*, 77, 2011.

2. S. Terbeck *et al.*, « Noradrenaline Effects on Social Behaviour, Intergroup Relations, and Moral Decisions », *Neuroscience and Biobehavioral Reviews*, 66, 2016.

3. C. Robitaille et J. Colin, « Prescription Psychostimulant Use Among Young Adults : A Narrative Review of Qualitative Studies », *Substance Use & Misuse*, 51/3, 2015, p. 364.

4. M. Schermer *et al.*, « The Future of Psychopharmacological Enhancements : Expectations and Policies », *Neuroethics*, 2, 2009, p. 79.

5. *Ibid.*, p. 77-78 et M. Farah, « The Unknowns of Cognitive Enhancement », *Science*, 350/6259, 2015.

Quand elle n'est pas ambivalente, l'efficacité de ces substances pourrait n'être que très faible : certains auteurs comparent d'ailleurs l'effet des antidépresseurs sur des individus en bonne santé à celui du millepertuis et l'effet du modafinil à celui du café[1]. La même comparaison est utilisée par Jean Levasseur-Moreau et ses collègues à propos de l'effet des stimulations magnétique et électrique transcrânienne[2]. Erick Cheung et Joseph Pierre concluent qu'« il n'existe pas de preuves, chez les sujets en bonne santé, que l'amélioration se traduise dans des bénéfices réels, objectivement mesurables tels que de meilleurs résultats à des tests ou un meilleur fonctionnement académique »[3]. De nombreux articles arrivent au même genre de conclusion[4]. Les résultats parfois observés par certains chercheurs pourraient donc être le fruit de biais; ils demandent donc pour le moins à être reproduits et validés, notamment sur de plus grands groupes. On manque de données, ce qui est encore souligné par le fait que, actuellement, la plupart de ceux qui croient à l'efficacité des neurostimulants sur le plan cognitif mettent en avant une seule et même étude, menée en 2002, qui a effectivement mesuré de réels effets sur certaines fonctions mentales, par l'emploi de donépézil durant un mois. Cette étude a été menée sur des pilotes d'avion dont les aptitudes à voler (atterrir, faire face à des situations d'urgence, ...) ont été testées sur des simulateurs de vol : ceux qui avaient pris la molécule avaient de meilleurs résultats. Toutefois, cette étude est régulièrement interprétée de manière un peu erronée; en effet, comme le soulignent Lucie Wade et ses collègues, son objectif était d'étudier non pas l'amélioration des performances, mais leur déclin lié à l'âge, un déclin dont on a observé un léger ralentissement chez ceux qui avaient pris la substance. Il s'agissait donc plutôt de traitement que d'augmentation[5].

1. M. Synofzik, « Ethically Justified, Clinically Applicable Criteria for Physician Decision-Making in Psychopharmacological Enhancement », *Neuroethics*, 2, 2009, p. 97.

2. J. Levasseur-Moreau, J. Brunelin et S. Fecteau, « Non-invasive Brain Stimulation Can Induce Paradoxical Facilitation. Are These Neuroenhancement Transferable and Meaningful to Security Services ? », *Frontiers in Human Neuroscience*, 7/449, 2013, p. 9.

3. « The Medical Ethics of Cognitive Neuroenhancement », *AIMS Neuroscience*, 2/3, 2015, p. 111.

4. S. Schleim et B. Quednow, « How Realistic Are the Scientific Assumptions of the Neuroenhancement Debate ? », *Frontiers in Pharmacology*, 9, 2018, art. 3.

5. L. Wade, C. Forlini et É. Racine, « Generating Genius : How an Alzheimer's Drug Became Considered a "Cognitive Enhancer" for Healthy Individuals », *BMC Medical Ethics*, 15, 2014, art. 37, p. 5. En ce qui concerne les dispositifs électriques et magnétiques agissant sur le cerveau de manière non-invasive à travers la boîte crânienne, les études qui ont été menées l'ont été sur si peu de personnes, que leurs résultats ne sont pas informatifs (M. Farah, « The Unknowns of Cognitive Enhancement », art. cit., p. 380). Pour une revue des effets des

Ces résultats ne concernent néanmoins que les quelques molécules actuellement à notre disposition; il est fort probable que, dans un avenir proche et grâce aux progrès des neurosciences, nous disposions d'autres molécules, bien plus efficaces. Or, l'usage de ces médicaments est déjà significatif; si une substance devait s'avérer clairement efficace, on peut penser que sa consommation serait rapidement importante.

Ces données concernent les améliorants cognitifs. Pour ceux qui agissent sur les émotions et l'humeur, qui peuvent donc avoir un effet moral, des effets ont réellement été observés; notamment, l'administration d'ocytocine rend plus coopératif et plus confiant, en augmentant «la conscience que l'on a des émotions ressenties par autrui»[1]. En contexte expérimental, on est aussi parvenu à modifier par l'admission d'antidépresseurs certaines attitudes et certains jugements moraux concernant la générosité, la conformité au groupe, le racisme implicite et l'aversion au risque[2]. L'effet lui-même est rarement perçu par les intéressés, ce qui pourrait le rendre moralement problématique, d'autant plus, ajoute Christoph Bublitz, qu'« on peut présumer que déjà aujourd'hui les jugements moraux de millions de patients traités avec des antidépresseurs sont changés »[3], vu la grande consommation de ces médicaments. Évidemment, la dépression change aussi les jugements moraux, qui sont d'ailleurs sensibles à une multitude de facteurs qui n'ont souvent aucune pertinence morale. Un exemple parmi d'autres : Simone Schnall et ses collègues ont montré que le dégoût provoquait des jugements moraux plus sévères, du moins chez les personnes qui sont attentives à leurs réactions viscérales. Ainsi, «les sujets avec une Conscience Corporelle Privée (PBC) élevée rendaient des jugements moraux plus sévères quand ils étaient assis à une table sale que lorsqu'elle était propre, tandis que les sujets avec un PBC bas n'étaient pas affectés par l'état de la table »[4]. Il n'est donc pas facile d'isoler les facteurs modifiant nos jugements et d'évaluer leur impact, mais il n'est pas douteux que des médicaments qui agissent sur notre cerveau ont un effet sur le contenu de nos jugements. Reste à savoir si

médicaments et de ces dispositifs, voir CCNE, *Recours aux techniques biomédicales en vue de « neuroamélioration » chez la personne non malade*, avis n° 122, 2013, p. 6-7, disponible en ligne : http://www.ccne-ethique.fr/sites/default/files/publications/avis122.pdf.

1. P. Churchland, *Braintrust*, Princeton, Princeton UP, 2011, p. 76.

2. C. Bublitz, « Moral Enhancement and Mental Freedom », *Journal of Applied Philosophy*, 33/1, 2016, p. 89.

3. *Ibid.*, p. 90.

4. S. Schnall *et al.*, « Disgust as Embodied Moral Judgment », *Personality and Social Psychology Bulletin*, 34/8, 2008, p. 1105.

cet effet est bénéfique (si c'est une amélioration) ou non et surtout dans quels cas il est bénéfique et dans quels cas il ne l'est pas.

Cette question est des plus importantes en ce qui concerne la moralité en général. En effet, l'action des antidépresseurs sur nos jugements moraux passe par le biais de la modulation de nos émotions – c'est sur nos émotions qu'ils agissent directement –; ainsi un changement dans nos émotions a un effet sur les jugements que nous portons. Or, étant donné ce qu'on appelle la neurodiversité, c'est-à-dire les différences parfois importantes que l'on observe entre nos cerveaux tant au niveau structurel que fonctionnel, notre capacité à éprouver des émotions, et certaines plutôt que d'autres, varie d'une personne à l'autre et modifie en conséquence les conceptions morales que chacune adopte. Ainsi, des individus différents jugeront différemment des actions semblables. Par exemple, on a montré que les personnes ayant naturellement un taux élevé de testostérone dans le sang sont moins généreuses et ont tendance à punir plus sévèrement les actes qu'elles désapprouvent[1]; une autre étude a mis en évidence le rôle de l'empathie et constaté des différences entre les jugements portés, selon que celui qui les porte est un individu de nature plus ou moins empathique[2]. D'où un défi pour l'éthique, surtout si elle se veut universelle : si nous jugeons naturellement différemment, qui sont ceux qui jugent correctement d'un point de vue moral ? Et si nous voulons améliorer notre moralité, dans quelle direction faut-il aller[3] ?

Comment cet usage élargi des médicaments est-il perçu dans la société ? Étant donné les réticences souvent exprimées par rapport à l'*enhancement* et au détournement des règles de bon usage des médicaments, on peut penser à une franche réprobation. Pourtant, ce n'est pas le cas et quand on y regarde de plus près, on se rend compte que l'usage améliorant de substances psychoactives est jugé de manière fort différente selon les milieux. C'est une revue de la littérature menée par Éric Racine et Cynthia Forlini[4] qui nous l'apprend. Dans les études en santé publique, on parle d'abus de médicament, un jugement très négatif; dans les revues de bioéthique, il est question d'amélioration des capacités, ce qui est

1. P. Zak, « The Physiology of Moral Sentiments », art. cit., p. 60.

2. M. Crockett *et al.*, « Serotonin Selectively Influences Moral Judgment and Behavior through Effects on Harm Aversion », *PNAS*, 107/40, 2010, p. 17436.

3. J'ai examiné la question de la neuropsychologie des jugements moraux dans B. Baertschi, *L'éthique à l'écoute des neurosciences*, Paris, Les Belles Lettres, 2013, chap. I-II.

4. « Cognitive Enhancement, Lifestyle Choice or Misuse of Prescription Drugs ? », *Neuroethics*, 3, 2010.

parfois purement descriptif, parfois positif, l'amélioration désignant un bénéfice et faisant référence à un idéal de perfectionnement. Dans les médias enfin, on souligne qu'il s'agit du choix d'un style de vie, mettant l'accent sur la liberté de chacun de vivre selon l'idéal de la personne qui est le sien, bref, quelque chose de positif encore. Il n'y aurait donc que les médecins pour s'inquiéter. Sont-ils plus lucides ? Mais par ailleurs, ce sont les étudiants en médecine et en pharmacie qui consomment le plus de ces substances !

Ce qui apparaît, quand on quitte les généralités et les jugements globaux sur l'*enhancement* ou le transhumanisme, ce sont des attitudes assez nuancées et diverses. Ce n'est d'ailleurs pas étonnant, vu le désir humain d'être meilleur. Qui refuserait de prendre un Botox pour le cerveau ? Bien des personnes, pour sûr, mais peut-être le conseilleraient-elles à leur conjoint ? Car le but visé est évidemment désirable. Il faut cependant relever que ce qui vaut pour des médicaments ne vaudra pas forcément pour la chirurgie : pour beaucoup, améliorer son caractère par la prise d'une pilule sera acceptable, mais non par une intervention de psychochirurgie comme l'insertion d'implants cérébraux, pour ne rien dire d'une lobotomie. Qu'en serait-il d'une modification génétique, si cela était possible ? On sait que le dopage génétique est à l'horizon des sportifs. Les caractéristiques du moyen employé jouent manifestement un rôle important. En outre, les soucis exprimés ne sont pas ressentis de la même manière dans tous les milieux.

QUELQUES DISTINCTIONS

Le train est parti et, on le voit, il roule en réalité depuis longtemps. Pourra-t-on l'arrêter ? Le faut-il d'ailleurs ? Avant d'aborder directement la question et de me demander quels sont les soucis éthiques que ces nouvelles pratiques suscitent, j'aimerais encore proposer quelques distinctions, car parler simplement d'amélioration comme je l'ai fait jusqu'ici peut être source de confusion[1].

D'abord, il me faut introduire une précision concernant l'*objet* de l'amélioration. Celle-ci peut porter sur la *personne* elle-même, sur sa *durée* (la longévité), sur ses *capacités*, sur ses *états* ou sur ses *réalisations*. Si un individu prend des médicaments pour mieux réussir à un examen, c'est

1. B. Baertschi et A. Mauron, « Qu'est-ce qu'une véritable amélioration ? », *Bioethica Forum*, 4/1, 2011.

qu'il veut améliorer une réalisation (une performance); s'il les prend régulièrement pour améliorer sa concentration, ce sera une de ses capacités (une compétence) qui sera modifiée. Il peut aussi vouloir améliorer son humeur (un état), ou lui-même (sa propre personne), voire l'espèce humaine. Comme une personne est un ensemble de capacités, d'états et d'actes, c'est nécessairement par l'intermédiaire de leur amélioration qu'elle s'améliorera elle-même. L'important est de prendre conscience que toute amélioration n'a pas pour objet un changement de la personne elle-même, ni même d'une de ses capacités; elle peut viser une performance transitoire seulement, sans grand impact sur la personne qu'elle est, telle une mémorisation ou une attention accrues de manière ponctuelle, afin de réussir un examen. On voit donc qu'il existe un large éventail de niveaux d'amélioration possible, depuis le simple projet d'être plus performant à une occasion donnée au projet de changer la nature humaine afin de permettre l'avènement d'un être posthumain, dont notamment la durée de vie aura été prolongée bien au-delà de tout ce que la médecine a pu faire pour la longévité d'*homo sapiens*[1]. Cela n'empêche pas, comme je l'ai déjà dit, qu'il existe une continuité entre ces différentes tentatives, mais il s'ensuit aussi que l'évaluation des unes ne vaut pas *ipso facto* pour les autres.

Une remarque sémantique est ensuite nécessaire. *Avoir mieux* et *avoir plus* sont deux choses différentes : l'amélioration n'est pas l'augmentation. Posséder un même bien devenu meilleur, c'est un changement qualitatif, à savoir une amélioration au sens propre. Posséder plus d'un même bien, c'est un changement quantitatif, à savoir une augmentation. Par exemple, je peux vouloir disposer d'une meilleure mémoire ou d'une plus grande quantité de force physique. Toutefois, les deux notions se rejoignent parfois : posséder plus de force physique, c'est aussi avoir une meilleure qualité athlétique; mais ce n'est pas toujours le cas : avoir une meilleure mémoire ne signifie pas forcément avoir plus de souvenirs. En effet, une capacité mnésique intacte implique que notre cerveau soit capable de gérer sélectivement nos souvenirs et d'oublier une grande partie de ce qui entre dans notre mémoire de travail.

Dans le cas de l'*enhancement*, on parle souvent d'amélioration ou d'augmentation. *Enhancement* serait d'ailleurs mieux traduit par « rehaussement », qui fait référence à un changement de niveau; certains auteurs francophones, dont Jérôme Goffette, parlent d'« anthropotechnie », terme plus descriptif et plus neutre désignant les moyens techniques

1. L. Alexandre, *La mort de la mort*, Paris, Lattès, 2011.

non-médicaux de transformation de l'être humain[1]. La différence entre les aspects qualitatif (amélioration) et quantitatif (augmentation) se mesure surtout dans le fait que l'augmentation concerne généralement des capacités que l'être humain « naturel » ne possède pas, comme la vision nocturne, et des performances dont aucun être humain n'est capable, alors que l'amélioration vise à rendre meilleur ce qui existe déjà, et ainsi en va-t-il du changement de niveau. L'augmentation est donc souvent liée à des moyens technologiques, comme l'usage de prothèses ou le couplage cerveau-machine dans un contexte autre que celui de la réhabilitation, alors que l'usage des médicaments du cerveau en dehors des indications médicales concerne plutôt l'amélioration. On dira d'un cyborg (*cybernetic organism*) comme Kevin Warwick qu'il est un humain augmenté, et non un humain amélioré, puisqu'en s'implantant des composants électroniques, il a pu relier son cerveau, par l'intermédiaire d'une puce insérée dans son système nerveux, à une main robotique qu'il a alors commandée « par la pensée », ce qui ne consiste pas en l'amélioration d'une capacité déjà existante.

Toutefois, la différence entre amélioration et augmentation est souvent assez floue. Prenons le cas de la mémoire : en l'améliorant, on peut vouloir rester dans les limites naturelles ou les dépasser : je peux vouloir avoir une mémoire meilleure, mais pas supérieure à celle des êtres humains les plus performants dans le domaine; mais je peux aussi vouloir avoir une mémoire supra-normale[2]. Dans certains domaines, comme la morale, le dépassement des capacités humaines normales fait peu de sens – même si le dépassement des *performances* morales normales serait, lui, désirable. Ces distinctions sémantiques sont parfois pertinentes, mais mon propos sera suffisamment général pour que je n'aie pas à en tenir compte; toutefois comme l'usage en français est plutôt d'utiliser « augmentation », c'est le terme que j'ai employé dans mon titre; par la suite, je ne m'y conformerai pas toujours.

Dans le projet de s'améliorer ou de s'augmenter, ce sur quoi porte l'intervention est toujours et par définition un *bien*. Or les biens visés sont de nature multiple. Une première distinction importante est celle des biens *finaux* et des biens *instrumentaux*. Un bien final est un bien qui est désiré

1. « Anthropotechnie (ou anthropotechnique) et *Human Enhancement* », dans G. Hottois, J.-N. Missa et L. Perbal (éd.), *Encyclopédie du trans/posthumanisme*, *op. cit.*, p. 17-18.

2. G. Kahane et J. Savulescu, « Normal Human Variation : Refocussing the Enhancement Debate », *Bioethics*, 29/2, 2015, p. 133.

pour lui-même, qui a donc une valeur intrinsèque[1], alors qu'un bien instrumental est désiré en vue d'un autre. La mémoire est un bien instrumental. L'humeur a des aspects instrumentaux, mais est aussi un bien final: on désire se trouver durablement dans un état émotionnel à coloration positive parce que cela est une partie intégrante du bien-être. La caractéristique des biens instrumentaux est que leur valeur dépend en grande partie du bien ultérieur dont ils sont l'instrument. Ainsi, acquérir une meilleure mémoire pour pouvoir bien gérer sa vie est une amélioration désirable, ce qui n'est pas le cas si c'est pour pouvoir mieux réciter le bottin de téléphone. Toutefois, ce n'est pas parce que le bien ultérieur est désirable, que le moyen pour l'acquérir l'est aussi; c'est justement là l'une des source de perplexité morale en ce qui concerne notre problème : si avoir une meilleure mémoire est désirable, le fait de l'obtenir par l'effort personnel ou par une pilule est-il moralement équivalent?

Une seconde distinction nécessaire est celle des biens *rivaux* et des biens *non-rivaux*. Un bien rival est un bien dont la possession par un individu diminue la quantité disponible pour les autres individus, alors qu'un bien non-rival est un bien dont la possession par un individu ne diminue pas la quantité disponible pour les autres individus. On pourrait croire que les biens dont il est question dans le cas de l'amélioration sont tous non-rivaux, puisqu'il s'agit de biens de la personne : si j'améliore ma mémoire, cela ne diminue pas la quantité de mémoire disponible pour les autres. Toutefois, les biens ultérieurs visés peuvent être rivaux: si j'augmente ma mémoire afin de réussir un examen à caractère compétitif, je diminue la quantité de diplômes disponibles pour les autres; et s'il n'y a qu'un diplôme en jeu et que je l'obtienne, ce diplôme passe même dans la catégorie des biens *excluables* (le fait que j'en dispose empêche toute autre personne d'en disposer).

On se rend déjà compte que l'évaluation morale ne se posera pas dans les mêmes termes sur tous les plans – par exemple, le thème de la tricherie concerne au premier chef les biens rivaux. De manière plus générale, on voit que ce qui est amélioration d'un certain point de vue ne l'est pas forcément à un autre, ni même en fin de compte, lorsqu'on tient compte de tous les biens en présence : améliorer la mémoire peut se faire au détriment d'autres capacités de la personne ou de la personne elle-même, si par exemple elle ne parvient plus à oublier certains événements pénibles. Améliorer la longévité peut aussi avoir des effets étonnants et peu désirables, si on en suit la logique jusqu'au bout, comme l'imagine Robert Sparrow :

1. C. Korsgaard, *The Sources of Normativity*, Cambridge, CUP, 1992, p. 111.

sur ce plan comme sur celui d'autres capacités, les femmes sont meilleures que les hommes. Le moyen le plus simple d'augmenter la longévité de l'être humain serait donc d'en faire une espèce ne comportant qu'un seul sexe[1]. On peut douter qu'il s'agisse là d'une véritable amélioration, même si le taux de criminalité devrait baisser... De manière moins fantaisiste, un allongement significatif et rapide de la durée de vie poserait des problèmes au niveau de l'organisation de la société; pensons simplement à l'âge de la retraite et au financement des années supplémentaires ainsi gagnées. Nous en avons déjà un avant-goût, vu que, pendant le XXe siècle, nous avons gagné une trentaine d'années de vie – en même temps, cela nous a appris qu'il existe des moyens de le gérer.

Il existe donc des améliorations qui sont de *véritables améliorations*, et d'autres qui ne sont que des *améliorations apparentes* (ou de pseudo-améliorations). Celles qui sont véritables sont des améliorations tout bien considéré, pour la personne concernée et celles avec lesquelles elle est en relation (les groupes dans lesquels elle évolue et la société en général); celles qui sont apparentes sont des améliorations qui, en définitive, se révèlent comme mauvaises ou du moins neutres.

Le cas du dopage sportif l'illustre encore : on considère souvent que, alors qu'il améliore réellement les performances du sportif, le dopage n'est pas une véritable amélioration pour le sport et le sportif, car non seulement il constitue une tricherie, mais est encore contraire à l'« esprit du sport »[2]. Plus précisément, affirme le *Code mondial antidopage* :

> Les programmes antidopage visent à préserver la valeur intrinsèque du sport. Cette valeur intrinsèque est souvent qualifiée d'"esprit sportif"; elle est l'essence même de l'olympisme, la poursuite de l'excellence humaine par le perfectionnement des talents naturels de chaque individu, et exhorte à jouer franc jeu. L'esprit sportif valorise la pensée, le corps et l'esprit, et se traduit par des valeurs qui se dégagent du sport et de sa pratique, notamment: l'éthique, le franc jeu et l'honnêteté, la santé, l'excellence dans la performance, l'épanouissement de la personnalité et l'éducation[3].

1. « Better than Men ? Sex and the Therapy/Enhancement Distinction », *Kennedy Institute of Ethics Journal*, 20/2, 2010, p. 136.

2. J.-N. Missa, « Dopage cognitif sportif et médecine d'amélioration », *Journal international de bioéthique*, 23/3-4, 2011.

3. AMA, *Code mondial antidopage*, 2015, p. 14, disponible en ligne : https://wada-main-prod.s3.amazonaws.com/resources/files/wada-2015-world-anti-doping-code-fr.pdf.

Cet exemple montre encore que l'évaluation du caractère véritable d'une amélioration comporte une évaluation morale : seule une véritable amélioration est bonne, légitime ou permise et pour être véritable, elle doit honorer ou promouvoir les valeurs qui sont pertinentes pour la pratique concernée. Ainsi, l'authenticité d'une amélioration fait référence non seulement aux caractéristiques techniques de la capacité ou de la performance, mais encore à l'image que l'on se fait de la nature de la pratique et des personnes concernées (ici, le sport et le sportif). Or cette image est liée à un idéal de la personne humaine, à son « excellence », concept qui joue un rôle moral important dans toute cette problématique, comme j'ai déjà mentionné plus haut.

CHAPITRE II

DES SOUCIS ÉTHIQUES LIÉS AU PROCESSUS D'AMÉLIORATION

Le train de l'amélioration ou de l'augmentation s'est récemment fortement accéléré, du moins dans les intentions, sinon encore beaucoup dans les faits, grâce aux progrès et aux promesses des sciences et des technologies. Les médecins s'en inquiètent, on l'a vu, du moins en ce qui concerne l'usage hors-indications des médicaments, mais ils ne sont pas suivis par tout le monde. Lorsqu'il est question de performances, il est toutefois assez facile de susciter des réactions négatives et, dans le débat public, on entend souvent des réflexions de ce type :

1) Un succès n'est pas mérité, s'il n'a pas été obtenu par un effort particulier.
2) Un succès n'est pas mérité, s'il n'a pas été obtenu par l'usage de nos capacités naturelles, ou par des moyens naturels.

Autrement dit, si je m'améliore – des performances on peut facilement étendre l'argument aux états de la personne –, cela n'a de valeur au plan moral que si je fais un effort particulier à cet effet et que je n'utilise pas des moyens qui le dénaturent ou le court-circuitent en me faisant atteindre le but désiré sans que j'y sois vraiment pour quelque chose.

L'histoire suivante, imaginée par Anjan Chatterjee, peut servir à illustrer ce type de réaction :

> Henri, directeur ambitieux, travaille quatre-vingts heures par semaine. La qualité de sa vie de famille est en conséquence très pauvre et sa femme demande le divorce. Henri est traumatisé, si bien que son médecin lui prescrit un antidépresseur, qui produit son effet. Parallèlement, sa fille Julie a des difficultés scolaires. Le psychologue de l'école estime qu'elle souffre d'un trouble d'hyperactivité et de déficit d'attention. À la demande de Henri, le médecin prescrit des stimulants à Julie. Xavier, son fils, fréquente un Lycée et est un coureur de demi-fond talentueux, mais toutefois pas assez pour être compétitif au niveau national. Son père, ayant lu dans une revue médicale que le Viagra augmente la capacité pulmonaire de transport de l'oxygène (parmi d'autres effets), demande à son médecin d'en prescrire à Xavier, dans l'espoir de le voir acquérir un meilleur niveau. Comme Xavier est d'accord, le médecin s'exécute.
>
> Par ailleurs, Henri, qui lutte pour obtenir un contrat en Arabie Saoudite, aimerait apprendre l'arabe pour avoir un avantage sur ses concurrents. Il demande donc à son médecin de lui prescrire une dose d'amphétamines qu'il prendra juste avant ses leçons afin de l'aider à étudier de manière plus efficace (des données récentes sur sur la récupération du langage à la suite d'attaques cérébrales suggèrent que l'administration d'amphétamines tend à augmenter le succès de l'apprentissage). Quand il est prêt pour son voyage d'affaires, son docteur lui donne en outre un nécessaire breveté, qui contient un somnifère à prendre au départ et un stimulant pour l'arrivée. En Arabie Saoudite, il stupéfie tout le monde par sa connaissance de l'arabe et remporte le contrat [1].

Les membres de cette famille méritent-ils leur succès s'ils arrivent à leurs fins, ou du moins leurs meilleures performances ? Si l'on écoute nos intuitions, on le niera pour Xavier (il se dope) et on en doutera pour le père, car il n'affronte pas les difficultés de la vie comme il le devrait, en comptant sur ses ressources intérieures naturelles, objection qu'on ne dirigera pas contre Julie, puisqu'elle souffre d'une pathologie.

1 . « Cosmetic Neurology and Cosmetic Surgery : Parallels, Predictions, and Challenges », art. cit., p. 133.

LA TRICHERIE

Dans les débats, ces réactions et ces intuitions s'expriment souvent par le biais des trois arguments suivants : s'améliorer par le moyen de neuro-médicaments ou un recours aux biotechnologies est une *tricherie*, cela donne un avantage *immérité* qui est acquis grâce à des moyens *artificiels* et donc illégitimes. Que valent-ils ? C'est ce que je vais examiner dans ce chapitre. Je traiterai plus loin d'un quatrième argument, formulé de manière certes un peu vague, qui a aussi à voir avec la question de l'artificialité mais concerne la personne elle-même plus que son activité ; elle consiste à dire que cette famille n'affronte pas les difficultés de la vie comme elle devrait le faire, et donc qu'un en sens qui reste à préciser, elle *triche avec la vie*.

Ce que dit Bertha Manninen éclaire déjà ce second sens. Elle souligne qu'« une réponse appropriée à la gestion de situations difficiles de la vie n'est pas simplement de se sentir rapidement bien, mais de se sentir bien *de la manière qui convient* »[1]. Or, ajoute-t-elle, on a de la peine à ne pas estimer que donner un médicament à ses enfants pour « des peurs suscitées par le quotidien scolaire, l'obscurité, une séparation temporaire, les visites chez les dentistes et "les monstres" », comme le recommande une publicité dans l'*American Journal of Disease of Children,* n'a rien à voir avec une gestion adéquate de ces situations. Il est des épreuves par lesquelles nous passons et devons presque à coup sûr passer, qui nous renforcent et nous permettent d'accéder à plus de maturité, bref qui contribuent indirectement au développement et à la réalisation ou à l'accomplissement de soi, et qu'il faut pouvoir affronter.

Qu'en est-il de l'objection de la tricherie au sens propre, que l'on dirigera contre Xavier et, peut-être contre Henri dans son usage des amphétamines pour mieux apprendre ? On voit immédiatement que sa portée est limitée. En effet, elle ne s'applique au sens strict que là où il existe des règles interdisant l'usage de moyens « dopants », médicamenteux ou autres. C'est le cas dans le sport de compétition, mais non dans la vie sociale, tant du moins que des règles n'auront pas été édictées sur ce point. Inversement, le dopage pourrait ne plus constituer une tricherie dans le sport, si les instances qui ont autorité à le faire décidaient de l'autoriser.

1. « Medicating the Mind : a Kantian Analysis of Overprescribing Psychoactive Drugs », *Journal of Medical Ethics*, 32/2, 2006, p. 102.

On sait d'ailleurs que la liste des produits et dispositifs interdits varie de sport en sport, ce qui souligne son caractère un peu arbitraire[1].

Toutefois, si prendre une substance psychoactive nous donne un avantage social que les autres n'ont pas, ne s'agit-il pas d'une forme de tricherie informelle, bien qu'aucune règle l'interdisant n'existe ? Il s'agit sans doute d'une injustice, si l'accès à ces substances n'est pas égal pour tous, mais le problème ne devient vraiment aigu que dans le cas où le bien visé est un *bien rival*, c'est-à-dire, comme je l'ai précisé plus haut, un bien dont la possession par un individu diminue la quantité disponible pour les autres individus. Ainsi, si j'améliore ma mémoire afin de réussir un examen à caractère compétitif, je diminue la quantité de diplômes disponibles pour les autres ; et le problème augmente s'il n'y a qu'un diplôme en jeu, c'est-à-dire si c'est un *bien excluable,* puisque le fait que j'en dispose empêchera toute autre personne d'en disposer. Par contre, si cette amélioration me permet d'obtenir un diplôme sans priver qui que ce soit (il suffit par exemple de réussir une certaine note, et tous ceux qui y parviennent obtiennent le diplôme), le problème disparaît. Il peut certes réapparaître ailleurs, notamment si cette réussite ne manifeste pas une compétence réelle et durable, mais c'est un autre sujet. Il faut encore noter que souvent, dans le monde du travail, les employés usent de moyens d'amélioration non pas pour obtenir un avantage, mais pour garder leur position ; on parle alors de « conduite dopante ». C'est là un souci dont je parlerai plus loin, mais qui ne concerne pas la tricherie : il est lié aux contraintes sociales.

L'objection de la tricherie est donc valide, mais seulement dans certains cas particuliers : si des règles interdisent l'usage de certains moyens d'amélioration (évidemment pas de tous : en sport, l'entraînement est un moyen d'amélioration permis et même recommandé), et si l'avantage obtenu prive d'autres personnes de l'accès à ce bien, alors qu'ils l'auraient mérité. Cela nous amène au second argument, celui du mérite justement.

1. J.-N. Missa, « Dopage cognitif sportif et médecine d'amélioration », art. cit.

LE MÉRITE

Pourquoi estime-t-on spontanément que Xavier ne mérite pas ses résultats sportifs et, peut-être, que Henri ne mérite pas l'emploi qu'il a obtenu ? Parce qu'ils ne font pas grand chose pour atteindre leur objectif, tout comme le cordonnier de cette petite fable, imaginée par Mark Michael :

> Un jour, Dieu décida de fabriquer une petite pilule rouge qui avait la propriété d'améliorer significativement les capacités de celui qui l'avalerait. Dans un bourg vivait un médiocre cordonnier qui produisait de médiocres souliers et qui, en conséquence, ne pouvait exiger qu'un modeste salaire. Lors d'une promenade, il trouva par hasard la pilule et, croyant à une baie, l'avala. Les effets ne se firent pas attendre : le lendemain à son travail, les clous qu'il plantait ne se tordaient plus comme il avait été de règle, il coupait et taillait le cuir avec dextérité et les souliers qu'il fabriquait ne lui attiraient plus que des éloges. Son salaire se modifia bien sûr en conséquence, si bien qu'il put rapidement ouvrir sa propre échoppe dans laquelle il prospéra [1].

Le cordonnier mérite-t-il les fruits de son travail désormais excellent ? Oui, dira-t-on, puisqu'il a travaillé à cet effet tout comme auparavant. Mérite-t-il cependant les nouvelles capacités qui lui ont permis d'œuvrer ainsi ? Cette fois non, puisqu'il n'a rien fait pour. Il en va de même dans le cas du sport : l'absence d'effort est la source d'absence de mérite. Certes, le cycliste dopé pédale tout de même et sa sueur n'est pas factice et si, pour le cordonnier de la fable, on est dans la situation d'une acquisition soudaine d'un talent nouveau, ce n'est généralement pas le cas, l'amélioration portant sur une capacité préexistante [2] ; mais pour son surplus de puissance, il n'a rien fait qui soit source de mérite. Ce serait encore la même chose pour les fruits moraux de capacités morales augmentées par le biais d'une pilule. Ainsi que le souligne le Comité du Président américain : « Un médicament qui induit une absence de peur ne produit pas le courage », et plus généralement : « Des personnes en bonne santé dont le comportement perturbé est "remédié" par des calmants plutôt que par leurs propres efforts

1. « Redistributive Taxation, Self-Ownership and the Fruit of Labour », *Journal of Applied Philosophy*, 14/2, 1997, p. 138-139.

2. J. Schuijer *et al.*, « Transcranial Electric Stimulation to Enhance Cognitive Performance of Healty Minors », *Frontiers in Human Neuroscience*, 11, 2017, art. 142, p. 11.

ne sont pas en train d'apprendre le contrôle de soi »[1]. Et ce bien qu'elles fassent face au danger sans peur, qu'elles contrôlent effectivement leurs émotions et leur comportement ! Être courageux et se contrôler sont des vertus qui, comme telles, ne peuvent s'acquérir que par un effort, seul source de mérite moral. John Rawls est allé encore plus loin : soulignant que nous n'avons rien fait pour mériter nos capacités naturelles, il en conclut que nous ne méritons pas les fruits que nous en tirons, et donc nos revenus, ce qui justifie politiquement une large redistribution des richesses, puisqu'elles ont été obtenues par des capacités si peu méritées[2].

Le mérite est donc lié à l'effort, qu'il soit physique ou non, et sans effort, point de mérite. En parodiant un dicton célèbre, on dira : « À vaincre sans effort, on triomphe sans mérite ! » Un peu de souffrance augmentera encore la valeur du résultat, qu'il faut mériter, comme on dit.

Mais si le mérite est tellement important pour notre sens moral, doit-on pour autant faire fi du résultat ? Somme toute et pour reprendre l'exemple du Botox de Safire, être moins timide, plus honnête ou intellectuellement plus séduisant, avec un bon sens de l'humour sont de bonnes choses. Si tous les êtres humains possédaient ces qualités, ils s'en porteraient mieux, tant eux-mêmes que leur entourage. Quand on est musicien, ne recherche-t-on pas à ne plus faire de fausse note inopinée, c'est-à-dire à atteindre un certain *résultat* ? Or les bêta-bloquants y aident et viennent à la rescousse de l'effort. Comme le souligne aussi Arthur Caplan sur le plan du bien-être personnel : « Nous n'avons pas toujours besoin de "gagner" notre bonheur pour être vraiment et réellement heureux. Nous ne rejetons pas comme frauduleuses ces choses qui nous rendent heureux pour la jouissance desquelles nous n'avons fait que peu de choses ou rien du tout »[3]. Certes, « bonheur » est un concept assez vague, mais en un sens immédiat, Caplan a manifestement raison. Et puis, plus simplement, on s'aide de bien des manières, notamment au plan cognitif. Un agenda améliore la mémoire et on n'a que très peu de mérite à le tenir correctement; cela ne demande qu'un effort minimum, bien moindre en tout cas que de retenir de mémoire tout ce que l'on y inscrit. En est-il pour cela moralement douteux ? Pas plus qu'une paire de jumelles qui améliore notre vision à distance ! Or, ce sont bien là des *extensions* de nos capacités naturelles, comme tous les outils. Le marché des compléments alimentaires pour soutenir la mémoire est

1. Comité du Président américain sur la bioéthique, *Beyond Therapy*, Washington DC, 2003, p. 291.

2. *Théorie de la justice*, Paris, Seuil, 1987, p. 131.

3. Dans S. Marcus (éd.), *Neuroethics. Mapping the Field*, *op. cit.*, p. 17.

actuellement énorme, sans que personne ne s'en émeuve. Enfin, nous tous bénéficions sans aucun mérite et sans aucune vergogne – mais pourquoi en éprouverions-nous ? – des progrès techniques et sociaux que les générations précédentes ont patiemment édifiés.

Le mérite, qui nous paraît si important dans certains domaines, ne l'est donc plus du tout dans d'autres. Cela est manifestement lié en partie au choix des moyens, la pilule suscitant une réaction au contraire des outils. J'y viendrai bientôt, mais en ce qui concerne le mérite proprement dit, on ne voit pas la raison de cette différence d'évaluation. Neil Levy n'a-t-il alors pas raison de proposer que l'on remplace le critère du mérite par un principe de parité éthique, stipulant qu'il est moralement équivalent de changer notre cerveau ou notre environnement, si par là nous améliorons une fonction mentale qu'il est bon d'améliorer [1], principe qu'on étendra en ajoutant qu'il est encore équivalent de changer notre cerveau par l'effort ou par une pilule dans la même optique ? En effet, bien des capacités, des actions et des comportements humains ont été et sont encore dignes d'amélioration, mérite ou pas mérite, et pourquoi s'en priver ?

On aura peut-être de la peine à s'en persuader. Pourquoi ? Parce qu'il subsiste manifestement un ingrédient supplémentaire au simple gain parmi les facteurs qui comptent, celui justement de l'effort, et on continue à avoir tendance à juger sévèrement la dissociation des deux dans bien des domaines. Andy Miah note que l'amélioration par des moyens technologiques « corrompt les systèmes d'évaluation qui structurent nos sociétés, en supprimant la relation complexe entre le résultat et l'action entreprise » [2]. On en dira autant des moyens médicamenteux, à l'égard desquels s'ajoute, dit Lawrence Diller, un *calvinisme pharmacologique*, à savoir « une croyance culturelle forte qu'il est meilleur de [progresser] en utilisant ses propres ressources [...], plutôt qu'en recourant à des médicaments » [3]. Ses propres ressources ou du moins ce qui ne fait que les prolonger : une pilule agit par elle-même, alors qu'un outil est par lui-même inerte ou du moins ne fait qu'amplifier un effort volontaire. Tout gain doit donc être le fruit d'un effort, à savoir d'une contribution active, afin que, comme on dit, « cela vaille la peine ».

1. *Neuroethics. Challenges for the 21 st Century*, Cambridge, CUP, 2007, p. 61.

2. « Engineering Greater Resilience or Radical Transhuman Enhancement ? », *Studies in Ethics, Law, and Technology*, 2/1, 2008, p. 1.

3. « The Run on Ritalin : Attention Deficit Disorder and Stimulant Treatment in the 1990s », dans M. Farah (éd.), *Neuroethics. An Introduction with Readings*, Cambridge (MA), MIT Press, 2010, p. 51.

Cette considération me semble jouer un rôle important : derrière l'effort et plus fondamentalement se dissimule une exigence d'*activité*. C'est particulièrement clair dans le cas du bien-être dont parlait Caplan : ne dira-t-on pas qu'un bien-être, aussi désirable soit-il, est tout de même immérité, même s'il n'est pas frauduleux, lorsqu'il nous arrive alors que nous sommes essentiellement *passifs* ? On répondra peut-être que c'est le cas, mais que, en définitive, peu importe, du moment que nous sommes heureux ! Toutefois, cette réponse finit par tourner court : si le bien-être est effectivement parfois conçu comme un état subjectif passif, quelque chose qui nous arrive, cela a des limites : il ne saurait être complètement disjoint de toute activité : « Nous voulons faire certaines choses, et non nous contenter d'avoir l'expérience de les faire », dit Robert Nozick [1]. Et effectivement, nous nous réalisons et nous épanouissons d'abord par et dans ce que nous faisons ; or être épanoui, c'est là une forme de bien-être plutôt fondamentale.

On observe ici une opposition entre deux manières de voir, que d'ailleurs nous adoptons souvent tour à tour, selon les situations : tantôt c'est le fait que nous soyons meilleurs qui prime, tantôt la manière d'y parvenir compte plus. Andy Miah a raison de parler de relation complexe entre l'action et son résultat. On verra bientôt que cette relation varie selon les biens considérés, et on voit déjà qu'elle varie selon les situations et selon la direction de notre attention : nous nous soucions souvent de la manière dont nous faisons ce que nous faisons actuellement, mais non de l'arrière-plan acquis depuis longtemps ou à la disposition de tous.

À cela s'ajoute des options philosophiques. Si tout le monde est d'accord sur le fait qu'il est faux que la fin justifie les moyens, le poids que nous accordons aux fins jugées bonnes et désirables nous rend plus ou moins sensibles aux moyens, particulièrement s'ils n'ont rien de moralement répréhensible (et avaler une pilule ne l'est pas). Ainsi, Daniel Dennett se demande : « L'amélioration de soi est l'un de nos idéaux les plus élevés. Pourquoi serait-il important qu'on le réalise uniquement de la vieille manière démodée ? » [2]. Si le but est bon et que les moyens sont adaptés, ne causant de tort à personne, où est le problème ? Est-ce que le fait que le but soit atteint passivement plutôt qu'activement change vraiment quelque chose ? Sur le plan moral, Descartes disait, en commentant les règles morales qu'il avait adoptées : « Ma troisième maxime était de tâcher toujours plutôt à me vaincre que la fortune, et à changer mes désirs que

1. *Anarchie, État et utopie*, Paris, P.U.F., 1988, p. 64.
2. *Freedom Evolves*, Londres, Allen Lane, 2003, p. 276.

l'ordre du monde »[1] ; par là il entendait se soumettre à la maxime stoïcienne de ne se préoccuper que des choses qui dépendent de nous – or l'état du monde et la fortune n'en dépendent pas, contrairement à nos désirs, pensait-il –, ce qui exige, on en conviendra facilement, des efforts importants de la volonté (ce n'est pas pour rien que de « stoïcien » est dérivé l'adjectif « stoïque »). À l'avenir, se vaincre et changer ses désirs pourrait se faire sinon tout seul et sans effort, du moins plus facilement, et avec le même bénéfice moral.

Cette mise entre parenthèses du mérite et de l'exigence d'activité dans certaines approches est particulièrement visible lorsqu'il s'agit d'atteindre des buts sociaux bénéfiques. Il y a une trentaine d'années, ceux qui y étaient favorables misaient sur le génie génétique – c'est qu'il faut agir sur des groupes humains, voire sur l'espèce elle-même. Par exemple, Jonathan Glover considérait que cette biotechnologie pourrait nous aider à vaincre nos capacités limitées d'empathie et d'altruisme, car actuellement et malheureusement disait-il :

> Nous avons une psychologie tribale bien adaptée pour survivre à l'Âge de la pierre. Nous désirons nous identifier à un groupe, nous avons tendance à haïr les autres groupes, à obéir et à être agressifs : nous réagissons comme membres d'une foule, à la musique émotionnelle, aux uniformes, drapeaux et autres symboles ; nous aimons l'aventure et le risque ; nous avons besoin d'un cadre conceptuel simple pour comprendre le monde et désirons croire plutôt que douter[2].

Quant à Tristram Engelhardt, il adoptait des accents réellement transhumanistes et quasi-bibliques :

> À l'avenir, notre capacité à contraindre, en la manipulant, la nature humaine à se plier aux fins voulues par les personnes va s'accroître. Au fur et à mesure que nous allons développer notre capacité à intervenir, par le génie génétique, non seulement sur les cellules somatiques de l'être humain, mais aussi sur ses cellules germinales, nous allons nous rendre capables de former et de façonner notre nature humaine à l'image et à la ressemblance des fins déterminées par les personnes. À terme, tout cela est susceptible de changer à ce point la nature humaine que les taxonomistes du futur considéreront peut-être nos descendants comme appartenant à une nouvelle espèce. Si la nature humaine n'a rien de sacré [...], il n'y a aucune raison pour ne pas la transformer radicalement [...]. Ce sont les personnes

1. *Discours de la méthode*, dans *Œuvres de Descartes,* éd. Adam et Tannery, vol. 6, Paris, Vrin, 1982, p. 24.

2. *What Sort of People Should There Be?,* Harmondsworth, Penguin Books, 1984, p. 183-184.

qui sont la mesure de toutes choses, parce que nul n'est capable de mesurer, si ce n'est une personne[1].

L'effort avait déjà disparu du paysage; mais retenons la conclusion du bioéthicien, car nous aurons l'occasion par la suite d'apprécier sa justesse, même si ce sera dans un cadre moins grandiose.

LE NATUREL ET L'ARTIFICIEL

L'exigence du caractère naturel des moyens d'amélioration est sans doute moins répandue que celle du mérite, mais il n'en reste pas moins que le naturel joue un rôle important dans nombre de nos évaluations. Prendre du ginseng, des vitamines ou des suppléments alimentaires – ou les donner à ses enfants pour les aider à gérer le stress scolaire – ne poserait pas de problème, une substance médicamenteuse de synthèse oui, du moins pour certains. Est-ce justifié?

Dans le cas de l'amélioration ou de l'augmentation, on voit tout de suite que l'exigence du naturel est à géométrie très variable. Martha Nussbaum note, dans le domaine du sport:

> Il n'y a rien de mal avec l'usage d'améliorants « non-naturels » dans les sports. Il faut même dire que les sports dépendent intimement de ce qui n'est pas naturel: les raquettes au tennis, les perches pour le saut, les skis pour skier, les vêtements high-tech de course [...]. Tant les stéroïdes que les gants de boxe sont non-naturels. Les derniers sont bons et doivent être obligatoires, comme ils le sont déjà; les premiers sont dangereux et doivent être interdits[2].

La même remarque vaut évidemment pour les autres domaines de la vie. Nussbaum propose qu'on adopte comme critère celui du risque encouru; il est effectivement important, mais ce n'est pas le seul possible, Neil Levy ayant, on s'en souvient, proposé un principe de parité éthique basé sur le caractère désirable de l'amélioration. Ces réflexions indiquent toutefois que le caractère naturel des moyens ne paraît pas *en lui-même* être un critère pertinent de jugement moral.

1. *Les Fondements de la bioéthique*, Paris, Les Belles Lettres, 2015, p. 570.

2. « Human Dignity and Political Entitlements », dans Comité du Président américain pour la bioéthique, *Human Dignity and Bioethics*, Washington DC, 2008, p. 372.

Essayons d'approfondir le point : qu'est-ce qui ne va pas avec l'argument du caractère naturel ? Certes, il est appliqué de manière variable, c'est-à-dire sans grande cohérence, tout comme l'était d'ailleurs le critère du mérite. Mais plus précisément ? Relevons d'abord que les exemples de Nussbaum peuvent être trompeurs, en ce qu'ils n'opposent pas seulement le naturel et l'artificiel, mais aussi l'intérieur (une substance introduite dans notre organisme) à l'extérieur (un instrument non-corporel que nous utilisons). Or on sait que l'évaluation est sensible aussi à ce facteur, et on y reviendra. Ce n'est en effet pas les raquettes qu'il faut opposer aux stéroïdes, mais les vitamines ou d'autres dopants naturels, comme la caféine ou le ginseng. La question qui se pose est alors la suivante : à risque égal et à supposé que leur efficacité soit la même, est-il vraiment moralement plus problématique d'utiliser une substance artificielle qu'une substance naturelle ? Pour les dispositifs, même si c'est moins parlant, on demandera de la même manière : est-il vraiment moralement plus problématique, pour un athlète, d'utiliser une perche en fibre de verre qu'une perche en bambou ?

La troisième critique que j'ai mentionnée plus haut à propos de la famille de Henri affirme justement que s'il est légitime de s'améliorer par des moyens naturels, il ne l'est pas de le faire par des moyens artificiels. Ainsi, le café ou le ginseng ne poseraient pas de problème, mais le modafinil ou les stéroïdes oui. Le café que nous consommons n'est d'ailleurs naturel que dans un sens limité : il s'agit d'une plante sélectionnée qui pousse dans des plantations et dont le grain est torréfié. Certes, il n'est pas obtenu par les procédés qu'emploie l'industrie chimique (encore que les plantations de café sont abondamment arrosées de pesticides), mais en quoi l'usage de tels procédés pourrait-il changer notre jugement moral sur le produit lui-même ? On ne voit pas ; il n'y a ici rien qui, d'un point de vue moral, soit pertinent[1].

En réalité, je crois que la critique du caractère artificiel de certains moyens d'augmentation en recouvre deux autres, et les masque souvent. Il s'agit d'abord de la question de la dangerosité ou du risque, particulièrement lorsqu'il est question de médicaments : les substances naturelles sont généralement consommées depuis longtemps, contrairement aux artificielles, synthétiques ou chimiques ; nous connaissons donc bien mieux leurs effets secondaires indésirables – bien qu'il existe des cas où la substance naturelle est nettement plus dangereuse que sa contrepartie

1. Il existe bien sûr des soucis moraux liés à l'exploitation des cultivateurs, à la politique des multinationales de l'agro-alimentaire, mais ce n'est pas ce dont il est question ici.

synthétique : ainsi en va-t-il de l'hormone de croissance utilisée pour soigner certaines pathologies, dont la forme naturelle, tirée de la glande pituitaire humaine, était responsable de la transmission de la maladie de Creutzfeld Jacob. Les effets indésirables des psychostimulants sont d'ailleurs de mieux en mieux connus et ne rassurent pas vraiment, d'autant qu'ils sont assez variés, même si aucun n'est vraiment grave : hypertension, anxiété, maux de tête, tachycardie[1]... Ensuite, il s'agit de la question du choix des moyens : tous les moyens ne sont pas appropriés pour atteindre les buts que nous poursuivons, et « naturel » signifie justement souvent « approprié », car il a une composante normative. Ce n'est pas la première fois que nous rencontrons la question du choix des moyens, et il faudra bientôt l'aborder de front ; mais pour l'instant, j'aimerais en dire plus sur la distinction du naturel et de l'artificiel, car les deux critiques qu'elle masque n'en épuisent pas la signification. Des considérations plus métaphysiques sont aussi en jeu, du moins chez certains.

« La question qui m'intéresse tout particulièrement est celle de savoir comment la dédifférenciation qu'opère la biotechnologie sur des distinctions usuelles entre ce qui croît naturellement et ce qui est fabriqué [...], modifie la compréhension que nous avions jusque-là de nous-mêmes », nous dit Jürgen Habermas[2]. Les biotechnologies, c'est-à-dire notamment l'utilisation de moyens biotechnologiques pour nous améliorer, brouillent la frontière entre ce qui est naturel et ce qui est artificiel, ce qui a pour effet de changer la manière dont nous nous comprenons en relation avec notre environnement. Mark Hunyadi dresse le même constat en des termes encore plus précis : « Le partage entre le naturel et l'artificiel [...] offrait à notre appréhension spontanée du monde une grammaire solide. Or si la vie elle-même devient un artefact [...] alors une frontière jusque-là tenue pour fixe est franchie, de l'instabilité est produite, de l'incertitude est créée »[3]. On pense ici immédiatement à la biologie de ynthèse et au projet déjà partiellement réalisé de Craig Venter de créer des êtres vivants artificiels, ce qui nous mène bien au-delà de la question de l'amélioration, et ne gênerait d'ailleurs pas les transhumanistes. Comme ces deux philosophes, on peut se demander ce que cette « dédifférenciation » implique du côté de l'être humain, mais, avant cela, il est

1. E. Cheung et J. Pierre, « The Medical Ethics of Cognitive Neuroenhancement », art. cit., p. 110.

2. *L'Avenir de la nature humaine*, Paris, Gallimard, 2002, p. 40.

3. *Je est un clone*, Paris, Seuil, 2004, p. 21.

nécessaire d'examiner en quoi exactement consiste l'opposition entre le naturel et l'artificiel et quelle est sa portée.

Le naturel et l'artificiel paraissent constituer des catégories disjointes bien déterminées, ou du moins, cela a été pendant longtemps le cas selon Habermas et Hunyadi. Toutefois, quand on y regarde de plus près, on se rend compte qu'il existe un flou sémantique associé à une incertitude normative avec ces concepts, et que ce n'est pas nouveau. Deux exemples le montreront. Est naturel ce qui vient de la nature, mais qu'est-ce que la nature? Dans *La Princesse de Babylone*, Voltaire dit à quelques lignes d'intervalle: « Il n'y a pas trois cents ans que je vis ici la *nature* sauvage dans toute son horreur; j'y trouve aujourd'hui les arts, la splendeur, la gloire et la politesse » et « il vaudrait mieux n'avoir point de lois et n'écouter que la *nature*, qui a gravé dans nos cœurs les caractères du juste et de l'injuste » [1]. La nature désigne d'un côté un ensemble de phénomènes naturels, et de l'autre une instance législatrice, les deux étant par ailleurs connotés axiologiquement de manière opposée. De nos jours, Engelhardt parle de l'homosexualité comme de quelque chose de naturel d'une part, puisque « la nature humaine est le produit d'une évolution qui peut, au cours de son processus, avoir favorisé l'homosexualité » [2], et de non-naturel d'autre part, puisque « les désirs charnels autres que ceux qui lient un mari et sa femme sont *non naturels* en ce sens qu'ils ne sont pas dans l'ordre et qu'ils nous éloignent du salut » [3]. Le naturel comme ce qui émane de l'évolution contre le naturel expression d'un ordre supérieur, et ici aussi, un jugement normatif est sous-jacent [4].

Si on laisse momentanément de côté l'aspect normatif du concept, on voit se dégager deux traits concernant le naturel ou la nature. Est naturel ce qui n'est pas produit par l'être humain, ce qui n'est pas le fruit de son inventivité. C'est là le sens fondamental du concept, que Dieter Birnbacher appelle son *sens génétique*. Mais il en existe encore un second: le *sens qualitatif* [5]. Au sens génétique, est naturel ce qui est *produit* par la nature, et artificiel ce qui est produit par l'être humain. « Naturel » et « artificiel » dénotent donc des modes de production. Au sens qualitatif, est naturel ce

1. *La Princesse de Babylone*, *op. cit.*, p. 423.

2. *Les Fondements de la bioéthique*, *op. cit.*, p. 47.

3. *The Foundations of Christian Bioethics*, Lisse, Swets & Zeitlinger, 2000, p. 247.

4. Cela soulève la question de savoir si le naturel peut réellement valoir comme norme devant guider notre action. Je ne l'examinerai pas, car elle est liée à un débat assez complexe sur ce qu'on a appelé le sophisme ou paralogisme naturaliste (D. Birnbacher, « Rechte des Menschen oder Rechte der Natur », *Studia Philosophica*, 49, 1990).

5. *Natürlichkeit*, Berlin, De Gruyter, 2006, p. 7-9.

qui est *indiscernable* d'un produit de la nature. Ainsi une forêt alluviale reconstituée, une rivière renaturée. Comme on le voit, ce qui est naturel au sens qualitatif est aussi parfois artificiel au sens génétique. À cela il faut ajouter une dimension temporelle. Pensons aux fruits de l'agriculture : le blé n'a jamais existé dans la nature avant que l'être humain ne le sélectionne. Maintenant, le blé est naturel au sens qualitatif et génétique (le fermier plante les graines de blé, tout comme il plante des graines de graminées sauvages ; et la nature les fait pousser, certes avec de l'engrais, qui lui aussi peut être naturel ou artificiel), mais ce n'était pas le cas il y a 8 000 ans.

Si un être transhumain ou posthumain existe un jour, ou même simplement un être humain amélioré, il sera artificiel au sens génétique, à moins qu'il soit le fruit de mutations génétiques spontanées, et sans doute aussi au sens qualitatif. Craig Venter a ainsi créé une bactérie artificielle (ou synthétique), bactérie qui elle est toutefois naturelle au sens qualitatif, puisque c'est pour l'essentiel un *Mycoplasma mycoides*, le génome de cette bactérie ayant été soigneusement copié [1].

Ce qui est produit par la nature manifeste aussi pour beaucoup un ordre, il lui est conforme, et il s'agit de le respecter. L'artificiel est opposé au naturel. Cela signifie-t-il que ce qui est artificiel manifeste un désordre ? La conclusion a été tirée et l'est encore par certains, l'ordre naturel étant justement normatif. « Artificiel désigne ce qui enfreint la normativité éthique objectivement inscrite dans la nature » [2], affirme le cardinal Georges Cottier, et l'on connaît l'usage que l'Église catholique a fait de cette norme dans le domaine de la sexualité.

Cette tradition religieuse n'est pas seule à conférer une valeur positive à la nature ou au naturel et, corrélativement, une valeur négative à l'artificiel dans certains domaines. Des mouvements écologistes et les partisans des médecines naturelles font de même, ce qui ne va d'ailleurs pas sans un certain flou : valorisant par exemple la médecine par les plantes, ils oublient ou ne savent pas que certaines chimiothérapies sont une médecine par les plantes, leur principe actif, une taxane, étant tirée de l'if, certes moyennant l'ingéniosité humaine (on se rend compte ici que naturel est encore une notion graduelle ou scalaire : boire une infusion de menthe est plus naturel que prendre du menthol, et celui-ci sera plus naturel s'il est tiré d'une plante que produit par synthèse – pour le sens génétique tout au moins). Comme l'artificiel désigne ce qui est produit par l'être humain, on

1. R. Kwok, « DNA's Master Craftsmen », *Nature*, 468, 2010.

2. G. Cottier, *Défis éthiques*, Saint-Maurice, éd. Saint-Augustin, 1996, p. 128.

observe alors une tendance à condamner ses intervention dans le monde extérieur, qui seraient souvent corruptrices de l'ordre naturel. Henry Miller constate « Dans le cas de la nouvelle technologie [...], il y a le mythe d'un monde "naturel", pur et innocent comme un enfant et corrompu par les avancées scientifiques, particulièrement par celles qui tripatouillent la "Nature" »[1]. Jean-Jacques Rousseau pourrait à juste titre être considéré comme le père spirituel de cette manière de voir, puisqu'il affirme dans l'*Émile* :

> Tout est bien sortant des mains de l'Auteur des choses, tout dégénère entre les mains de l'homme. Il force une terre à nourrir les productions d'une autre, un arbre à porter les fruits d'un autre ; il mêle et confond les climats, les éléments, les saisons ; il mutile son chien, son cheval, son esclave ; il bouleverse tout, il défigure tout, il aime la difformité, les monstres ; il ne veut rien tel que l'a fait la nature, pas même l'homme ; il le faut dresser pour lui, comme un cheval de manège ; il le faut contourner à sa mode, comme un arbre de son jardin[2].

C'est là l'expression d'une version assez extrême de cette attitude ; peu sont ceux qui acceptent de la suivre jusqu'au bout, ne serait-ce que parce que c'est aussi par l'action humaine que peut être restauré le naturel (au sens qualitatif), y compris la santé. Un quiétisme purement contemplatif de la nature et l'inaction ne sont défendus en définitive par personne. En outre, l'action humaine peut respecter ce qui est perçu comme l'ordre naturel : l'être humain crée de nouvelles variétés de plantes par croisement et par génie génétique ; ces variétés sont donc artificielles en un sens, mais les premières sont aussi naturelles, car elles sont le fruit de l'imitation des procédés que l'on trouve à l'œuvre dans la nature – bien que les virus réalisent de leur côté un génie génétique naturel !

La question qu'il faut examiner est celle de savoir si, du point de vue normatif, il existe vraiment une différence interne entre la valeur du naturel et celle de l'artificiel : à supposer que « naturel » et « artificiel » soient porteurs de valeur, est-il possible d'argumenter en faveur de la thèse que, par eux-mêmes, ces concepts sont porteurs de valeurs différentes, voire opposées[3] ?

1. « When Politics drives science : Lysenko, Gore, and U.S. biotechnology policy », *Social Philosophy and Policy*, 13/2, 1996, p. 98.

2. *Émile*, dans *Œuvres complètes*, t. IV, « Bibliothèque de la Pléiade », Paris, Gallimard, 1969, p. 245.

3. Il s'agit de valeur intrinsèque, et non de valorisations dépendant de nos intérêts, de nos goûts ou de nos conceptions esthétiques.

La réponse est négative : il n'y a pas de bonnes raisons d'attribuer par principe des valeurs différentes à ce qui est naturel et à ce qui est artificiel [1]. Il n'existe même que des mauvaises raisons de le faire, car on n'observe pas de différence ontologique entre eux qui pourrait fonder cette différence de valeur. Je vais l'expliquer et le montrer à partir de considérations historiques, en mettant en évidence deux thèses fondatrices pour la science moderne :

– [**INA**] L'identité ontologique du naturel et de l'artificiel.

– [**ITC**] L'identité de nature de tous les types de changements.

Robert Boyle affirme en 1666 : « Je ne vois pas pourquoi tout ce que le feu des chimistes produit devrait être considéré comme des corps artificiels, quelque chose de non naturel, puisque le feu, qui est le grand agent de ces changements, ne cesse pas, en étant employé par des chimistes, de fonctionner comme un agent naturel » [2]. En chauffant de la silice, le chimiste ou l'artisan produisent artificiellement du verre, mais ce verre est exactement le même que celui que la chaleur d'un volcan produit dans sa cheminée. La distinction entre le naturel et l'artificiel n'a aucun fondement intrinsèque, mais seulement génétique au sens de Birnbacher, et il faut affirmer leur *identité ontologique* **INA**. Bref, ce que la nature fait, nous pouvons en principe le faire et d'ailleurs, dans bien des cas, nous le faisons déjà depuis longtemps, en utilisant les forces mêmes de la nature, qui par là ne perdent pas leur statut de forces naturelles, comme l'atteste l'exemple du verre.

Nous pouvons faire ce que la nature fait en agissant par des forces naturelles qui vont modifier les propriétés des corps. En en prenant conscience, Boyle se rend compte que ce que les alchimistes avaient tenté – la transmutation du plomb en or – serait en principe possible [3]. Effectuer de telles transformations, c'est ce que se propose la (techno)science nouvelle. Est-elle alors démiurgique ? Non, car elle ne cherche pas à créer un corps *ex nihilo*, mais uniquement à réarranger les particules dont la matière est faite – c'est d'après Boyle exactement ainsi que la nature procède. Il n'y a donc plus de différence de nature entre un changement *accidentel* et un

1. B. Baertschi, *La vie artificielle*, Berne, CENH, 2009, chap. V, disponible en ligne : http://www.ekah.admin.ch/fileadmin/ekah-dateien/dokumentation/publikationen/f-Beitrag-artificielle-2009.pdf.

2. *The Origin of Form and Qualities*, dans *The Works of the Honourable Robert Boyle*, t. 3, Londres, 1666, p. 51.

3. *Ibid.*, p. 94.

changement *substantiel*, puisqu'en modifiant les propriétés d'un corps (ce qu'on appelle ses « accidents ») il arrive qu'on crée un corps nouveau (une nouvelle substance) **ITC**. Les réactions chimiques vont largement corroborer cette thèse.

Ces deux thèses ressortissent au cadre conceptuel d'une science dont nous nous réclamons encore de nos jours; elles expriment le fait que le monde des corps est fondamentalement un et que les changements qui peuvent lui survenir, *soit de son fait, soit du nôtre* ne dépendent que des propriétés de ces corps. Cela a été une découverte du XVIIe siècle, car auparavant on pensait différemment; mais on se trompait. Pour la physique aristotélicienne, relève Étienne Gilson : « Tous les êtres se répartissent en deux classes; et ces deux classes ne sont pas celles des êtres vivants et des êtres inorganiques, mais celles des êtres naturels et des êtres artificiels »[1], car seuls les premiers ont un principe interne de mouvement, à savoir une nature. Croire qu'il y a une différence ontologique entre le naturel et l'artificiel, différence qui aurait en outre des conséquences morales vu le poids normatif de ces deux concepts, c'est ne pas avoir pris la mesure de ce changement scientifique. C'est donc s'appuyer sur un fondement erroné pour juger des produits des technosciences et des biotechnologies. Frank Tinland relève :

> C'est à des survivances de cette antique séparation entre ce qu'opère la nature et les produits de l'art que plonge encore ses racines la méfiance toujours actuelle pour les molécules de synthèse alors que leur composition et leur structure sont strictement comparables à celles qui sont extraites de sources végétales ou animales[2].

Il faut donc affirmer que le caractère bon ou mauvais d'un état de chose ou d'une substance ne saurait dépendre du fait qu'ils ont été produits par la nature ou fabriqués par l'homme, ou du fait qu'ils sont plus ou moins éloignés de la nature, c'est-à-dire qu'ils sont plus ou moins médiatisé par la technique. Ainsi, le caractère bon ou mauvais d'une amélioration ne dépend pas de sa genèse : améliorer sa mémoire par une substance naturelle ou un neuromédicament de synthèse n'a pas d'impact sur la valeur de l'amélioration; ni plus ni moins qu'augmenter sa longévité en buvant du jus de grenade ou par le génie génétique, deux moyens qui par ailleurs ont de multiples différences qui peuvent compter, comme leur dangerosité

1. *Études sur le rôle de la pensée médiévale dans la formation du système cartésien*, Paris, Vrin, 1984, p. 155.

2. « La technoscience : convergence occasionnelle ou lien essentiel ? », dans J.-Y. Goffi (éd.)., *Regards sur les technosciences*, Paris, Vrin, 2006, p. 59.

ou leur invasivité. On affirmera encore dans la même optique – mais qui ici le nierait? – qu'améliorer sa capacité à calculer par l'emploi d'une calculatrice électronique ne pose pas de problème, et en tout cas pas du fait que la calculatrice serait artificielle. Dans la foulée, on élargira encore le principe de parité éthique de Neil Levy ainsi : s'il s'agit d'améliorer une fonction mentale qu'il est bon d'améliorer, il est moralement équivalent de le faire non seulement en changeant notre cerveau, par l'effort ou par une pilule, ou notre environnement, mais aussi en utilisant des moyens naturels ou artificiels.

Si on en doute encore, vu que nos intuitions prémodernes sont souvent robustes, on suivra Ronald Dworkin, dont les réflexions montrent qu'il est tout de même possible de concilier notre valorisation spontanée du naturel et les leçons de la science moderne[1]. Ce dernier, comme Habermas et Hunyadi, souligne que l'existence d'une frontière entre le naturel et l'artificiel est cruciale pour notre expérience morale et que, quand elle se déplace, « une période de stabilité morale est remplacée par de l'insécurité morale »[2]. Il estime toutefois qu'il est important de réinterpréter le sens de cette opposition, en comprenant « naturel » comme désignant un donné sur lequel nous n'avons pas de pouvoir et « artificiel » comme ce dont nous sommes responsables : ce qui arrive par nécessité d'un côté, et ce qui a lieu suivant notre choix de l'autre.

Cette structure, ajoute-t-il, dépend, de manière cruciale, d'une distinction entre les actions et les décisions, à savoir ce dont nous sommes responsables, individuellement ou collectivement, et ce qui est donné, comme arrière-plan sur la base duquel nous agissons ou décidons, mais que nous sommes impuissants à changer.

Theo Van Willigenburg va dans le même sens, lorsqu'il soutient que l'opposition entre le naturel et le non naturel recouvre celle des événements et des actions, de telle manière que « pour nous comprendre comme des acteurs, nous avons besoin de nous attribuer la responsabilité de certains "événements" qui sont le produit de notre activité »[3]. Il en propose donc une interprétation métaphysique en ce que selon lui cette distinction est cruciale pour que nous puissions nous comprendre comme des agents,

1. J.-N. Missa, « L'homme recombiné. Les enjeux éthiques et philosophiques de la modification du génome de l'être humain », dans J.-Y. Goffi (éd.), *Regards sur les techno-sciences*, Paris, Vrin, 2006.

2. *Sovereign Virtue*, Londres, Harvard UP, 2000, p. 444.

3. « Philosophical Reflection on Bioethics and Limits », dans M. Düwell *et al.* (éd.), *The Contingent Nature of Life*, Berlin, Springer, 2008, p. 153.

c'est-à-dire des êtres responsables de ce qui a lieu dans certaines parties du monde. Bien sûr, la frontière entre les deux ordres de choses n'est pas immuable, et sous l'influence des sciences et des techniques notamment, elle s'est grandement modifiée depuis l'aube de la civilisation, ce que nos deux philosophes soulignent, Van Willigenburg précisant : « Encore et toujours, nous avons besoin de reconstruire la frontière entre les actions et les événements ». Il s'ensuit que notre responsabilité s'étend en rapport – c'est-à-dire qu'elle augmente au fur et à mesure que la science nous donne plus de pouvoir, ce qui est d'ailleurs plutôt un bien qu'un mal, à condition toutefois qu'on use de ce pouvoir dans l'intérêt des êtres humains.

Bref, ce qui compte, c'est notre responsabilité par rapport à ce que nous entreprenons. Ainsi, augmenter l'être humain peut être bon ou mauvais, mais ce ne sera jamais parce qu'on utilise des moyens qui sont naturels ou non. Cela dit, comme il a été souligné, le domaine de l'artificiel croît par rapport au naturel, vu que notre pouvoir augmente : nous vivons dans plus d'artificialité ; en conséquence notre responsabilité s'accroît. Pour certains auteurs, cela suscite un souci par rapport au projet d'amélioration. En effet, si nous avons le choix de nous améliorer ou non, et surtout de le faire en ce qui concerne nos enfants, nous devenons responsables de nous améliorer et de les améliorer, ou de ne pas le faire. D'où la crainte notamment d'une « hyperresponsabilisation »[1]. Cette liberté nouvelle est donc aussi une contrainte nouvelle : nous ne pouvons plus faire comme si ce qui nous est possible ne l'était pas et, comme on le verra lorsqu'il sera question de l'eugénisme libéral, certains auteurs vont jusqu'à affirmer que nous avons dorénavant le devoir de choisir le meilleur pour nos enfants, y compris en mobilisant des outils biotechnologiques.

Ce fardeau n'est pas limité à la question de l'augmentation, mais accompagne tout gain de connaissance à la source de décisions possibles à prendre. C'est, dit Harris, notre destin d'êtres humains et de parents autonomes dans une société du savoir[2]. Yrrah Stol et ses collègues[3] ont récemment pointé du doigt les *check-up* qui, en nous renseignant sur notre état de santé, sont aussi à la source d'attentes voire d'obligations de prendre des mesures préventives et thérapeutiques. C'est pour faire face à ces

1. M. Sandel, *Contre la perfection*, Paris, Vrin, 2016, p. 64 et S. Nagel, « Too Much of a Good Thing ? Enhancement and the Burden of Self-Determination », *Neuroethics*, 3/2, 2010.

2. *Enhancing Evolution…*, *op. cit.*, p. 118 et p. 142.

3. Y. Stol, M. Schermer et E. Asscher, « Omnipresent Health Checks May Result in Over-responsibilization », *Public Health Ethics*, 2016, DOI : 10.1093/phe/phw034.

nouvelles obligations qu'Alex Mauron a proposé une « éthique démiurgique », qui « traite l'innovation scientifique et technique comme un fait acquis, ni plus ni moins, et estime que puisque le pouvoir ainsi généré existe, il convient d'en faire un usage prudent »[1], la prudence pouvant s'entendre ici non seulement au sens de la précaution, mais aussi de la *phronesis* aristotélicienne, comme sagesse pratique guidant nos décisions.

LE BIEN INTERNE DE L'ACTIVITÉ

Les moyens d'amélioration importent-ils ou ne faut-il se préoccuper que du résultat ? On a vu à plusieurs reprises que le choix des moyens n'est pas toujours indifférent ou neutre. Cela jette-t-il l'opprobre sur certains moyens d'amélioration comme les biotechnologies ou les médicaments ?

Il est clair qu'il existe des situations où le choix des moyens mis en œuvre compte pour l'évaluation du résultat. C'est particulièrement visible dans le cas de certaines performances : un alpiniste acceptera certains moyens (artificiels) pour augmenter ses chances d'arriver au sommet, mais pas tous : une corde et des pitons vont de soi, mais non un hélicoptère. Ce dernier moyen change même la nature de l'activité : atteindre un sommet grâce à un hélicoptère, ce n'est plus de l'alpinisme[2]. De manière analogue, utiliser des patins à roulettes pour courir un marathon, ce n'est plus « courir un marathon » et remporter la victoire est alors un exploit vide de sens[3]. Pour ce type d'activités, celles qui sont définies en partie par les moyens qu'elles mettent en œuvre, les changer revient à la changer elle-même. On pensera encore aux vertus morales : comme le soulignent John Fischer et Mark Ravizza, « les vertus ne sont pas seulement des tendances ou des dispositions à se comporter d'une certaine manière dans certaines circonstances ; elles ne sont de telles dispositions qu'à la condition d'avoir été acquises à travers des processus appropriés d'éducation et d'habituation »[4]. On se souvient de cette remarque du Comité du Président américain : prendre une pilule qui supprime la peur ne rend pas courageux.

1. « Éthique démiurgique », dans G. Hottois, J.-N. Missa et L. Perbal (éd.) *Encyclopédie du trans/posthumanisme*, *op. cit.*, p. 38.

2. M. Schermer, « Enhancements, Easy Shortcuts, and the Richness of Human Activities », *Bioethics*, 22/7, 2008, p. 360.

3. N. Faber, J. Savulescu et T. Douglas, « Why is Cognitive Enhancement Deemed Unacceptable ? The Role of Fairness, Deservingness, and Hollow Achievements », *Frontiers in Psychology*, 7, 2016, art. 232, p. 5.

4. *Responsibility and Control*, Cambridge, CUP, 1998, p. 182.

Par contre, d'autres activités sont définies uniquement par leur but ou leur résultat; dans ce cas, changer les moyens ne les remet pas en cause, ni leur valeur. Pensons à la chirurgie : la pratique de cette discipline a été profondément changée par l'emploi des anesthésiants et de nombreux instruments, qui sont de véritables améliorations et ne posent aucun problème moral, vu le but visé qui seul importe ici, le bien du patient. Cela est illustré de manière suggestive par Thomas Murray :

> Imaginez un médicament que les neurochirurgiens pourraient prendre pour réduire le tremblement naturel de leurs mains et augmenter leur capacité à se concentrer. Ce médicament hypothétique n'aurait pas ou seulement peu d'effets secondaires. De nombreuses études auraient montré que les neurochirurgiens qui prennent ce médicament avant une opération ont de meilleurs résultats : moins d'erreurs de chirurgie, un taux de morbidité et une de mortalité moindre chez leurs patients. Serait-il immoral pour un neurochirurgien de prendre ce médicament parce qu'il constitue une « amélioration » ? Supposons que quelqu'un que nous aimons ait besoin d'une opération du cerveau et que deux neurochirurgiens soient disponibles. Si l'un disait : « Bien sûr, je prends ce médicament, parce qu'il aide mes patients », et que l'autre réplique : « Non seulement je ne prends pas ce médicament, mais j'utilise aussi des instruments du XIXe siècle, parce qu'ils me permettent de mieux déployer ma virtuosité technique », quel chirurgien choisirions-nous tous[1] ?

Même si le second utilisait des instruments du XXe siècle, ne préférerions-nous pas le premier, et à juste titre ?

Ainsi, lorsqu'on tente d'améliorer les activités qui sont valorisées pour elles-mêmes et non seulement pour leur résultat, on doit éviter de choisir des moyens qui les priveraient de leur signification, c'est-à-dire qui les dénatureraient, qui en feraient autre chose que ce qu'elles sont (sauf si, bien sûr, on veut justement en faire autre chose). Dans les termes utilisés par Alasdair MacIntyre, on dira que toute activité est caractérisée par des biens internes, et que certaines améliorations pourraient les mettre en péril. Il prend l'exemple du jeu d'échecs. Celui-ci a pour biens internes certains talents d'analyse, une imagination stratégique et une intensité compétitive unique; toute amélioration, c'est-à-dire toute technique pour gagner la partie qui empêcherait leur mise en œuvre changerait en fait la nature de l'activité elle-même[2]. Bref, si certains biens visés sont indifférents sous le rapport de la manière de les atteindre, d'autres ne le sont pas, que ces

1. Dans S. Ackerman, *Hard Science, Hard Choices*, New York, Dana Foundation, 2006, p. 75.

2. *Après la vertu*, Paris, P.U.F., 1984, chap. XIV.

biens soient finaux ou instrumentaux, rivaux ou non-rivaux. Les activités qui les produisent ne supportent donc pas d'être améliorées par n'importe quel moyen.

L'argument de l'importance des moyens connaît en fait deux versions : le choix de moyens inappropriés peut changer la nature de l'activité (c'est l'exemple de l'hélicoptère : se faire déposer au sommet d'une montagne, ce n'est plus de l'alpinisme) ou diminuer sa valeur, ainsi que celle de son résultat (pensons au dopage : le dopage ne fait pas que le sport n'est plus du sport, mais diminue sa valeur et celle de la victoire). Matthis Synofzik illustre ainsi cette dernière possibilité, qu'il contraste avec une activité où seul le résultat compte :

> Dans les sports, les jeux et en partie dans les arts, les réussites sont valorisées en fonction de la manière dont elles sont réalisées, à savoir en fonction du talent naturel, de l'effort et de la chance. Dans d'autres domaines, on valorise les réussites pour elles-mêmes; ainsi en va-t-il dans bien des domaines scientifiques. Si, par exemple, quelqu'un découvre un médicament contre le cancer, on saluera sa découverte qu'il ait eu ou non recours à des fortes doses de café ou à du Modafinil [1].

Le Comité international Olympique (CIO) utilise cette considération dans sa lutte contre le dopage, lorsqu'il le condamne comme « contraire à l'esprit du sport » : le dopage priverait le sport de certains de ses biens internes, en plus du fait qu'il constitue une tricherie. Mais qui s'offusquerait d'apprendre qu'Einstein a découvert la relativité grâce à des substances neurostimulantes ? Dans le domaine artistique et littéraire, la liste est longue de ceux qui ont écrit en ayant pris des substances psychotropes, pensons à Baudelaire, à Michaux ou à Sartre. À l'époque de la *Beat generation* et du mouvement hippie, il était de bon ton de se droguer pour atteindre à un niveau de réalité plus élevé, inaccessible par des moyens standards. Jean-Marie Durand écrit : « Grâce aux amphétamines, aux acides, au LSD, à l'héroïne, à des cocktails explosifs, des voyages intérieurs s'ouvraient aux beatniks » [2] – illusion qui perdure chez certaines personnes. Plus simplement, ajoute Synofzik, dans bien des domaines de la vie courante, on ne se préoccupe que du résultat; c'est pourquoi,

1. « Ethically Justified, Clinically Applicable Criteria for Physician Decision-Making in Psychopharmacological Enhancement », art. cit., p. 90. *Cf.* aussi R. Goodman, « Cognitive Enhancement, Cheating, and Accomplishment », *Kennedy Institute of Ethics Journal*, 20/2, 2010, p. 146.

2. « Le trip ultime, Sur la route avec la Beat generation », *Les inRocKuptibles*, hors série, 2016, p. 72.

si quelqu'un employait tous ses talents et ses efforts pour résoudre de tête des calculs très complexes, on aurait tendance à lui demander pourquoi il n'utilise pas tout simplement une calculatrice.

En résumé, on dira que l'inadéquation possible des moyens employés avec les biens internes d'une activité, potentiellement vulnérables à un changement, fût-il améliorant, ne concerne pas toutes les activités, et de loin. En outre, il n'est pas forcément problématique de changer la nature d'une activité, si on juge que la nouvelle est meilleure : en sport, le squash est devenu tennis; qui s'en plaint? Dans une conception qui place l'autonomie au centre de la personne, on estimera volontiers qu'il dépend du libre choix de chacun de décider quelle activité il veut mener, et s'il veut changer ou non des règles anciennes.

L'argument du bien interne connaît encore une version généralisée à l'humanité elle-même. Selon Leon Kass, en effet, le projet d'augmentation de l'être humain nous ferait perdre ce à quoi nous tenons par-dessus tout : à notre humanité – et ici, on n'est effectivement à un autre niveau que celui d'activités contingentes dont les règles et la nature dépendent en bonne partie de nous. Quel est plus précisément son argument?

Le bioéthicien américain relève d'abord que les technologies d'amélioration nous font quitter un terrain bien balisé :

> Quand de nouvelles technologies sont employées en médecine conventionnelle, les questions concernant les fins sont tout à fait claires. Nous voulons guérir le malade. Et nos nouvelles capacités pourraient nous permettre de le faire plus efficacement. Mais quand ces mêmes technologies nous rendent capables d'aller au-delà des buts traditionnels de la médecine pour changer notre corps et notre esprit à des fins autres que restaurer la santé, nous sommes en terrain inconnu. Nous devons considérer sérieusement ce que ces fins doivent être et quel prix nous pourrions être forcés à payer en les poursuivant au moyen des biotechnologies [1].

Contrairement à ce que Kass affirme ici, ces fins ne sont en fait pas nouvelles : il s'agit notamment de devenir meilleur, sur les plans cognitifs et affectifs. S'il paraît ne pas s'en rendre compte, c'est probablement parce qu'il aborde la question par le biais du dépassement de la médecine, dont la fonction et la vocation premières sont, traditionnellement, de guérir. Or, améliorer c'est aller au-delà, donc sortir des balises connues. Mais il n'est aucunement besoin d'approcher la question de l'amélioration par celle de la thérapie, comme le relève Jérome Goffette : « Une modification

1. « Reflections on Public Bioethics : A View from the Trenches », *Kennedy Institute of Ethics Journal*, 15/3, 2005, p. 235.

d'*enhancement* n'est pas à concevoir comme une "sur-santé", mais comme autre chose que la santé – certains dopages ou chirurgies esthétiques comprennent des risques pour la santé qui ne sont pas compensés par un bénéfice médical »[1], d'autant que cela a pour effet de rejeter dans l'ombre de multiples projets d'amélioration (l'éducation ou les calculatrices n'ont rien à faire avec la médecine) et d'occulter le fait que la médecine classique est aussi améliorative, même si elle vise dans la règle des bénéfices de santé (il s'agit en général de prévenir des maladies) : la vaccination améliore grandement nos défenses immunitaires et a permis de sauver des centaines de millions de vies humaines, si on pense simplement à la variole ; la ménopause est un phénomène naturel dont la médecine tente de pallier les effets par certains médicaments ; plus banalement enfin, l'adjonction de iode au sel et de fluor à l'eau sont aussi des améliorations de nature préventive. Depuis peu, on combat certains cancers par l'immunothérapie : il s'agit de stimuler les défenses immunitaires du patient afin d'attaquer les tumeurs et de les détruire. Ici encore, la nature est améliorée, puisque laissé à ses propres forces, notre système immunitaire échoue dans son combat. Mais pourquoi la santé serait-elle la seule finalité qui justifie une amélioration ?

Dans le projet d'augmentation de l'humain plutôt que de son amélioration, on pourrait semble-t-il parler de fins nouvelles : douer l'être humain de la vision nocturne, agir distance par le moyen d'interfaces cerveau-machine ou devenir immortel sont des fins que nous n'avons jamais poursuivies. Toutefois, il est aussi possible de les comprendre comme des améliorations de fins classiques : voir de nuit, c'est voir mieux – et d'ailleurs certains dispositifs infra-rouges nous le permettent déjà en partie. Agir à distance, c'est diminuer les intermédiaires entre notre volonté et ses effets, c'est-à-dire raccourcir le cycle de l'action « normale ». Être immortel, c'est vivre plus longtemps. En fait, quand on parle d'immortalité, on veut dire seulement que le vieillissement sera annulé, il s'agit donc plutôt d'« amortalité » : « La personne ne meurt jamais de vieillesse mais elle est destructible »[2]; mais on continuera de mourir pour de multiples raisons telles que les accidents ou les suicides, voire certaines maladies – Harris signale que des humains ainsi immortels auront une

1. « Modifier les humains : anthropotechnie *versus* médecine », dans J.-N. Missa et L. Perbal (éd.), « *Enhancement* ». *Éthique et philosophie de la médecine d'amélioration*, *op. cit.*, p. 56-57.

2. G. Hottois, *Philosophie et idéologies trans/posthumanistes*, *op. cit.*, p. 81.

moyenne de vie de 4'986 ans[1]. En outre, on voit difficilement en quoi la vision nocturne ou cette immortalité poserait des problèmes pour notre humanité; la longévité a déjà augmenté de manière inédite au XXe siècle, très peu s'en sont émus et jamais en craignant que nous perdions par là notre humanité[2].

Ce que Kass vise en réalité dans son argument, ce sont certains moyens, ceux qui sont biotechnologiques – son argument n'a donc qu'une portée limitée, et c'est bien normal, car il serait insensé d'être contre toute amélioration des capacités de l'être humain: ce serait, comme on a vu, rejeter l'éducation, l'apprentissage et l'emploi des outils. Mais en quoi agir au niveau de la biologie est-il différent? En ce que notre humanité serait ici en jeu: « Nous nous efforçons de *rester* humains à l'âge de la biotechnologie, de manière toujours meilleure et plus pleine »[3]. Or, cela ne serait plus possible si nous utilisions la biotechnologie *pour nous améliorer*: notre dignité serait alors mise en danger, si bien que, actuellement, « on peut dire que la défense du "noyau humain" [*human core*] doit être la plus haute mission d'une bioéthique plus riche »[4], ce noyau qui fait que nous sommes plus que des animaux et moins que des dieux. On reconnaît aussi ici une objection que l'on rencontre assez souvent chez les opposants aux modifications génétiques de l'être humain et de la biologie de synthèse, celui de la démesure (*hybris*), de vouloir jouer à Dieu (*playing God*).

La GTi tunée de David est-elle encore une Golf dans les limites de la « golfité », est-elle une Golf améliorée ou est-elle devenue autre chose qu'une Golf? Tout dépend de la conception que l'on se fait d'une Golf. Il en va de même pour l'être humain: tout dépend de la conception que l'on se fait de l'humanité. Une voiture n'étant pas un agent intentionnel, elle ne peut répondre à la question, seuls ses concepteurs le peuvent; quant à nous, nous le devons[5]. Parler d'humanité fait référence aux buts essentiels et

1. *Enhancing Evolution...*, *op. cit.*, p. 69. Sauf si les progrès de la médecine suppriment toute cause de décès et parviennent même à ressusciter les morts, comme la firme *Calico*, émanation de *Google* et de *Apple*, se le propose pour certaines causes de décès. Certains humanistes proposent un autre projet d'immortalité proprement dit: le téléchargement de la personne sur un ordinateur.

2. On verra au chapitre VII que, au contraire, de telles fins sont totalement en accord avec notre nature de personne humaine.

3. « Reflections on Public Bioethics: A View from the Trenches », art. cit., p. 239.

4. *Ibid.*, p. 240.

5. Même si nous avons un concepteur, ce qu'il a révélé n'est pas très éclairant. C'est pourquoi dans le catholicisme particulièrement, la tradition théologique a dû largement compléter la révélation, sans que cela ne convainque d'ailleurs ceux qui ne reconnaissent pas l'autorité du Vatican.

finaux qui constituent ce qu'est une vie bonne pour les êtres humains, situés nous dit Kass quelque part entre les animaux et les dieux. Un but final, c'est un bien final, quelque chose donc qui est désiré pour lui-même. Toutefois, il existe plusieurs manière de concevoir ces biens, sur la base des mêmes capacités humaines. Kass propose une conception de l'humanité et des limites qu'il ne faut pas franchir pour la respecter; on peut déjà lui objecter que ce n'est pas la seule.

Je reviendrai longuement sur la question des buts finaux constitutifs des conceptions de la vie bonne au chapitre V, mais ce n'est pas ici l'essentiel, car comme on l'a vu si Kass affirme que ce sont les fins qui comptent, ce sont les moyens qu'il discute en réalité : l'amélioration biotechnologique est pour lui d'une autre nature que l'amélioration technologique ou celle que produit l'effort. Ce n'est donc pas la pluralité des conceptions de la vie bonne qui est d'abord en jeu, mais la question du choix des moyens pour acquérir les capacités nécessaires à la réalisation des fins ultimes (des biens finaux) auxquels nous tendons, quelle que soit la conception de la vie bonne que nous avons adoptée. Ainsi, pour satisfaire à notre humanité, ce ne sont pas seulement les biens qui importent, mais aussi la manière dont nous les acquérons ou dont nous nous y rapportons : améliorer sa mémoire ou son humeur par l'effort serait bien, mais non les améliorer par des interventions génétiques ou grâce à des médicaments (ce qu'on a vu Kass affirmer ailleurs); améliorer son intelligence par l'étude serait bien, mais non l'améliorer grâce à des substances psychoactives. Les moyens comptent moralement, si bien que le soupçon moral, voire la condamnation, ne touche que certains types d'obtention d'une amélioration. L'argument devrait sans doute encore être étendu à certains buts : un transhumanisme « par les plantes » ne devrait pas satisfaire Kass, mais il n'en dit rien.

LE CHOIX DES MOYENS

Les moyens biotechnologiques et médicamenteux d'amélioration de l'être humain sont moralement inadéquats nous dit Kass. Mais est-ce vraiment le cas ? L'argument de Kass étant une généralisation des considérations de MacIntyre, il me semble judicieux de m'inspirer de ce dernier pour le déterminer : je vais donc proposer quelques règles d'évaluation morales tirées des réflexions qui précèdent et voir si les moyens d'amélioration contestés y satisfont ou non. Je rappelle que je ne me place pas sur le plan juridico-politique, mais sur celui de la morale ; ainsi ce n'est pas parce qu'on moyen d'amélioration ne passerait pas le test des règles ci-dessous qu'il devrait être interdit par la force publique. Tant qu'il ne nuit pas à autrui et ne s'oppose pas frontalement aux valeurs libérales, il doit être toléré, mais cela n'empêche pas qu'il puisse être désapprouvé moralement.

La première règle d'évaluation morale est la suivante :

> [**R1**] Un moyen d'amélioration est moralement approprié s'il ne contredit pas la nature du bien visé.

Par exemple, je désire améliorer ma mémoire. Selon **R1**, tout moyen sera bon tant que l'état de la personne résultant comptera comme une amélioration de mémoire. Ce principe n'est pas tautologique, comme l'exemple de la mémoire pourrait le faire penser : il y a apparence de tautologie parce que la mémoire est une capacité que tout le monde aimerait améliorer, sans restriction de moyens. Par contre, si on prend l'amélioration des capacités athlétiques dans le but de gagner une compétition, on se rend compte que, vu les règles actuellement en vigueur dans le monde sportif, le moyen du dopage contredit la nature du bien visé : une victoire grâce au dopage ne compte pas comme une victoire. Il n'existe ainsi aucune bonne raison de mettre en exergue l'effort ou le mérite, sauf dans les cas où « être obtenu par effort ou par mérite » est une propriété du bien visé. L'ascension d'un sommet pour un alpiniste a cette propriété, c'est pourquoi se faire déposer par hélicoptère sur ce sommet ne vaudra pas comme ascension de sommet.

Une objection vient toutefois immédiatement à l'esprit : un médicament qui améliore réellement l'humeur satisfera à **R1**, et cela même si la bonne humeur produite est parfaitement inadéquate. Ainsi, il n'est pas approprié d'être joyeux suite au décès d'une personne chère et le contentement pharmacologique de Henri à la suite de son divorce ne l'est pas non plus. Il faut donc ajouter une seconde règle :

> [**R2**] Un moyen d'amélioration est moralement approprié s'il ne contredit pas l'adéquation du bien réalisé.

Il arrive donc que le choix de certains moyens nous prive du bien que nous poursuivons, de la fin que nous visons ou leur substitue un bien inadéquat. Est-ce le cas des moyens biotechnologiques ? Il n'y a aucune raison de le soutenir par principe, comme l'atteste encore le cas de la mémoire. Certes, la situation est souvent plus complexe. Une maîtrise de soi acquise pharmacologiquement ou par le moyen d'implants cérébraux resterait une véritable maîtrise de soi, adaptée à l'environnement dans lequel nous nous trouvons, même si on pourrait avoir des scrupules à parler de vertu ici ; mais il se peut que ce soit au détriment de la force de caractère que l'effort sur soi procure. Si cela était avéré *et* que la force de caractère nous apparaisse comme un bien désirable pour lui-même ou supérieur à la maîtrise de soi, alors on devrait renoncer à ces moyens. Mais cela reste à établir, et on peut parier qu'il ne sera pas possible de réaliser un consensus sur ce point. En effet, si la force de caractère nous importe en tant qu'êtres humains, la maîtrise de soi ne le lui cède en rien, et si les deux entrent en conflit, il faudra recourir à une pesée des biens dont le résultat variera en fonction des idéaux de la personne que nous entretenons. Il en va exactement de même pour un souci soulevé par Synofzik et ses collègues : en améliorant l'humeur d'une personne, on modifie aussi sa motivation et ses jugements moraux, mais est-ce vraiment toujours vers le mieux ? Si la bonne humeur provoquée induisait une sorte d'euphorie chronique, on pourrait s'attendre à une détérioration cognitive concernant la sensibilité aux raisons morales, cruciale pour une motivation correcte[1]. Dans d'autres études, on a relevé que la stimulation électrique d'une partie du cortex préfrontal induisait à la fois une amélioration dans la capacité à se souvenir d'images agréables, mais accompagnée d'une détérioration de la mémoire déclarative[2]. D'où une troisième règle :

> [**R3**] Une amélioration est moralement appropriée si elle ne nous prive pas d'un bien plus désirable.

1. M. Synofzik, T. Schlaepfer et J. Fins, « How Happy Is Too Happy? Euphoria, Neuroethics, and Deep Brain Stimulation of the Nucleus Accumbens », *AJOB Neuroscience*, 3/1, 2012, p. 35.

2. J. Schuijer *et al.*, « Transcranial Electric Stimulation to Enhance Cognitive Performance of Healty Minors », art. cit., p. 7.

Michael Sandel, qui soutient une position proche de celle de Leon Kass, dit à juste titre des activités humaines : « Les arguments portant sur l'éthique de l'amélioration sont toujours, au moins en partie, des arguments par rapport au *telos*, ou trait caractéristique [de l'activité ou de la pratique] en question et aux vertus propres à ces dernières »[1]. Le *telos*, c'est l'ensemble des biens internes qui caractérisent l'activité ou la pratique, ce qu'elle vise à réaliser et à exemplifier. Mais si l'on observe les trois règles que je viens de proposer, il n'y a pas de raison de tirer des conclusions défavorables aux moyens biotechnologiques, car comme on vient de voir, ils ne contredisent pas *par principe* ce *telos* ou ces biens.

Cela vaut pour les différentes activités et pratiques dans lesquelles nous nous engageons ; mais qu'en est-il de notre humanité, c'est-à-dire du *telos* de l'être humain lui-même ? Dans la mesure où ce qui fait notre humanité est justement caractérisé par les buts (*teloi*) que nous poursuivons et par lesquels nous nous épanouissons en tant qu'êtres humains, on doit dire de notre humanité ce qu'on vient de dire des buts que nous poursuivons : ils ne sont pas *par principe* mis en danger par l'emploi de moyens biotechnologiques, dès lors que les trois règles énoncées sont respectées. L'objection de Kass n'est donc pas justifiée.

Pour illustrer ces trois règles, je vais examiner le cas particulièrement intéressant de l'amélioration morale, puisqu'elle aussi est sensible aux moyens et qu'elle concerne notre humanité en tant que telle : pour Kant par exemple, c'est la conscience morale qui caractérise notre dignité d'être humains[2]. On a vu ce qu'il en était pour le domaine des vertus ; est-ce aussi le cas pour les autres aspects de l'éthique ? Prenons l'exemple des motivations. On a tout avantage à lutter contre certaines d'entre elles, comme celles qui sous-tendent des attitudes comme le racisme ou l'agressivité, puisqu'elles sont évidemment moralement mauvaises. On le fait par l'exhortation et des méthodes cognitives, telles que montrer aux racistes que la notion de race est dénuée de signification et que les traits ethniques sont moralement non pertinents. Toutefois, le succès de ces approches est limité, ainsi qu'on s'en convainc sans peine si l'on se tient au courant de l'actualité. Comment donc faire en sorte que l'être humain acquière de meilleurs motifs, garants d'un comportement plus moral, dans le sens au moins minimal qu'il s'abstienne de conduites franchement condamnables

1. *Contre la perfection*, *op. cit.*, p. 31.
2. *Fondements de la métaphysique des mœurs*, *op. cit.*, p. 113.

comme le meurtre ou l'agression? Thomas Douglas[1] a défendu l'idée qu'on pourrait agir plus directement, en modulant les émotions elles-mêmes. À cet effet, il ne propose pas d'utiliser des méthodes éducatives elles aussi déjà employées, telles que le dressage, le conditionnement (comme dans le film de Stanley Kubrick *Orange mécanique*) ou les punitions corporelles (la brutalité physique), mais des moyens de type biomédical, tels des médicaments, des implants cérébraux ou des dispositifs électro-magnétiques, qui agissent tous directement sur le cerveau en court-circuitant la conscience et la cognition. Même si cela reste encore théorique, on dispose déjà de quelques données : l'ocytocine, je le rappelle, rend plus coopératif et plus confiant – toutefois c'est seulement relativement aux membres du groupe auquel on appartient, car elle augmente aussi la violence défensive contre les membres d'autres groupes ; il n'est donc pas sûr qu'on puisse parler d'amélioration morale tout court dans ce cas.

Si une telle modulation directe est acceptable, elle doit se faire bien entendu dans le respect de l'autonomie des personnes, qui doivent donner leur consentement libre et éclairé. Mais alors on se heurte à une limitation importante, soulignée par Inmaculada de Melo-Martin et Arleen Salles : « Si James ne voit rien de mal dans ses motivations racistes, il est peu probable qu'il envisage de prendre une pilule pour la corriger »[2] ; il faudrait auparavant qu'il eût reconnu le caractère moralement inapproprié de ses motivations, ce qui suppose déjà une lucidité morale certaine – il se pourrait toutefois que James ait cette lucidité, mais pas la force morale pour lutter contre des motivations qui surgissent en lui sans qu'il arrive à les contrôler. C'est sur cette base que certains auteurs ont estimé qu'il faudrait rendre l'amélioration morale obligatoire, puisque ceux qui en ont le plus besoin ne la rechercheront probablement pas[3]. John Harris a toutefois adressé des objections systématiques à une telle neuromodulation directe ; il soutient notamment que même si elle est efficace, elle ne saurait compter en aucun cas comme une amélioration proprement morale[4].

1. « Moral Enhancement via Direct Emotion Modulation : A Reply to John Harris », *Bioethics*, 27/3, 2013.

2. « Moral Bioenhancement : Much Ado About Nothing ? », *Bioethics*, 29/4, 2015, p. 226.

3. J. Specker et M. Schermer, « Drawing Inspiration from Moral Education, Public Health Ethics, and Forensit Psychiatry », *Cambridge Quarterly of Healthcare Ethics*, 26, 2017, p. 420.

4. « Moral Enhancement and Freedom », *Bioethics*, 25, 2011.

On peut lire cette objection de deux manières :

1) Les moyens comptent moralement, et une fin bonne ne doit pas être réalisée par des moyens mauvais.

2) Les moyens déterminent la fin. Si certains moyens sont choisis, ils vont changer la signification de la fin (c'est l'analogue de l'exemple de l'hélicoptère pour gravir une montagne).

Selon la première lecture, le choix d'un moyen inapproprié prive la fin de sa valeur morale, et l'action devient immorale; selon la seconde, l'action peut devenir immorale, mais pas nécessairement; toutefois sa nature est changée : ce n'est plus la même action.

C'est la seconde lecture qui est pertinente pour la question posée ici, car bien sûr, l'emploi de moyens intrinsèquement immoraux disqualifie tout projet d'amélioration. Elle est dans la ligne de ce que dit Kass lorsqu'il demande : « Où est-ce que la biotechnologie nous mène ? Qu'est-ce qu'elle signifie pour notre humanité ? Quel genre de personne voulons-nous être et dans quelle sorte de société voulons-nous vivre ? »[1]. Harris ne voit cependant pas les choses tout à fait de la même manière. En effet, la nature biotechnologique ou médicamenteuse des moyens n'est pas ce qui importe pour lui, et il ne rejette pas l'usage de la neuromodulation directe pour des traits socialement bienvenus. Mais, et c'est ce qui est important, il ne s'agit alors pas d'une authentique amélioration *morale*, vu qu'elle ne s'appuie pas sur des processus cognitifs et ne répond pas à des raisons, mais à des causes.

À partir de là, une seconde question se pose : ne peut-on pas soutenir qu'il est sans importance qu'une amélioration soit appelée morale ou non, aussi longtemps que c'est une amélioration, c'est-à-dire quelque chose qui est désirable d'un point de vue social et humain ? Même si les attitudes pro-sociales ne sont pas forcément de nature morale, elles demeurent quelque chose de désirable. Harris lui-même le pense et est disposé à quitter un strict point de vue moral quand il affirme que des moyens sociaux et politiques doivent être employés pour résoudre certains problèmes moraux importants, comme la pauvreté au niveau mondial : « Si nous lions une éducation universelle à l'éradication de la pauvreté et de plus si nous augmentons la richesse, nous ferons je pense ce qui est le plus prometteur sur le plan de l'amélioration morale »[2]. De tels moyens ressortissent en

1. « Reflections on Public Bioethics : A View from the Trenches », art. cit., p. 225.
2. « Moral Progress and Moral Enhancement », *Bioethics*, 27/5, 2013, p. 290.

effet à l'ingénierie sociale. Toutefois, Harris parle encore d'amélioration *morale* et on peut en effet faire remarquer qu'une telle politique serait motivée par des raisons liées à la prise en compte du bien-être des populations, ce qui devrait compter comme motivation proprement morale.

En quoi la neuromodulation directe diffère-t-elle moralement de ces moyens politiques ? Ils sont en tout cas analogues sur un point central : dans les deux cas, les raisons motivantes ne sont pas la cause directe, mais seulement indirecte, du changement d'attitude désiré et elles sont de nature morale (elles visent un véritable bien moral). Kasper Raus et ses collègues imaginent le cas d'un certain Jack, incarcéré pour pédophilie, à qui une puce est implantée dans son cerveau contre sa volonté, afin de bloquer ses pulsions criminelles; ils demandent ensuite si cela constitue une amélioration morale [1]. Leur réponse est que ce n'est pas le cas, qu'il s'agit plutôt d'un contrôle du comportement. C'est effectivement ce qu'il faut dire, mais le problème vient pour l'essentiel de ce que la procédure est faite contre sa volonté, que c'est donc une forme de contrainte. Et si Jack avait demandé lui-même l'intervention ? Toni Rønnow-Rasmussen introduit ici une précision utile, lorsqu'il distingue le progrès moral en tant qu'il est le fruit d'une véritable action de l'individu qui s'améliore, du progrès moral entendu comme l'état d'un monde moralement meilleur. Il s'agit chaque fois d'un progrès moral, mais tantôt rapporté à l'individu vertueux, tantôt à un état de chose objectif [2], état visé qui, certes peut susciter des inquiétudes, dans la mesure où les nouvelles technologies pourraient déboucher sur un contrôle des consciences, dont José Delgado avait rêvé en 1969 déjà [3]. Comme toujours dans l'ingénierie sociale, il reste à poser la question de Juvénal : « Mais qui gardera les gardiens ? »

Les moyens que nous adoptons souvent lorsque nous voulons changer nos habitudes ressemblent d'ailleurs fort à la neuromodulation : se mettre hors situation tentante, agir de manière répétée dans le sens contraire – redresser le bois tordu, disait Aristote –, tous moyens qui ne sont pas de nature cognitive non plus. Supplémenter le régime alimentaire,

1. « On Defining Moral Enhancement : A Clarificatory Taxonomy », *Neuroethics*, 7, 2014, p. 268.

2. « On Locating Value in Making Moral Progress », *Ethical Theory and Moral Practice*, 19/4, 2016, p. 11.

3. B. Baertschi, *La neuroéthique. Ce que les neurosciences font à nos conceptions morales*, Paris, La Découverte, 2009, p. 23. C'est d'ailleurs un lieu commun de souligner que, par le biais des téléphones portables et des autres outils informatiques, chacun de nous partage allègrement ses données privées, permettant par là un contrôle de son comportement. S'agit-il d'une forme contemporaine de servitude volontaire ?

une pratique encore plus éloignée de tout élément cognitif, a aussi des effets moraux; le criminologue Adrian Raine note qu'une étude menée en Angleterre « a démontré qu'en donnant un supplément d'omega-3 et de vitamines pendant cinq mois à des jeunes adultes condamnés a entraîné une diminution de 35% de leur criminalité »[1]. Un cas extrême serait celui d'une castration chimique demandée par un pervers sexuel qui se sentirait incapable de contrôler ses pulsions pas un effort de sa volonté.

Évidemment, il ne s'ensuit pas que n'importe quel moyen susceptible de changer nos émotions soit acceptable. Un conditionnement de type *Orange mécanique* ou la violence physique ne conviennent clairement pas, comme on l'a vu, parce qu'ils violent des normes morales importantes pour nous, nous privent donc de biens plus désirables (**R3**). Farah Focquaert et Maartje Schermer ont souligné que ce qui importait n'était pas tant que l'intervention soit directe (sur le cerveau) ou indirecte (sur l'esprit, par des moyens cognitifs), mais que l'intervention implique une activité de la part du sujet[2]. En effet, quand la personne est impliquée, son autonomie est préservée, ce qui n'est pas forcément le cas lorsqu'elle subit l'intervention. Toutefois, on l'a vu, le caractère actif peut être direct ou indirect et reposer chaque fois sur des raisons que la personne considère comme ses propres raisons : des implants cérébraux capables d'améliorer la motivation morale pourraient être voulus (activement) pour de bonnes raisons, et les changements induits salués par la personne et son entourage (**R2** est donc satisfait).

Ainsi, lorsque certaines émotions provoquant des comportements immoraux résistent à tout changement rationnellement motivé, un moyen comme la neuromodulation directe est tout à fait acceptable d'un point de vue moral. Est-ce encore un moyen approprié d'amélioration morale ? Il y a matière à hésitation sur cette question tant qu'on se focalise sur le moyen lui-même. Mais dès qu'on le remet dans son contexte, on se rend compte que ce qui importe, c'est de savoir si le résultat est bénéfique et si l'usage du moyen, biotechnologique ou non, répond à de véritables raisons morales (**R1** est alors satisfait). Bref, lorsque le comportement de quelqu'un est rendu plus moral en résultat et que cela répond à une intention morale de sa part, tout moyen qui en outre ne le prive pas d'un bien plus désirable constitue une amélioration proprement morale. Que le résultat soit atteint par l'effort ou par neuromodulation directe n'y change rien : une même intention y préside. Et si la morale est sauve, notre humanité le sera aussi, nonobstant les craintes de Kass.

1. *The Anatomy of Violence*, London, Penguin Books, 2014, p. 296.
2. « Moral Enhancement : Do Means Matter Morally ? », *Neuroethics*, 8, 2015, p. 140.

CHAPITRE III

DES SOUCIS ÉTHIQUES LIÉS À LA PERSONNE ET À LA SOCIÉTÉ

Les soucis que j'ai discutés jusqu'ici concernent en premier lieu le processus d'amélioration comme tel et, bien sûr, certaines de ses répercussions sur la personne et sur la société dans laquelle elle vit : la personne ne mériterait pas ce qu'elle a ainsi gagné, les moyens biotechnologiques ou médicamenteux d'augmentation pervertiraient la signification des activités humaines et auraient un effet sur notre humanité elle-même. Ces soucis ne sont toutefois pas les seuls : ainsi qu'on a vu avec l'histoire de la famille « performante » de Henri, il en existe encore au moins un autre, celui que j'ai exprimé par l'expression « tricher avec la vie ». Par là, comme je l'ai précisé, j'entendais que cette famille n'affronte peut-être pas les difficultés de la vie comme elle devrait le faire, c'est-à-dire comme on s'attend à ce qu'un être humain normal et qui s'assume comme tel, le fasse. Un tel être humain se doit en effet d'être fidèle à lui-même et à son humanité, et on peut penser que les membres de cette famille ne le sont pas – l'argument de Kass examiné dans le chapitre précédent peut d'ailleurs se lire ainsi. Il y a là deux aspects : la fidélité à soi-même, à la personne que l'on est, et la fidélité à ce qui caractérise notre humanité commune. Dans les deux cas, on parle d'« authenticité », car souvent, les deux convergent. Mais ce n'est pas forcément le cas : Henri est sans doute fidèle à lui-même comme individu ; le fait que l'on puisse penser qu'il triche avec la vie est un signe qu'il ne l'est peut-être pas dans le second sens, puisqu'il paraît ne pas se comporter comme un être humain authentique devrait le faire – c'est du moins le soupçon qu'on peut avoir.

Dans la mesure où ils font référence à une conception de ce qui constitue une vie réellement humaine, c'est-à-dire à des thèses ressortant à l'anthropologie philosophique, les arguments qui vont venir sont différents de la plupart de ceux que j'ai examinés jusqu'ici. En effet, quand il s'agit de tricherie ou de mérite par exemple, nous avons des intuitions fortes, et il est assez facile de montrer qu'elles ne sont pas toujours cohérentes ou que nous avons tendance à utiliser l'objection de manière trop large. Bref, nous faisons des erreurs, il est possible de les caractériser précisément et il est bon de les rectifier. Lorsqu'il est question de conceptions anthropologiques, c'est différent, car elle sont multiples et, parfois, conflictuelles [1]. Il en résulte qu'il existe plusieurs façon de concevoir ce qu'est un authentique épanouissement humain et, corrélativement, ce qu'est une société bonne. Il s'ensuit que, pour bien des arguments que je vais maintenant discuter, il n'est pas question d'erreur mais, simplement, de manières de voir qui, toutes, ont une certaine cohérence et proposent une conception qu'un être rationnel et raisonnable peut adopter et défendre. On peut bien sûr discuter les arguments que chacune présente, et juger que certaines de ces conceptions sont meilleures que d'autres, mais il reste possible que, à la fin de la discussion, un désaccord subsiste que, dans les termes de Rawls, on nommera justement un désaccord entre personnes raisonnables [2].

Les soucis que je vais discuter dans ce chapitre, s'ils sont liés à la personne et à la société, ne font toutefois pas tous référence à des thèses anthropologiques; comme on verra, certaines de nos intuitions sont aussi en jeu, ainsi que plusieurs effets sociaux indésirables que l'augmentation pourrait avoir.

L'AUTHENTICITÉ

Qu'en est-il de l'authenticité? Une première précision sera peut-être utile: jusqu'ici, j'ai parlé plusieurs fois d'« amélioration authentique ». Ce n'est évidemment pas le sens dont il est question ici, où « authenticité », se réfère à une valeur qui s'attache aux *personnes* et non à l'amélioration elle-même: si je m'améliore, est-ce que je reste authentiquement moi-même ou suis-je en quelque sorte infidèle à la personne que je suis réellement? On verra toutefois qu'il existe un lien entre ces deux

1. Cette pluralité reflète celle des conceptions de la vie bonne et des idéaux de la personne, qui dépendent justement de thèses anthropologiques concernant notre humanité.

2. *Justice et démocratie*, Paris, Seuil, 1993, p. 327.

applications du vocable car une amélioration ne saurait être une authentique ou véritable amélioration si elle privait la personne améliorée ainsi de son authenticité. Il faut encore relever que la question de l'authenticité concerne les moyens et le résultat : si je m'améliore par des *moyens biotechnologiques*, est-ce que l'usage de tels moyens reflète la personne que je suis ou non, et la *personne que je suis devenue* par l'emploi de ces moyens est-elle encore véritablement moi-même ? Il n'est toutefois pas nécessaire de dissocier ces deux questions, car elles reposent toutes deux sur l'idée qu'il existe un vrai moi auquel il faut être fidèle.

L'authenticité a joué un rôle important chez les philosophes existentialistes en Europe continentale[1]. Plus récemment, elle a été au centre des débats de philosophie politique dans les pays Anglo-saxons autour de l'œuvre de Charles Taylor et de sa critique de la « neutralité du libéralisme », c'est-à-dire de son opposition au libéralisme politique qui s'oblige à s'abstenir de prendre parti sur telle ou telle conception particulière de la vie bonne[2]. Dans cette dernière optique, l'authenticité désigne l'attitude consistant à vivre en accord avec son « moi profond » ou avec un projet de vie informé par une conception de la vie bonne à laquelle le sujet adhère personnellement et qui serait mise en péril dans la conception libérale de la société. La thématique des améliorations biotechnologiques est venue se greffer sur ce débat plus tard, certains adversaires des pratiques d'amélioration par des moyens biotechnologiques invoquant justement un idéal d'authenticité que le projet d'amélioration mettrait en danger.

L'origine politique de la discussion a laissé des traces dans la manière dont le débat se présente souvent dans les discussions publiques, du moins outre-Atlantique : de même qu'en politique s'opposent les libéraux et les conservateurs, c'est-à-dire d'une part ceux qui pensent que l'État ne doit pas intervenir pour promouvoir une conception du bien ou de la vie bonne et que c'est à chacun de vivre selon son choix, tant qu'il ne cause de tort à personne, et d'autre part ceux qui pensent que l'État le doit et donc qu'il existe des contraintes normatives qui vont bien au-delà de l'interdit du tort, de même dans le débat moral sur l'augmentation s'opposent les biolibéraux, qui estiment que chacun doit être libre d'adopter la conception du bien qui lui convient et d'utiliser les moyens de son choix pour la réaliser, y compris des moyens biotechnologiques – les biolibéraux sont donc en règle générale des bioprogressistes, expression employée notamment

1. Y. Salzmann, *Sartre et l'authenticité*, Genève, Labor & Fides, 2000.
2. *The Ethics of Authenticity*, Cambridge MA, Harvard UP, 1991.

par Laurent Alexandre[1] –, et les bioconservateurs, qui pensent qu'il existe une conception normative du moi et de notre humanité, bien plus riche que ne le pense le libéralisme, qui interdit l'usage de certains moyens d'amélioration, notamment les moyens biotechnologiques, comme on a vu. Il ne s'ensuit toutefois pas nécessairement que l'État doive intervenir, puisqu'on est ici dans un débat moral et non dans un débat politique; mais il est clair que certains auteurs sautent le pas.

Si on parle de « bioconservateurs », c'est parce que ceux qui s'opposent à la liberté de chacun d'utiliser les moyens qui lui semblent bons le font au nom de conceptions conservatrices du bien, du moi et de notre humanité, dont le prototype est généralement constitué par un idéal de vie tel que ceux que proposent les différentes religions. Or, comme on le sait, les religions dominantes en Occident sont souvent opposées à ce qui va au-delà du thérapeutique. Ainsi, pour les bioconservateurs, une amélioration doit passer un test exigeant afin de pouvoir être acceptable moralement, à savoir un examen de sa conformité à l'idéal particulier du bien et de l'être humain qu'ils défendent. Par conséquent, selon eux, quelqu'un peut avoir tort en désirant telle amélioration pour raison de non-conformité de cette amélioration avec l'idéal de la personne proposé comme le meilleur, et non simplement parce qu'il serait dans l'erreur quant à la nature de son propre désir ou parce qu'il manquerait de lucidité sur lui-même, ce que les biolibéraux admettent. Dans les deux approches, on peut être infidèle à soi-même, mais ce sera pour des raisons différentes : absence de conformité à un idéal donné pour les bioconservateurs, erreur sur soi-même et ses propres désirs pour les biolibéraux[2].

Il apparaît ainsi que la notion d'authenticité, c'est-à-dire de fidélité à soi ou à un idéal de soi, peut être mobilisée par les deux camps : pour les biolibéraux partisans de l'augmentation, les technologies amélioratives peuvent représenter un des moyens d'atteindre un moi authentique ou plus vrai, qui serait libéré des limites de la nature humaine ou, plus modestement, de certaines entraves à ses aspirations dues à la condition humaine, alors que pour les bioconservateurs, ces technologies mettent en danger la personne que nous devons être en nous faisant outrepasser des limites données naturellement et qui doivent être respectées. En niant ces limites, nous oublions que c'est la gratitude pour la vie qui nous est donnée qui est l'attitude requise et non le désir de tout plier à nos volontés. Ainsi, comme

1. *La mort de la mort*, *op. cit.*

2. « Qu'est-ce qu'une véritable amélioration ? », art. cit.

le note Eric Parens[1], adversaires et partisans se réfèrent tous deux à une forme d'authenticité, mais ce n'est évidemment pas la même, ou plutôt ils conçoivent bien différemment l'humanité à laquelle il s'agit d'être fidèle.

L'opposition entre les biolibéraux et les bioconservateurs est tranchée, trop sans doute, car on peut relever au moins trois positions, et non deux, en ce qui concerne ce « moi » auquel il faut être fidèle, d'où trois conceptions de l'authenticité. Pour la première conception, le moi est donné et il faut s'y conformer. On dira aussi qu'il y a un *vrai* moi, un moi *profond*, que je dois découvrir et que je peux trahir par un comportement inadéquat. Certains utilisateurs de substances psychostimulantes paraissent partager cette conception, car ils estiment qu'il existe une forme d'inauthenticité dans le dopage cognitif, vu qu'ils considèrent leur moi sous médicament comme non authentique[2]; il semblent donc condamner leur comportement, ou du moins éprouvent un certain sentiment de culpabilité.

Ceux qui s'opposent à cette façon de voir le font sur deux plans différents. Pour les uns, chacun est l'auteur de son moi, il n'est pas donné mais créé. Les existentialistes ont beaucoup insisté sur ce point. Dans cette optique – qui constitue la deuxième conception de l'authenticité –, il n'est pas question de se conformer à un donné ou à un idéal déjà là, mais de le créer, ce qui n'exclut toutefois pas la possibilité de l'erreur et le risque de la mauvaise foi. Je peux en effet être dans l'erreur quant à la nature de mon propre désir, et refuser de le voir et je peux prendre des décisions qui trahissent mon propre idéal. En d'autres termes, le but de l'être humain dans cette optique n'est pas tant de devenir le moi qu'il est réellement (un donné qu'il lui faudrait d'abord découvrir), mais de devenir la personne qu'il veut être idéalement[3], ce qui ouvre largement la possibilité de l'amélioration. Les autres, à savoir les tenants de la troisième conception, estiment que le seul vrai moi qui soit est le moi qui décide souverainement et librement. Ainsi, dès qu'un individu désire lucidement telle ou telle amélioration, celle-ci est *ipso facto* en conformité avec ce qu'il est. Autrement dit, le vrai moi est volonté pure et est en théorie du moins susceptible de varier d'instant en instant[4] – conception qui se rapproche par là d'une autre

1. « Authenticity and Ambivalence : Toward Understanding the Enhancement Debate », *Hastings Center Report*, 35/3, 2005.

2. « Prescription Psychostimulant Use Among Young Adults… », art. cit., p. 364.

3. J. Roduit, *The Case for perfection*, Frankfurt, Peter Lang, 2016, p. 35.

4. Être volonté pure ne signifie pas être velléitaire : si le moi varie dans cette conception, c'est toujours pour une raison qu'il reconnaît comme sienne.

encore, quoique plus passive que volontaire, illustrée par Marcel Proust tout au long de la *Recherche du temps perdu* :

> Nous désirons passionnément qu'il y ait une autre vie où nous serions pareils à ce que nous sommes ici-bas. Mais nous ne réfléchissons pas que, même sans attendre cette autre vie, dans celle-ci, au bout de quelques années nous sommes infidèles à ce que nous avons été, à ce que nous voulions rester immortellement[1].

Comme on le voit, sauf peut-être dans la troisième conception, le moi auquel il est fait référence possède des éléments factuels et des éléments idéaux : il est à la fois quelque chose de donné (conception 1) ou de décrété (conception 2), et il est demandé que cela soit préservé ou plus pleinement réalisé. Le moi est toujours en même temps un idéal du moi : la fidélité à soi-même est aussi la fidélité à la personne qu'on veut préserver ou devenir, ce qui est susceptible d'être plus ou moins bien réalisé.

Alexandre Erler a souligné l'existence de ces trois conceptions de l'authenticité, qu'il présente dans l'ordre inverse. La première, qui s'inspire des travaux de Harry Frankfurt, considère que quelqu'un est authentique lorsqu'il s'identifie sans réserve avec ses désirs ; la seconde comprend l'authenticité comme l'autonomie et l'honnêteté envers soi-même, excluant ce que Sartre appelait la mauvaise foi ; la troisième enfin présuppose l'existence d'un vrai moi auquel on se doit d'être fidèle ; ce moi est découvert et non pas construit[2]. Pour beaucoup de partisans de cette dernière conception, notamment pour les bioconservateurs, ce moi a par ailleurs des caractéristiques universelles qui font qu'il est pour l'essentiel le même pour tout être humain : le moi profond de chacun n'est pas irrémédiablement individuel et singulier, il est l'expression d'une essence humaine commune à tous.

Qui a raison ? J'entrerai plus avant dans la discussion des conceptions ou idéaux de la vie bonne qui informent nos conceptions du moi au chapitre V. Pour l'instant, j'aimerais soulever deux difficultés qui affectent la conception de l'authenticité défendue par les bioconservateurs[3]. La première concerne la méthode d'argumentation souvent utilisée, qui consiste à présenter une expérience particulière et à lui donner subrepticement une portée universelle. Un exemple avancé par Eric Parens dans le contexte des améliorations pharmacologiques ayant trait à la sexualité

1. *À la recherche du temps perdu*, Paris, Quarto-Gallimard, 1999, p. 1401.

2. « Does Memory Modification Threaten Our Authenticity », *Neuroethics*, 4/3, 2011, p. 237-238.

3. « Qu'est-ce qu'une véritable amélioration ? », art. cit.

l'illustre bien[1]. Partant de l'affirmation qu'un Viagra au féminin ne devrait pas se limiter à résoudre un simple problème de « plomberie » comme c'est le cas chez les hommes[2], mais devrait créer ou amplifier un sentiment d'intimité, préalable nécessaire du désir, cet auteur soutient que même le partisan le plus résolu des améliorations biotechnologiques devrait admettre qu'une solution pharmacologique de cette sorte serait « troublante » et que le sentiment d'intimité ainsi créé artificiellement ne saurait avoir la même qualité morale que celui qui résulterait d'une intimité « authentique ».

On reconnaît ici l'argument du bien interne : de par sa nature, le sentiment d'intimité ne saurait être produit par une substance médicamenteuse, car alors il ne serait plus une intimité authentique, mais autre chose. On a vu que l'argument était pertinent pour certaines activités, mais non pas pour toutes, et ici, on observe justement un passage subreptice à l'universel, puisque cet exemple est censé valoir pour toute amélioration par des moyens pharmacologiques. S'il ne l'est pas partout, l'argument est-il toutefois pertinent ici ? Ce n'est pas clair. Si j'éprouve de la colère, celle-ci reste une colère authentique qu'elle soit causée par la constatation d'une injustice ou par une substance psychostimulante. L'authenticité d'une émotion n'est pas fonction de sa cause, mais de sa qualité vécue. Comme on verra dans le chapitre suivant, les sentiments et émotions que produisent les substances psychotropes peuvent être parfaitement authentiques, en ce sens que rien ne les distingue subjectivement d'une émotion analogue produite par les moyens habituels ; on verra toutefois aussi qu'une émotion peut être authentique et en même temps inappropriée, mais ce sont deux questions différentes. Bref, s'il n'est effectivement pas certain qu'un sentiment d'intimité produit pharmacologiquement soit une émotion appropriée, cela n'a pas grand chose à voir avec son authenticité. Ni d'ailleurs avec l'authenticité de la personne qui l'éprouve ; en effet, une personne pourrait désirer éprouver une telle intimité « pharmacologique », parce que le but de sa vie est de faire le maximum d'expériences possibles. L'argument de Parens ne vaut donc ni pour toutes les activités ni pour toutes les personnes, il est par conséquent invalide contre l'augmentation biotechnologique en général.

1. E. Parens, « Authenticity and Ambivalence : Toward Understanding the Enhancement Debate », art. cit., p. 39.

2. Cette affirmation n'est en fait qu'une hypothèse, car aucune étude empirique n'a été menée sur la question ; ce pourrait donc être un stéréotype de plus sur la différence entre les hommes et les femmes.

La seconde difficulté est politique. Elle a été mise en évidence par l'éthique démiurgique d'Alex Mauron qui défend une position biolibérale et tient à la logique inhérente au progrès biotechnologique dans une société libérale. Dès lors qu'une innovation apparaît sur la scène, qu'un public suffisamment nombreux en prend conscience et a les moyens de l'adopter, de la refuser ou d'y être indifférent, c'est la liberté et l'autonomie de chacun qui s'imposent, même si, comme on l'a vu, cela peut s'accompagner d'une pression liée à une responsabilité nouvelle. La conformité ou non de cette innovation à telle ou telle conception de la vie bonne et de l'épanouissement humain n'est pas un critère normatif habilité à contraindre les choix des personnes de l'extérieur, c'est-à-dire par une intervention politique ou juridique. Du fait de leur autonomie politiquement reconnue, ce sont *les personnes elles-mêmes*, qui vont, de façon plus ou moins réfléchie, mettre en rapport l'amélioration proposée et leur conception de la vie bonne.

En définitive, pour une société libérale, les divers idéaux que les hommes défendent au nom de l'authenticité ressemblent aux innovations en matière d'amélioration : chacun d'entre nous est libre de s'y intéresser ou non, d'y adhérer ou non et c'est pourquoi l'autonomie est, dans la conception du libéralisme politique, antérieure à toute idée d'authenticité – ou si l'on préfère : l'autonomie est au cœur de l'authenticité telle que le libéralisme la conçoit. Il s'ensuit que la seule limite que l'authenticité fait peser sur cet idéal politique de l'autonomie ou de la personne autonome est qu'une amélioration ne mette pas en danger cette autonomie ou n'en change pas la nature en quelque chose d'autre, qui ne serait plus l'autonomie – c'est l'argument du bien interne tel qu'il s'exprime dans cette conception. Pour prendre un exemple banal, on peut penser à tous les appareils électroniques, notamment les téléphones cellulaires : ils sont présentés comme des aides à l'autonomie, permettant donc de rendre la personne plus autonome, mais pourraient bien engendrer une nouvelle servitude.

L'antériorité de l'autonomie a des conséquences importantes pour la conception que le libéralisme politique se fait de l'individu et de son humanité. Tant que certaines limites psychobiologiques sont insurmontables, l'être humain peut décréter qu'elles font partie de la nature humaine et donc qu'elles sont indépassables ; mais dès lors qu'une possibilité concrète de les surmonter apparaît, ces limites deviennent contingentes et en quelque sorte extérieures à la nature humaine. La personne a donc le choix de les rejeter ou de les adopter en fonction de ses propres conceptions et idéaux ; ainsi, comme le disent Gilbert Hottois et ses collègues, « la décision d'utiliser des technologies d'amélioration relève largement de la liberté individuelle »[1]. Mais du même coup, une limite plus fondamentale de l'autonomie est mise en évidence : l'individu n'a pas la liberté de faire comme si l'innovation n'avait pas eu lieu et que la limite qu'elle tenait pour naturelle continue de l'être, d'où, comme on a vu, une extension de sa responsabilité. Autrement dit, les progrès scientifiques et technologiques rendent la notion de nature humaine fluide, du moins jusqu'à un certain point, car si nous voulons surmonter certaines limitations humainement naturelles, c'est bien souvent au nom de certaines de nos aspirations humainement naturelles aussi.

LA QUESTION DU VRAI MOI

Le débat concernant l'authenticité repose pour une bonne part sur l'idée qu'il existe un vrai moi ou un moi profond, que l'on découvre ou que l'on a à construire et qui joue le rôle de norme et d'idéal pour le moi présent ; nous devons donc lui être fidèle. Mais un tel moi existe-t-il, cette notion est-elle cohérente ? Certaines données psychologiques récentes jettent quelques doutes sur cette notion et montrent, à mon sens, qu'il vaudrait mieux s'en passer pour la remplacer par un ensemble de désirs, de raisons d'agir et d'aspirations jouant un rôle de guide ou de boussole pour la personne et qu'elle reconnaît comme étant siens, tout en étant susceptible de fluctuer et de se modifier au cours de la vie. Ces désirs, raisons d'agir et aspirations sont révélateurs de la personne qu'elle est devenue, qu'elle est ou se sent être maintenant, et qu'elle veut continuer à être. Aucune des données que je vais présenter ne nécessite un tel abandon, mais, prises ensemble, elles constituent de bonnes raisons de le faire.

Reprenons d'abord la question du mérite. On a vu que c'est une notion très importante pour notre sens moral spontané, au point où certains estiment qu'il faut faire fi du résultat et que des moyens qui le court-circuiteraient seraient moralement inacceptables. D'où la condamnation du dopage et l'affirmation que le Botox dont parlait Safire pourrait peut-être être efficace, mais non pas moral. Après examen, l'argument ne s'est pas révélé vraiment convaincant. J'ajoute maintenant qu'il paraît encore révéler une certaine incohérence dans l'idéal de la personne qui sous-tend l'insistance sur le mérite. Nous méritons ce à quoi nous avons contribué, ce dont nous sommes les auteurs, et s'il est possible de dire que nous méritons nos capacités naturelles, en plus de leurs fruits, c'est seulement dans la

1. *Encyclopédie du trans/posthumanisme*, *op. cit.*, p. 8.

mesure où nous en faisons quelque chose par notre effort. Par là, nous devenons peu ou prou les auteurs de nous-mêmes, soit dans le sens où nous réalisons ce que nous étions déjà profondément, soit dans le sens où nous nous créons tel que nous voulons être. L'« autopoïèse » de soi est un de nos idéaux les plus chers[1]. Cependant, lorsque nous examinons nos pratiques, nous nous rendons compte qu'il y a aussi là des effets de rhétorique et que cet idéal loué dans nos discours est souvent trahi dans la réalité. Pensons à l'éducation : nous demandons aux parents et à la société de former les enfants afin qu'ils se conforment à certains modèles plutôt qu'à d'autres (et notamment à un modèle qui suscite la création et la prise en charge de soi-même) et nous pensons que cela requiert nécessairement un effort de leur part ; mais lorsque ces enfants n'y parviennent pas, nous n'hésitons pas à employer des moyens coercitifs de nature diverse, privilégiant le résultat aux dépens des moyens méritoires, le conditionnement aux dépens de la création. Et nous en usons de même dans bien des relations sociales, puisque nous visons d'abord à obtenir des comportement prosociaux.

Par ailleurs, tout le monde n'est pas égal dans ses dotations naturelles : bien des traits de caractère dépendent de la génétique et de la neurochimie que nous avons apportée avec nous en naissant, ainsi que des aléas du milieu social dans lequel nous avons été accueillis, plus ou moins bien. Dès lors, pourquoi seuls ceux qui sont mal ou moins bien dotés devraient-ils souffrir pour s'améliorer et leur serait-il interdit de se mettre à niveau des mieux lotis par des moyens plus aisés et plus fiables que l'effort personnel, s'ils sont disponibles ? Le cordonnier de la fable ne mérite pas ses nouveaux talents ; mais celui qui les amène avec lui en naissant non plus ! Que devient alors l'autopoïèse dont nous sommes si fiers ? Il faut convenir plus modestement que ce que nous faisons, c'est aménager le nous-même que la nature et notre milieu social ont créé en tout arbitraire et sans nous consulter. Ainsi, au-lieu de proclamer sans beaucoup de retenue que nous sommes les auteurs de nous-mêmes et que par là, nous manifestons notre moi profond, il serait plus judicieux de reconnaître notre dépendance et les limites que cela implique : nous ne sommes pas des *self-made (wo)men* tout court.

L'exemple du mérite attire l'attention sur le fait que nous manquons de lucidité sur notre capacité à nous construire, c'est-à-dire que nous nous l'exagérons. L'importance des dotations naturelles que nous apportons avec nous en naissant nous montre les limites de cette entreprise, mais il est

1. C'est notamment pour cela qu'il est accordé tant de poids au consentement libre et éclairé en éthique biomédicale.

vrai qu'elle n'en contredit que les versions héroïques, exaltant un pouvoir qui nous fait en réalité défaut. Cela ne suffit pas pour mettre en doute l'affirmation qu'il existe un *vrai* ou un *authentique* nous-même, à découvrir ou à façonner et à qui nous devons fidélité. Les études neuropsychologiques portant sur la manière dont nous portons des jugements moraux permettent d'aller plus loin en montrant que, dans un domaine aussi important que la morale, la personne que nous sommes ou désirons être, notre moi donc, n'est pas capable de jouer ce rôle d'idéal.

Dans ses expériences sur le dilemme du wagon fou, Joshua Greene a montré que, selon la version du dilemme qui est proposée, nous pensons qu'il faut avant tout ne pas causer un dommage direct à autrui, quelles que soient les conséquences, ou que ce qui compte, c'est de minimiser le nombre de victimes. Ainsi, la même personne juge qu'il n'est pas permis de pousser un gros homme sur une voie de chemin de fer pour arrêter un wagon hors de contrôle qui va écraser cinq ouvriers, mais qu'il est permis d'actionner un aiguillage pour faire dévier le même wagon de sa trajectoire et éviter qu'il n'écrase les mêmes ouvriers, mais au prix d'écraser un autre ouvrier, travaillant sur une autre voie [1]. On demandera alors : quel est le vrai moi de la personne qui porte ces deux jugements divergents, celui qui veut ne pas infliger de dommage ou celui qui veut sauver le plus grand nombre de vies ? Et si cette personne veut être fidèle à elle-même, doit-elle tendre à pousser tout de même le gros homme ou à s'abstenir d'actionner l'aiguillage ? Peut-être serait-il plus judicieux de considérer que notre vrai moi est celui qui veut *à la fois* ne pas nuire et être le plus bienfaisant possible, et qu'il existe des situations où il n'est pas possible de satisfaire ces deux aspirations, ce qui pourrait signifier que nous ne sommes pas maximalement cohérents, de par notre constitution psychologique. Notre vrai moi serait alors un moi divisé ; mais alors il ne peut plus jouer le rôle d'idéal et cela n'a pas de sens d'exiger que nous lui soyons fidèles [2] !

Ces expériences nous apprennent quelque chose sur le moi humain en général et jettent un doute sur l'existence d'un vrai moi pourvu d'une unité suffisante pour qu'on puisse vouloir s'y conformer. Que se passe-t-il quand on descend au niveau individuel, au point de vue du sujet singulier ?

1. *Tribus morales. L'émotion, la raison et tout ce qui nous sépare*, Genève, Éditions Markus Haller, 2017, chap. IV.

2. À moins bien sûr de faire de la division elle-même un idéal. Une autre interprétation du dilemme du wagon fou est toutefois possible, qui ne fait pas du moi un moi divisé, mais estime que les réactions divergentes que nous avons ne sont qu'apparemment divergentes ; *cf.* B. Baertschi, *L'éthique à l'écoute des neurosciences*, Paris, Les Belles-Lettres, 2013, chap. I-II.

De nombreux cas paraissent donner sens à l'idée d'un vrai moi, la prise de substances psychoactives lui permettant parfois de se manifester; mais comme on s'en rend compte aisément, ils s'accommodent tout autant d'une interprétation en termes de désirs, de raisons d'agir et d'aspirations.

Ainsi, les personnes agressives traitées par le lithium réagissent différemment selon qu'elles considèrent que l'agressivité est un trait de leur personnalité ou non : « Les personnes qui apprécient d'être sous lithium sont celles qui ressentaient leur comportement agressif comme un trait non désiré de leur personnalité [...] D'autres personnes, qui avaient incorporé le comportement agressif dans leur personnalité détestaient prendre du lithium », constate Emil Coccaro[1]. On pourra dire que les patients se représentent la personne qu'ils sont et jugent le médicament comme en accord ou non avec leur moi ou leur personnalité, mais cette personnalité peut n'être rien d'autre qu'un faisceau de désirs, raisons d'agir et aspirations. On le voit bien avec un second cas, celui d'une jeune femme rapporté par Peter Kramer, Sally. Affligée d'une grande timidité qui l'isolait socialement, le Prozac qui lui est prescrit lui procure courage et assurance; en conséquence elle refuse d'abandonner le médicament qui, dit-elle, l'a rendue à elle-même et lui a enfin permis de devenir l'auteur de sa vie, c'est-à-dire d'une vie vraiment signifiante pour elle et qui ne se résume pas à une lutte vaine et sans fin contre ce qui constituait cette partie de son caractère qu'on appelle l'humeur[2]. Comme Sally se dit plus elle-même sous Prozac, on peut penser que ce médicament a permis à la vraie Sally d'émerger, c'est-à-dire à la personne qu'elle voulait être et qu'elle souffrait de ne pas pouvoir être. Certes, mais cette vraie Sally, ce n'est rien d'autre que l'ensemble de ses aspirations empêchées.

La maladie est effectivement souvent un obstacle à la réalisation de nos désirs, que le traitement rend à nouveau possible. Prenons les effets du Propanolol sur des patients atteints de stress post-traumatique (PTSD). Après avoir pris ce médicament, l'un des patients s'exclame à propos de son *trauma* : « Auparavant, je ne pouvais tenir cette chose à distance. Maintenant, je ne peux plus la retrouver. [...] C'est comme si on avait mis une bombe sous le souvenir et qu'il avait éclaté en mille morceaux »[3].

1. Comité du Président américain sur la bioéthique, 9 septembre 2004, www.bioethics.gov—neuro_index.html.

2. Comité du Président américain sur la bioéthique, *Beyond Therapy*, *op. cit.*, p. 247.

3. J. Chandler *et al.*, « Another Look at the Legal and Ethical Consequences of Pharmacological Memory Dampening: The Case of Sexual Assault », *Journal of Law, Medicine and Ethics*, 2013, p. 862.

Le médicament a pour ainsi dire remis ce patient en lui-même, c'est une *restitutio ad integrum* au sens médical et personnel.

Désirs, raisons d'agir et aspirations peuvent changer sous l'effet des traitements. Parfois, on a l'impression que le moi authentique émerge, mais parfois c'est bien moins clair. On implante des électrodes dans le cerveau d'un patient atteint de la maladie de Gilles de la Tourette. Après l'opération, il commence à voir les choses différemment et les valeurs auxquelles il se référait changent, particulièrement sur les plans politiques et religieux. Cette situation nouvelle crée des tensions avec ses proches et sa famille demande qu'on désactive l'implant. Cela n'est évidemment pas justifiable, d'autant que le patient se sent mieux, qu'il a de nouveaux intérêts et ambitions [1]. On peut certes décrire ce cas comme l'émergence ou la résurrection de son vrai moi, que les tics de la maladie avait étouffé, mais pourquoi l'interpréter ainsi ? Il s'agit plutôt d'un changement d'attitude bénéfique, qui s'exprime par de nouveaux désirs, raisons d'agir et aspirations.

De nombreux cas pointent plus résolument dans la même direction et soulignent la difficulté de donner un sens à la notion de vrai moi. On connaît plusieurs cas de changement de personnalité chez les patients atteints de la maladie de Parkinson du fait de l'implantation d'électrodes dans leur cerveau : ces patients développent parfois des addictions, au jeu notamment, qu'ils considèrent non pas comme une pathologie, mais comme conforme à la personne qu'ils sont [2]. Qui est alors leur vrai moi ? Lorsqu'une personne comme Phineas Gage a une partie du lobe frontal de son cerveau détruite par un accident et qu'il change complètement de caractère du fait de la lésion – et non pas du fait de l'expérience traumatisante qu'il a subie –, en quoi le moi qu'il est devenu est-il moins son vrai moi que celui qui a été détruit [3] ? On dira qu'il s'agit de pathologie, mais le nouveau Gage se sent lui-même, tout comme l'ancien.

1. K. Beasley, « Old Self vs. New Self », *Cambridge Quarterly of Healtcare Ethics*, 25/4, 2016, p. 751.

2. L. Klaming et P. Haselager, « Did My Brain Implant Make Me Do It ? Questions Raised by DBS Regarding Psychological Continuity, Responsibility for Action and Mental Competence », *Neuroethics*, 6, 2013.

3. A. Damasio, *L'erreur de Descartes*, Paris, Odile Jacob, 2001, p. 27. Gage (1823-1860) était un ouvrier des chemins de fer, spécialiste dans l'utilisation des explosifs pour faire sauter les rochers qui entravaient l'avancée de la pose des voies. Il a eu le crâne perforé de part en part par une barre de métal à la suite d'une erreur de manipulation, perdit un œil, mais a survécu.

Et puis, les effets sont parfois bénéfiques. Benjamin Schanker et William Curry rapportent le cas d'un patient atteint d'une tumeur cérébrale qui a causé des modifications très positives de son caractère. Certes, le changement n'était pas volontaire, mais c'est tout de même un bénéfice et il est vécu comme tel par le patient, qui y aurait donc donné son consentement. En effet, cet homme de 42 ans était auparavant dur et insensible, il se comportait brutalement envers autrui et de manière arrogante – cette évaluation sans complaisance était faite tant par sa famille que par lui-même. Maintenant, il est devenu amical, émotionnellement extraverti, sensible, compatissant et ouvert à autrui. Il se décrit encore comme plus tolérant et moins timide. Bref, « de manière générale, le patient se considère comme étant devenu "une personne meilleure, même si ce n'est pas complètement", et bien des membres de sa famille sont d'accord avec cette description »[1]. Veut-il dire par là qu'il est devenu le vrai moi qu'il était, auquel il aspirait vainement avant son accident? Ce n'est manifestement pas ainsi qu'il faut voir les choses : il a simplement changé de caractère et s'en trouve mieux ainsi – il n'y a pas de vrai moi à chercher là-dessous, mais simplement des désirs, des raisons d'agir, voire des aspirations, c'est-à-dire un certain idéal de ce que la personne aimerait être ou devenir et qui peut très bien être une construction postérieure au changement. La personne n'est pas, souligne Joëlle Proust, « quelque chose qui pourrait être connu, observé ou découvert dans ses replis cachés »[2].

Le cas de ces patients et de Gage montre que la question peut aussi se poser en termes d'identité personnelle : ces individus sont-ils encore la même personne qu'ils étaient avant l'accident ou l'intervention? La réponse dépendra de ce que l'on entend exactement par « identité personnelle », et en outre, comme le cas précédent le montre, un changement d'identité n'est pas forcément une mauvaise chose. Je préfère toutefois aborder la question par le biais de l'authenticité, d'autant qu'avec les neuromédicaments ou la stimulation transcrânienne, les effets sont trop faibles pour qu'on puisse parler d'autre chose que de modification de certains états mentaux, de l'humeur, voire au maximum du caractère.

Ces différentes situations montrent qu'on peut faire l'économie du concept de vrai moi ou de moi profond et qu'il est possible de les interpréter sur un autre modèle : un changement de caractère (désirs, aspirations,

1. « Evaluation of Positive and Negative Self-Identity Changes with Brain Neoplasia », *AJOB Neuroscience*, 1/3, 2010, p. 20.

2. *La nature de la volonté*, Paris, Folio-essais, 2005, p. 291.

raisons d'agir) jugé après coup comme bénéfique ou non et donc comme désirable ou non. Lorsqu'il est bénéfique, il est souvent vécu comme quelque chose à quoi la personne aspirait plus ou moins consciemment. Toutefois, s'il est désirable, ce n'est pas parce qu'il collerait mieux à notre vraie personnalité, au moi que nous serions profondément, mais parce qu'il est source de bien-être, pour la personne et son entourage, parfois même pour la société. En voici encore une illustration. Nous savons qu'il est possible de modifier nos attitudes morales par divers moyens : en administrant de l'ocytocine, on favorise l'empathie, et en accroissant le taux de sérotonine chez des volontaires par l'emploi d'un médicament, on augmente l'aversion à causer un dommage à autrui[1]. Imaginons qu'on utilise de la sérotonine pour améliorer le comportement moral ; faudra-t-il dire que les personnes devenues plus réticentes à infliger directement un dommage sont plus ou moins elles-mêmes ? Manifestement, la question n'a pas de sens : ce qui compte est de savoir si, par là, on les a rendues moralement véritablement meilleures.

Cette question peut toutefois conserver un sens personnel, comme dans le cas du lithium : certaines personnes aimeraient devenir moins agressives, c'est-à-dire qu'elles aimeraient changer dans un sens qu'elles jugent préférable, d'autres non ; mais alors on voit bien que chacun comprend son moi en fonction de ses aspirations et d'un certain idéal qu'il veut atteindre et dont il se sent plus ou moins proche. Au fur et à mesure que le temps passe, d'autres aspirations et d'autres désirs sont susceptibles de venir sur le devant, de nouvelles raisons d'agir apparaissent, et deviennent représentatives de ce qu'est la personne à ses propres yeux et à ceux des autres. Tous les désirs que nous avons n'ont d'ailleurs pas la même importance et notre personnalité est structurée à la manière de cercles concentriques, avec un cœur et une périphérie, les changements périphériques n'ayant pas grande signification réelle pour la personne qu'on est devenu[2].

1. « Serotonin Selectively Influences Moral Judgment and Behavior through Effects on Harm Aversion », art. cit., p. 17433.

2. K. Witt *et al.*, « Deep Brain Stimulation and the Search for Identity », *Neuroethics*, 6, 2013, p. 503.

Par ailleurs, pour réaliser cette tâche de devenir tel ou tel, pour construire sa personnalité, des moyens d'amélioration médicamenteux et biotechnologiques ne sont pas forcément malvenus et pourraient même être nécessaires dans certains cas (pensons encore à Sally). Ils permettraient alors à ceux qui en useraient d'approcher de l'idéal de la personne qui leur est cher et qu'ils tentent de construire peu à peu.

Un examen des diverses formes de l'irrationalité pratique est aussi instructive. On en distingue généralement quatre, la faiblesse de la volonté, le fait de prendre ses désirs pour des réalités (où le sujet affirme au-delà de ce qu'il sait), la duperie ou tromperie de soi (où le sujet affirme contre ce qu'il sait et en est presque conscient) et l'aveuglement ou le déni (où le sujet a perdu complètement la vérité de vue). Un exemple assez amusant de tromperie de soi, voire d'aveuglement est donné par Thomas Gilovich, que cite Alfred Mele :

> Une étude portant sur un million d'étudiants de classe terminale a révélé que 70% d'entre eux pensaient qu'ils avaient des capacités de direction au-dessus de la moyenne, et seulement 2% se jugeaient sous la moyenne. En ce qui concerne la capacité de communiquer positivement avec autrui, tous les étudiants pensaient qu'ils étaient au-dessus de la moyenne ; 60% estimaient qu'ils étaient dans les meilleurs 10% et 25% s'estimaient dans les meilleurs 1% ! [...] Une étude sur les professeurs d'Université a montré que 94% d'entre eux pensaient qu'ils faisaient mieux leur travail que la moyenne de leurs collègues [1].

Toutes ces formes d'irrationalité impliquent une sorte de dissociation mentale, la personne adoptant plus ou moins consciemment deux attitudes. Quand elle s'en rend compte, parfois elle en souffre, parfois non et s'assume comme telle. Parfois aussi elle utilise divers procédés de contrainte de soi, spécialement dans le cas de faiblesse de volonté, comme des déclarations solennelles d'intention prononcées devant autrui, l'énoncé de principes auxquels elle veut tenir coûte que coûte, voire des contrats d'Ulysse[2], tous procédés qui lient par avance, et prémunissent la personne contre les effets de sa propre irrationalité. Dans de telles situations, il est souvent difficile de dire qui est le vrai moi de la personne, on peut même douter que cela ait un sens, les expressions utilisées reflétant

1. *Self-Deception Unmasked*, Princeton, Princeton UP, 2000, p. 3.

2. Comme on sait, Ulysse s'est fait lier au mât de son bateau pour être à même d'écouter le chant des sirènes sans se jeter à la mer; par là, il s'est protégé contre lui-même, sachant qu'il n'aurait pas pu résister à l'appel des sirènes (J. Elster, *Ulysses and the Sirens : Studies in Rationality and Irrationality*, Cambridge, CUP, 1979).

souvent ce flou, depuis « je suis comme cela » à « c'est plus fort que moi ». Ces phénomènes soulignent encore que ce n'est pas l'authenticité ou la fidélité à soi-même qui comptent, mais l'amélioration, le cheminement vers son idéal, c'est-à-dire ici devenir moins irrationnel.

Sur la base de ce type de données, Grant Gillett a proposé de considérer le moi comme une entité holistique étendue longitudinalement[1], c'est-à-dire une sorte de construction progressive [*work in progress*], qui peut se scinder en plusieurs histoires partielles et comprend des ratés dans sa tendance vers l'unité. Il oppose cette conception à diverses formes d'essentialisme, plaçant ce moi dans une âme ou dans le génome ; j'ajouterai : dans une entité vraie et profonde qu'il faudrait découvrir, car elle existerait par avance. C'est effectivement une manière plus appropriée de concevoir notre subjectivité.

Les divers cas médicaux que j'ai présentés, de même que l'irrationalité pratique et la conception d'un l'esprit divisé, mettent donc en question la notion de vrai moi ou de moi profond, pourvu d'une unité et d'une identité fortes, qu'il faudrait créer ou découvrir afin de le réaliser ou de s'y conformer. Ils jettent par là un doute sur la pertinence de certaines formulations de la question de l'authenticité. Que reste-t-il alors en définitive de l'argument qui s'y appuie ? Ceci : nous avons tous une conception, généralement un peu floue et vague, comprenant de nombreuses zones d'ombre, pourvue d'une cohérence relative et qui se construit peu à peu, de la personne que nous sommes et de celle que nous voulons être, les deux étant en général dans une certaine inadéquation. L'idéal auquel nous aspirons demande que nous nous améliorions et nous estimons important que nous le fassions d'une manière qui ne trahisse pas nos aspirations. Mais dire cela, c'est simplement constater le projet immémorial qu'a l'être humain de s'améliorer et demander, en ce qui concerne le type d'améliorations visées et les moyens mis en œuvre pour y atteindre, l'application des trois règles (**R1**, **R2** et **R3**) formulées dans le chapitre précédent.

1. *Subjectivity and Being Somebody*, Exeter, Imprint Academic, 2008, p. 33.

L'INTÉRIEUR ET L'EXTÉRIEUR

Nous avons vu plusieurs fois que l'opposition entre les interventions amélioratives internes ou externes suscitait des jugements de valeur différents. Ainsi, les outils en eux-mêmes ne provoquent aucune objection, mais s'ils sont incorporés à notre corps, cela peut changer, comme le cas des cyborgs l'atteste. Cette question concerne avant tout les dispositifs identifiables, car pour les médicaments, qui pourtant sont diffusés dans tout notre corps, un tel souci ne s'exprime pas – les vaccins agissent de manière interne; mais ce n'est pas pour cette raison que certains s'y opposent –, ni d'ailleurs pour les modifications génétiques[1].

Ici ce sont de nouveau certaines de nos intuitions qui sont mobilisées. Quelle en est la valeur? Martha Nussbaum disait: « Tant les stéroïdes que les gants de boxe sont non-naturels » et elle pensait qu'il fallait interdire les premiers parce qu'ils étaient dangereux; mais je l'ai dit, il faut aussi relever qu'ils agissent à l'intérieur, contrairement aux seconds. Cela a-t-il un effet sur notre jugement? Ce ne serait pas surprenant; toutefois, l'opposition de l'intérieur et de l'extérieur ne fonctionne généralement pas seule, et dans certains cas, elle passe franchement à l'arrière-plan. Ainsi en va-t-il dans le domaine de la thérapie, où nul n'a d'objection contre les dispositifs thérapeutiques qui sont incorporés dans le patient à cause du simple fait qu'ils agissent à l'intérieur: pensons aux *pace makers* pour les arythmies cardiaques ou aux implants cérébraux profonds dans le traitement de la maladie de Parkinson. Les bracelets que portent les personnes âgées sont externes, mais on pourrait aussi leur insérer une puce sous la peau qui aurait les mêmes fonctions et la même utilité. Certes, les risques ne sont pas tout à fait les mêmes, mais du point de vue de la fonction, la place où le dispositif se trouve ne paraît pas avoir d'importance dans de tels cas. Joëlle Proust commente: « Il ne semble pas qu'il y ait une différence radicale entre utiliser un iPhone extérieur et un iPhone implanté, un ordinateur extérieur ou un ordinateur greffé à notre cerveau »[2]. Microscopes et télescopes sont des moyens d'améliorer notre vision; qu'est-ce que cela changerait si on parvenait à les incorporer? Rien serait-on tenté de dire, sauf que cela crée souvent une certaine crainte: devenir un cyborg partiel ne susciterait pas chez la plupart d'entre nous une réponse favorable. Pourquoi?

1. P. Nouvel, « Les amphétamines: un aiguillon philosophique à la conquête des records », dans J.-N. Missa et L. Perbal (éd.), « *Enhancement* »..., *op. cit.*, p. 123-124.

2. « Cognitive Enhancement, Human Evolution and Bioethics », *Journal international de bioéthique*, 23/3-4, 2011, p. 170.

Les moyens d'amélioration qui agissent à l'intérieur suscitent facilement la gêne, voire la réprobation; cela a parfois à voir avec la passivité et l'absence de mérite, comme lorsque C. D. Meyers souligne qu'on ne louera pas un joueur d'échecs qui gagnerait avec l'aide d'un programme d'ordinateur installé dans son cerveau, vu qu'il n'est pas la source de la victoire[1], mais pas seulement. Ce qui à mon sens est en jeu ici, c'est plus souvent la question *du contrôle* et de *l'identité*. Un outil extérieur est plus facile à contrôler qu'un dispositif interne qui agit seul, et il ne fait pas un avec la personne. On a donc tendance à penser que des dispositifs internes nous affectent plus profondément et pourraient constituer une menace pour notre identité, qu'ils nous manipulent plutôt que nous ne les contrôlons. On peut s'en rendre compte si l'on envisage de s'incorporer des dispositifs intelligents (un iPhone, mais aussi le récepteur d'un interface cerveau-machine). Dans la mesure où ces dispositifs possèdent une certaine autonomie et même une capacité de décision, ils jouissent d'une sorte de contrôle sur nous-mêmes, et s'ils influencent notre comportement ou nos émotions, ils deviennent alors un danger potentiel pour notre identité et notre personnalité. Or, on connaît déjà des effets de ce type avec les implants cérébraux, qui pourtant ne sont pas intelligents, mais qui interfèrent avec certains circuits neuraux; ainsi a-t-on vu, je l'ai dit, se créer des addictions chez les malades parkinsoniens appareillés.

Ce qui est intérieur échappe donc aisément à notre contrôle et pourrait même nous contrôler, ce qui est source de crainte. Cela dit, comme toujours, la pièce a deux côtés : lorsqu'il s'agit de restaurer certaines capacités perdues ou d'augmenter des capacités que l'on désire améliorer, l'incorporation des dispositifs, en les rendant invisibles, peut aider la personne à s'identifier ou à se réidentifier comme personne (plus) capable. Prenons le cas des aides à la marche pour les personnes âgées. Avoir besoin d'un déambulateur peut affecter l'image que nous avons de nous-mêmes, en nous faisant pour ainsi dire toucher du doigt notre perte d'autonomie. Si des implants dans nos articulations pouvaient avoir le même effet, nous ne les verrions plus comme des aides, mais comme des parties de nous-mêmes, masquant notre dépendance. D'ailleurs, être dépendant d'implants, est-ce vraiment être dépendant ou est-ce une manière de rester autonome ? Certes, on peut aussi dire qu'un déambulateur permet de conserver une autonomie, mais il suffit qu'il soit difficile de s'en saisir, par exemple parce qu'il a été déplacé, pour que la dépendance redevienne

1. « Neuroenhancement in Reflective Equilibrium : A Qualified Kantian Defense of Enhancing in Scholarship and Science », *Neuroethics*, 7, 2014, p. 289.

patente. Pensons encore aux exosquelettes, qui peuvent servir pour aider les handicapés, mais aussi pour augmenter nos capacités musculaires et articulaires; si un jour on parvient à se les incorporer, ils deviendront partie intégrante de notre squelette, et donc de nous-mêmes. Quant aux prothèses, elles font quelque peu éclater la distinction entre l'intérieur et l'extérieur, puisqu'elles sont tout à la fois incorporées et juxtaposées à notre corps, l'appropriation se marquant de plus en plus avec les progrès de leur fonctionnalité. On a même observé que les singes utilisés pour mettre au point des neuroprothèses, c'est-à-dire des prothèses commandées par la pensée, finissaient par ne plus utiliser leur bras naturel, au profit du bras artificiel[1].

Les moyens externes et non-intelligents sont généralement considérés à l'instar des outils : si un marteau permet de planter des clous, un déambulateur permet de se déplacer; avec un moteur, ce sera un véhicule comme un scooter. La seule différence, c'est qu'outils et véhicules augmentent les capacités normales de l'être humain, alors qu'un déambulateur ou une chaise roulante restaurent une capacité défaillante ou perdue. Certains de ces moyens peuvent s'internaliser, ou le pourront. Dans ce cas, ils minimiseront l'impact sur l'image que la personne conserve d'elle-même, même s'ils sont le résultat d'une procédure invasive, quitte à ce qu'ils acquièrent par là un pouvoir un peu inquiétant.

Qu'en est-il maintenant des appareils et dispositifs intelligents ? En les utilisant, nous augmentons le pouvoir de notre esprit, avec très peu de mérite comme je l'ai souligné. Certes, il faut un certain exercice pour maîtriser par exemple un ordinateur, mais il est bien moindre que l'effort qu'il fallait faire il y a un siècle pour s'acquitter de tout ce que cet appareil est capable de faire pour nous – si tant est qu'on en ait été capable. Un ordinateur nous permet actuellement de penser mieux, plus vite, et de nous organiser de manière optimale, moyennant un effort très mesuré : c'est une sorte d'extériorisation de certaines de nos capacités mentales; c'est pourquoi certains auteurs ont parlé d'*esprit étendu – extended mind* en anglais. Cette conception, proposée à la fin du siècle dernier par Andy Clark et David Chalmers, consiste dans la thèse que « l'esprit n'est pas confiné à l'intérieur du crâne des agents individuels, mais s'étend dans le

1. A. Ramakrishnan *et al.*, « Computing Arm Movements with a Monkey Brainet », *Scientific Reports*, 2015, art. 10767, DOi : 10.1038/srep10767. Voir aussi C. Maldarelli, « Monkeys Drive Wheelchairs Using Thought Alone », *Popular Science*, 3 mai 2016, en ligne : http://www.popsci.com/robotic-wheelchair-can-be-now-be-controlled-by-monkeys-brain.

monde »[1]. Cette théorie ne fait en un sens qu'appliquer à l'esprit ce que nous appliquons parfois à nous-mêmes, grâce aux outils ou autres « prolongements » de notre corps. Ainsi, dans son roman *Lola Bensky*, Lily Brett observe, à propos de Jimi Hendrix : « La guitare gémissait à l'unisson de son chant. Il donnait l'impression de ne faire qu'effleurer son instrument, comme si ce dernier était une autre partie du corps qu'il pouvait bouger et manipuler aussi facilement que ses doigts, ses orteils ou sa langue »[2]. Le corps du musicien s'étendait à la guitare elle-même. La guitare n'était plus seulement un outil – ce qu'elle est par contre pour le débutant.

En ce qui concerne l'extension de notre esprit, elle signifie que nos états mentaux ne sont pas seulement incarnés dans des états cérébraux, mais aussi ailleurs. Où ? Dans les ordinateurs notamment. Ainsi, tous les dispositifs électroniques intelligents sont susceptibles d'être des parties de notre esprit, dans la mesure où nous les utilisons pour penser. C'est là le principe de parité (qu'il ne faut pas confondre avec le principe de parité éthique, mentionné plus haut, même si les deux sont liés, comme on va voir) que Neil Levy énonce ainsi : « Si quelque chose joue un rôle dans l'activité cognitive et que, s'il était interne, nous n'aurions aucune difficulté à conclure qu'il est une partie notre esprit, alors il doit être considéré comme une partie de notre esprit, qu'il soit interne ou non »[3]. On peut aussi dire que l'esprit est en partie interne et en partie externe et que, par exemple, je peux confier les grandes quantités de données dont j'ai besoin pour réfléchir soit à ma mémoire, soit à mon ordinateur. Leur récupération sera certes différente – et parfois plus aisée sur l'ordinateur –, mais cela est accessoire. Et lorsque l'ordinateur pourra être placé sous notre peau ou dans notre crâne, l'extension de notre esprit deviendra simplement invisible.

La théorie de l'esprit étendu a cette conséquence que la distinction entre l'intérieur et l'extérieur devient sans objet : ce qui compte, ce sont les *fonctions*, et si la mémoire d'un ordinateur rend les mêmes services que celle qui est située dans notre cerveau, alors il n'y a pas de raison de les considérer différemment du point de vue de la personne qui les utilise. Ainsi, tout comme pour les autres améliorants, ce qui compte, c'est leur caractère désirable, non le fait qu'ils agissent de l'extérieur ou à l'intérieur

1. N. Levy, « Rethinking Neuroethics in the Light of the Extended Mind Thesis », *American Journal of Bioethics*, 7/9, 2007, p. 3.

2. *Lola Bensky*, Paris, 10/18, 2014, p. 229.

3. « Rethinking Neuroethics in the Light of the Extended Mind Thesis », art. cit., p. 4.

– ici, on retrouve le principe de parité éthique[1]. Il s'ensuit que le caractère un peu inquiétant lié à une perte de contrôle n'a pas vraiment d'objet : un implant intelligent intérieur n'est pas plus à craindre qu'un ordinateur, ni moins d'ailleurs ; on peut certes les laisser décider à notre place, mais il n'y a là rien de fatal.

Il est possible de contester cette approche pour deux raisons au moins. D'abord, notre esprit tend à devenir illimité et à perdre son individualité. Avec les progrès de l'intelligence artificielle, les médecins vont disposer de programmes informatiques effectuant des diagnostics plus sûrs et plus précis que ceux qu'ils posent à l'aide de leur cerveau. Ces programmes feront-ils alors partie de leur esprit ? Et si deux médecins utilisent le même programme ? Ensuite, on peut penser que ce qui fait que mon esprit est mien, c'est que les processus qui s'y passent sont conscients ou du moins susceptibles d'une narrativité en première personne ; or il n'en va pas du tout ainsi avec les programmes intelligents. Toutefois, si l'on accepte ces objections, il semble encore que l'on ne doive pas craindre une perte de contrôle, puisque les données stockées sur une puce et les processus qui s'y dérouleront apparaîtront immédiatement comme ne faisant pas partie de mon esprit, à l'instar justement du contenu d'un ordinateur. Ici aussi, l'opposition entre l'intérieur et l'extérieur ne fait pas vraiment sens, et il faut conclure que nos intuitions ne résistent pas à la réflexion. On dira donc que même si l'incorporation de dispositifs améliorants crée une gêne psychologique, cela ne saurait avoir de conséquence normative, sauf si ces dispositifs agissent à l'insu de la personne et la manipulent en quelque sorte, ce qui est parfois déjà le cas avec les médicaments du cerveau, comme on sait – mais paradoxalement, ils ne suscitent pas spontanément ce souci chez ceux qui les consomment.

Le cas des médicaments n'est toutefois pas simple, comme John Danaher le souligne. En effet, dans le cas de l'amélioration morale, un améliorant interne a certains avantages. Prenons le cas de la sérotonine. En modulant l'aversion à causer un dommage à autrui, elle ne court-circuite pas du tout notre sensibilité morale ni même la réflexion, elle n'est pas non plus cause d'une impulsion irrépressible et incontrôlable, car son effet est intégré dans le processus de délibération et de décision : « Des améliorants qui augmentent directement des processus cérébraux tendront à favoriser une plus grande sensibilité morale aux aspects moralement pertinents de notre environnement, et à rendre plus facile l'action

1. J. Danaher, « Why Internal Moral Enhancement Might Be Politically Better than External Moral Enhancement », *Neuroethics*, 9, 2016, p. 2-3.

basée sur cette information »[1]. Il s'ensuit qu'il n'est pas évident que l'usage de tels améliorants mette en danger notre autonomie et notre identité morales : la sérotonine, de même que d'autres substances psychostimulantes, peuvent nous permettre d'agir plus en accord avec la conception que nous nous faisons de nous-mêmes, c'est-à-dire avec nos aspirations, voire contribuer à nous rendre plus vertueux. S'agira-t-il d'une amélioration authentiquement morale ? Oui, on l'a vu, si les raisons que l'on a de se comporter ainsi sont de nature réellement morales.

En outre, comme le note Bublitz, il faudrait distinguer le cas où une émotion est augmentée aux dépens d'une autre du cas où elle l'est aux dépens de la capacité à réfléchir[2]. Inversement, une émotion inappropriée peut être diminuée, ce qui peut permettre d'établir les conditions d'une véritable pratique de la vertu. Prenons l'exemple du courage : il dépend en bonne partie de la maîtrise de la peur (il ne consiste pas en l'absence de peur, comme on le dit trop souvent) ; or, si on arrive à diminuer ce sentiment chez un individu craintif, on pourrait bien par là établir les conditions nécessaires au développement d'un véritable courage : ayant moins peur, il réagira plus calmement et plus adéquatement face à un danger. Il en va de même aussi pour la colère qui, modulée, n'est plus un obstacle à la maîtrise des réactions comme c'est le cas chez le colérique.

LE RISQUE

Les soucis éthiques suscités par l'augmentation de l'être humain ne sont pas encore épuisés. Anjan Chatterjee en relève quatre, dont trois n'ont pas été abordés ou examinés jusqu'ici :

1) Un souci concernant les risques. Certains moyens d'amélioration font courir des risques aux individus ; pensons aux substances psychoactives, aux implants cérébraux, au génie génétique.

2) Un souci concernant le caractère des individus. Modifier le caractère et les états affectifs des individus par des moyens artificiels pourrait provoquer une érosion du caractère, c'est-à-dire une perte de la capacité de lutter contre l'adversité. Souvenons-nous de la famille « performante » décrite par ce même Chatterjee : elle triche avec la vie ; l'érosion du caractère est l'un des effets que pourrait avoir cette tricherie.

1. *Ibid.*, p. 18.
2. « Moral Enhancement and Mental Freedom », art. cit., p. 91.

3) Un souci concernant la justice. S'il est possible de s'améliorer par des moyens non standards, ces moyens ne seront-ils accessibles qu'aux riches (des pays riches)?

4) Un souci concernant la pression sociale. La compétition omniprésente dans nos sociétés libérales, particulièrement dans le milieu professionnel, ne va-t-elle pas obliger tout un chacun à s'améliorer par la prise de médicaments ou d'une autre manière, même s'il ne le désire pas [1]?

Chatterjee souligne encore que, lors du développement de la chirurgie esthétique, les mêmes soucis avaient été soulevés, et qu'ils se sont en grande partie évaporés. On avait alors allégué la sûreté des procédés, la frivolité, la justice distributive et la pression sociale, la frivolité étant le souci correspondant à l'érosion du caractère. Or, actuellement, qui voit un souci moral dans le fait de diminuer chirurgicalement un nez trop proéminent ou camus et estime que les personnes affublées d'un tel appendice devrait plutôt accepter et assumer leur disgrâce? On tombe d'accord qu'on ne peut exiger de chacun d'être un Cyrano! S'agit-il de pression sociale intériorisée et cela présage-t-il d'une acceptation de la « neurologie cosmétique » comme on appelle parfois l'amélioration de l'être humain par des substances psychostimulantes? Peut-être. En tout cas, cette situation semble indiquer qu'il est vain de vouloir interdire ou stopper la tendance à l'amélioration, mais qu'il est plus judicieux de vouloir la réguler en usant des instruments juridiques à la disposition de nos démocraties libérales.

J'ai déjà parlé du souci lié à l'érosion du caractère, lorsque j'ai présenté **R3**, en demandant si une maîtrise de soi obtenue pharmacologiquement pourrait l'être au détriment de la force de caractère. J'avais conclu qu'il fallait d'abord examiner si c'était un risque réel – somme toute, on craint souvent des conséquences négatives qui ne se manifestent jamais – et ensuite si cette érosion était réellement un mal par rapport aux biens que l'amélioration était susceptible d'amener, ce qui demande d'effectuer une pesée des biens ou une analyse coûts/bénéfices. Par contre, je n'ai pas encore parlé des trois autres soucis: la sûreté (les risques), la justice et la pression sociale. Ils représentent des soucis éthiques liés en premier lieu à la vie en société, même si le premier concerne d'abord les individus (quels risques suis-je d'accord de courir pour m'améliorer?); toutefois, la gestion du risque est aussi une affaire sociale, étant donné qu'il est difficile aux individus de connaître les dangers que présentent par exemple les

1. « Cosmetic Neurology and Cosmetic Surgery ...», art. cit., p. 131.

substances médicamenteuses, et qu'ils font souvent preuve d'une certaine irrationalité par rapport à la prise de risque.

Ces trois soucis ne reposent pas sur des intuitions qu'il s'agit d'abord d'expliciter et, sauf le dernier, n'ont que peu de rapport avec les conceptions de la vie bonne; il s'agit surtout de dangers qu'il faut évaluer et essayer de pallier. Évidemment, si ce n'était pas possible, il pourrait être sage de renoncer au projet d'augmentation de l'humain, ou du moins de mettre en garde contre ses conséquences.

La question des risques doit être posée à propos toute nouvelle substance mise sur le marché; dans cette mesure, la sûreté ne pose pas de problème éthique spécifique pour notre sujet, si ce n'est que les seules substances psychoactives qui ont été testées jusqu'à présent l'ont été comme médicaments et non comme améliorants : il n'existe que très peu d'études pour les usages hors-indications, d'où une grande difficulté pour en estimer les risques, tant au niveau de la santé que de la possibilité de dépendance voire d'addiction[1]; le méthylphénidate (Ritaline) n'est-il pas appelé *kiddy coke* par certains? Pour la santé, comme je l'ai dit plus haut, on parle surtout d'hypertension, d'anxiété, de maux de tête et de tachycardie.

L'évaluation des dispositifs améliorants comme la stimulation magnétique et électrique transcrânienne ou l'insertion dans le corps humain de matériel électronique en est au même stade : les données manquent, même si aucun effet secondaire sérieux n'a encore été rapporté à leur sujet.

Ce n'est que dans le domaine du dopage sportif que les risques sont assez bien connus, d'autant qu'il se sont malheureusement souvent matérialisés[2]. Cela dit, on observe dans nos sociétés un débat concernant l'attitude appropriée à adopter face aux risques, biotechnologiques surtout.

Il faut souligner que la détermination des risques d'une technologie n'est pas de la compétence de l'éthique ou de la philosophie morale, mais de celle des experts de la discipline concernée. Par exemple, les risques du génie génétique sont à déterminer par les généticiens. Cependant, ces risques ont une portée éthique d'une part en ce que c'est aux personnes concernées (les citoyens ou les patients) de dire s'ils estiment qu'ils valent la peine d'être courus et d'autre part en ce qu'il est immoral d'exposer

1. CCNE, *Recours aux techniques biomédicales en vue de « neuroamélioration » chez la personne non malade*, avis n° 122, 2013, p. 12-13, disponible en ligne : http://www.ccne-ethique.fr/sites/default/files/publications/avis122.pdf.

2. CCNE, *Performance et santé*, avis n° 81, 2003 p. 10-11, disponible en ligne : http://www.ccne-ethique.fr/sites/default/files/publications/avis081.pdf.

quelqu'un ou une société à des risques qu'ils n'ont pas choisis ou qui ne sont pas au moins compensés par les bénéfices attendus. Reste encore la question, proprement morale elle aussi, de la liberté de se nuire : l'individu a-t-il cette liberté et si oui, jusqu'où[1]? Ce qui n'est pas du ressort de l'éthique, c'est donc la détermination de la nature des risques et de leur probabilité, non pas leur acceptation individuelle ou sociale.

Comme on le voit, deux considérations familières à la bioéthique sont présentes ici, et il arrive qu'elles soient en conflit : l'autonomie et la bienfaisance, à savoir le consentement libre et éclairé et la balance risques/bénéfices. Or, ces deux considérations sont au fondement de deux approches méthodologiques bien différentes. La première met l'autonomie en avant : un risque doit être acceptable pour les personnes qui vont le courir. Cela peut s'entendre dans le sens où il ne suffit pas que le résultat de la balance soit favorable, mais que ce résultat doit être encore accepté par les parties concernées, la bienfaisance étant alors subordonnée à l'autonomie. Mais le plus souvent, la priorité de l'autonomie est comprise comme l'exigence de déterminer un seuil de risque socialement acceptable. Dans une telle approche, les bénéfices figurent seulement à l'arrière-plan et, avec l'idée d'un seuil, ne sont même pas du tout pris en compte, parce que seuls les risques comptent, qui peuvent être considérés comme trop importants pour être courus. On peut penser à l'industrie nucléaire : si cette manière de voir avait prévalu dans les années 1950, les centrales atomiques n'auraient probablement jamais vu le jour – mais à suivre certains auteurs du passé, le chemin de fer, le café et la vaccination non plus. Actuellement, cette approche est souvent adoptée par rapport aux organismes génétiquement modifiés (OGM) – et donc au génie génétique en général –; elle tend à générer une attitude de refus et, en conséquence, une évaluation négative de cette biotechnologie.

La seconde approche est basée sur la bienfaisance : une évaluation des risques et des chances est menée, la décision devant se conformer au résultat obtenu. Kevin Smith observe que cette approche rencontre des problèmes à cause de la difficulté

> à prédire de manière fiable la nature, l'étendue ou la probabilité des conséquences néfastes possibles [...]. Cela constitue une difficulté pour l'analyse coûts/bénéfices. Pour une telle analyse, un certain degré de risque n'est par lui-même pas un élément qui vaut contre le développement d'une

1. CNE, *L'« amélioration » de l'humain par des substances pharmacologiques*, prise de position n° 18, Berne, 2011, p. 4, disponible en ligne : http://www.nek-cne.ch/fileadmin/nek-cne-dateien/Themen/Stellungnahmen/fr/NEK-CNE_Enhancement_f.pdf.

> technologie donnée : les dangers doivent être évalués en comparaison des résultats bénéfiques, en tenant compte des probabilités pertinentes [1].

C'est exact, mais il faut relever que cette difficulté se retrouve aussi dans la détermination du seuil de risque acceptable favorisée par l'autre approche.

La difficulté réside dans la nature même du risque. Un risque est le produit de la probabilité d'un dommage et de la sévérité de ce dernier. Quand on se trouve face à la possibilité de dommages majeurs, mais avec une très faible probabilité qu'ils se réalisent – c'est-à-dire face à la possibilité d'un certain type de faible risque –, on manque de repères et on tend à être très prudent. Ici, le modèle du seuil prévaut généralement et nous avons créé un outil pour gérer de telles situations : le principe de précaution. Certains usages de ce principes sont toutefois très discutables, comme Kevin Smith encore le constate :

> Ce principe soutient que les innovations technologiques doivent être proscrites aussi longtemps que l'absence d'effets dommageables n'a pas été établie. […] La version la plus forte de ce principe soutiendrait que n'importe quel degré de risque est inacceptable, quelque soient les bénéfices attendus [2].

Cela dit, dans le cas de l'augmentation de l'être humain, les dommages que la technologie pourrait causer ne sauraient être très importants, sinon sur le plan individuel, du moins sur le plan social, tant du moins que seuls des individus sont ciblés. Il est clair que si, par exemple, le génie génétique devait être utilisé sur une large échelle, il en irait tout autrement. Ainsi, tant qu'il s'agit d'améliorer des individus, l'exigence principale en ce qui les concerne doit être leur accord. Mais s'il y a des effets sociaux ? Et il est inévitable qu'il y en ait, comme on l'a vu dans la question de la tricherie : le dopage pose des questions d'équité que le seul recours au consentement libre et éclairé ne suffit pas à lever. Il est nécessaire au plan éthique, mais non suffisant.

L'équité n'est pas seule en cause : le cas des modifications génétiques de la lignée germinale illustre aussi, et de manière frappante, l'insuffisance du consentement : le risque serait en effet imposé aux enfants et à leur descendants par les parents, sans qu'aucun consentement puisse évidemment leur être demandé. On dira qu'il en va de même dans l'éducation, si ce n'est que l'enfant possède une certaine marge de réaction, même si

1. « Synthetic Biology : A Utilitarian Perspective », *Bioethics*, 27/8, 2013, p. 457.
2. *Ibid.*, p. 459.

elle est assez ténue, du moins quand il est petit. Je reviendrai sur cette question lors de l'examen de ce qu'il est convenu d'appeler l'« eugénisme libéral », mais pour l'instant, je relèverai qu'il existe un consensus au plan législatif pour interdire toute modification de la lignée germinale, car nous n'en savons pas assez pour évaluer les risques courus par les générations futures, raisonnement qui ne saurait évidemment valoir pour les améliorations qui ne passent pas à la descendance.

La justice distributive

Le souci à propos de la justice distributive concerne les bénéficiaires des procédés d'amélioration : qui pourra en profiter, seulement les riches (des pays riches) ou tout le monde ? Ce souci n'est pas spécifique à la problématique de l'augmentation, vu qu'il est régulièrement soulevé à propos de nouveaux produits, traitements et dispositifs. La difficulté est que la question de la justice manque de spécificité et conduit à des paradoxes si on l'interprète comme légitimant un jugement moral négatif *ex ante*, avant même que l'innovation en question ait été largement déployée dans la société. Ainsi, de nombreuses nouveautés médicales sont nées dans des conditions moralement ambiguës sans pour autant qu'on en tire maintenant argument pour condamner leur utilisation. On peut relever notamment que la médecine scientifique est en grande partie née dans les immenses salles communes des hôpitaux du XIXe siècle, mais que ses avancées trouvaient d'abord à s'appliquer au bénéfice de la minorité qui pouvait se payer des soins médicaux à domicile, plus que pour soigner les personnes de condition modeste ou franchement misérable sur lesquels les recherches étaient faites. Pour prendre un exemple plus récent, la pénicilline, qui a joué un rôle central dans la révolution thérapeutique du XXe siècle, a d'abord été une découverte relevant de la recherche fondamentale, et son développement en un médicament susceptible d'être produit en grande quantité et administré facilement doit tout à l'effort de guerre des Alliés pendant la 2e guerre mondiale. Dans ce contexte, il est clair que les membres des forces armées avaient la priorité dans l'accès à cet antibiotique. Toutefois, personne ne peut sérieusement prétendre que ce contexte initialement martial et discriminatoire frappe d'un opprobre définitif ce médicament qui reste encore essentiel aujourd'hui, malgré les problèmes de résistances multiples rencontrés.

En outre, et cela est sans doute le plus important, le contexte moralement discutable qui a pu présider à l'apparition d'une nouveauté thérapeutique ne nous empêche en rien de créer un cadre désormais équitable pour sa distribution. Or, on peut dire exactement la même chose des moyens d'améliorations qui voient actuellement le jour : s'ils naissent souvent grâce à des fonds privés et ne sont ainsi pas *ipso facto* dans le domaine public, à la disposition de tous – du moins de tous ceux qui le désirent –, l'État a les moyens d'en assurer une distribution plus équitable, si cela apparaît comme socialement désirable. Les proscrire au nom de la justice distributive n'aurait donc simplement pas de sens[1].

Bref, une technologie d'amélioration ne porte pas nécessairement la marque de ses origines, fussent-elles moralement discutables. Il reste toutefois qu'elle est susceptible d'avoir des conséquences néfastes. En effet, si telle ou telle technologie engendrait effectivement des effets indésirables en termes d'équité et que cela relevait du constat indiscutable et non de la spéculation, la critique de cette technologie conserverait toute sa pertinence – pensons justement à l'objection de la tricherie au sens de l'obtention d'un avantage compétitif exclusif. Autrement dit, ce que la justice demande, c'est une distribution équitable des biens qui sont considérés comme réellement bénéfiques, c'est-à-dire qui, comme le disait Harris, font du bien. Or, et ici l'objection se retourne en quelque sorte, les améliorants pourraient aussi contribuer à la diminution des inégalités, ainsi que le Comité du Président américain sur la bioéthique le souligne : « Les interventions d'améliorations cognitives pourraient être utilisées pour réduire les inégalités entre les personnes cognitivement avantagées et celles qui sont désavantagées »[2]. En effet, traiter les secondes serait susceptible de les mettre au niveau des premières. C'est la thèse que soutient Keisha Shantel Ray : constatant que certaines écoles dispensent un enseignement de piètre qualité et donc que ceux qui en sortent sont socialement désavantagés, elle propose que leurs élèves reçoivent des stimulants dans un souci d'équité. Il ne s'agirait d'ailleurs dans ce cas non pas d'amélioration, mais de maintien des chances[3]. À l'objection qu'ainsi on individualise et médicalise un problème social au lieu de le traiter au

1. « Qu'est-ce qu'une véritable amélioration ? », art. cit., 2011.

2. Comité du Président américain sur la bioéthique, *Gray Matters*, 2, Washington, 2015, p. 43, disponible en ligne : http://www.bioethics.gov.

3. « Not Just "Study Drugs" for the Rich : Stimulants as Moral Tools for Creating Opportunities for Socially Disadvantaged Students », *AJOB*, 16/6, 2016, p. 33.

niveau collectif et politique, elle répond que tant que la situation inéquitable subsiste, « certains étudiants sont privés des bénéfices sociaux et de santé qui dépendent d'une bonne éducation »[1], et qu'il vaut mieux y remédier sans attendre si c'est possible. On peut aussi dire que les substances psychostimulantes jouent ici le même rôle que l'éducation et qu'il n'y a pas à les évaluer différemment sur le plan de l'égalité des chances : ce que certains reçoivent dans de bonnes écoles d'autres l'obtiendront par une pilule.

Le problème pourrait certes rebondir, si, en réaction, les élèves des écoles favorisées se « traitaient » à leur tour. Ici, c'est la question de la pression sociale qui surgit.

La pression sociale

Le souci lié à la pression sociale, qui relève d'une forme de coercition ou de contrainte, consiste en ce que, si l'utilisation de moyens pour améliorer nos performances ou nos capacités devenait efficace et d'un usage banal, leur distribution ne suscitant aucun problème majeur d'équité, elle pourrait devenir une exigence de la vie que nous menons, particulièrement pour améliorer notre compétitivité dans notre travail ou notre profession – tout comme d'ailleurs celle de ses enfants. Ainsi que le relève Glenn McGee : « La même pression qui a amené des parents à donner à leurs enfants du Prozac et de la Ritalin, à savoir la pression d'obtenir de meilleures notes pour accéder à Harvard, se retrouve dans la pression en faveur de l'amélioration par la génétique des capacités cognitives »[2]. Génétique, car c'est le sujet du livre de McGee, mais cela vaut pour n'importe quel moyen d'augmentation, et plus ce moyen est d'accès aisé, plus la pression pourrait être forte. Ce souci se double aussi d'une question d'équité, car ceux qui décideraient de ne pas utiliser ces moyens seraient désavantagés, voire discriminés et stigmatisés. Déjà, des auteurs considèrent que des améliorants pourraient être requis pour l'exercice de certaines professions, comme les pilotes d'avion ou les chirurgiens – rappelons-nous la petite histoire racontée par Murray.

Ce souci est sérieux – de mon point de vue, c'est même le plus sérieux avec celui des risques. À son propos, Cynthia Forlini et Éric Racine ont parlé d'un « phénomène de l'entonnoir » : la pression sociale crée une

1. « Not Just "Study Drugs" for the Rich… », art. cit., p. 32.
2. *The Perfect Baby*, Lanham, Rowman & Littlefield, 2000, p. 42.

forme de fatalisme qui mène à une conformité par rapport aux valeurs admises dans le groupe ou la société, bien que paradoxalement la croyance dans l'autonomie personnelle perdure[1], ou du moins que sa diminution est relativisée et jugée secondaire[2]. N'en va-t-il pas déjà ainsi pour les dispositifs améliorants électroniques comme les téléphones cellulaires et les ordinateurs ? On rétorquera peut-être que ce souci n'est pas caractéristique du projet d'amélioration lui-même tel qu'il s'exprime actuellement, mais qu'il est déjà fort ancien, et on aura raison : une société compétitive comme la nôtre crée une pression constante à la performance, avec le conformisme qui s'ensuit, chacun voulant être meilleur que son voisin – il y a bien sûr des avantages personnels et matériels à y parvenir. Mais justement, étant donné cette société et la conception de la réussite qu'elle entretient, la pression pour nous améliorer, que ce soit par des moyens médicamenteux agissant sur notre cerveau, par des procédés de neurostimulation, tout autant que par des cours de formation continue et du *coaching*, va très probablement s'accentuer encore. C'est le thème de ce que l'on appelle les *conduites dopantes* au travail.

Ce qui est en un sens plus pervers même, c'est qu'il ne s'agira pas forcément de s'améliorer, mais tout simplement de rester à niveau – de s'adapter en compensant les effets de l'âge ou des circonstances. Chatterjee encore le souligne : « L'utilité d'être plus fort et plus intelligent, d'avoir moins besoin de sommeil, d'apprendre plus rapidement et de ne pas être gêné par des trauma psychiques est très claire »[3] dans l'environnement économique ultracompétitif que nous connaissons; ainsi « les travailleurs plus âgés risquent d'être remplacés par de plus jeunes, vu qu'ils sont moins capables d'apprendre et de s'adapter à un environnement technologique qui change rapidement. » Le stress au travail est même devenu la principale raison alléguée par ceux qui prennent des substances psychoactives. De ce point de vue, on comprend le parallèle avec la chirurgie esthétique, dont les interventions sont rendues nécessaires dans certains métiers, l'âge venant. En ce qui concerne l'humeur, Jérôme Goffette note : « Les psychotropes modulateurs de l'humeur sont souvent consommés pour supporter un quotidien négatif plutôt que pour se procurer une meilleure vie »[4].

1. C. Forlini et É. Racine, « Autonomy and Coercion in Academic "Cognitive Enhancement" Using Methylphenidate », *Neuroethics*, 2/3, 2009, p. 173-174.

2. CCNE, *Recours aux techniques biomédicales en vue de « neuroamélioration » chez la personne non malade*, *op. cit.*, p. 15.

3. « Cosmetic Neurology and Cosmetic Surgery: Parallels, Predictions, and Challenges », art. cit., p. 133.

4. « Anthropotechnie (ou anthropotechnique) et *Human Enhancement* », art. cit., p. 20.

Plus généralement, le Comité du Président américain sur la bioéthique note qu'une modification neurale peut avoir trois objectifs différents :

1) Maintenir ou améliorer la santé neurale et les fonctions cognitives à l'intérieur des limites de la normalité statistique.

2) Traiter les maladies, les lésions ou les handicaps d'origine neurologique afin d'atteindre ou de restaurer un fonctionnement statistiquement normal.

3) Étendre ou augmenter une fonction au-delà des limites statistiques normales[1].

Les médicaments sont bien sûr la première source pour une adaptation constante à une réalité exigente et pour une amélioration des performances, car ils sont d'un accès facile et d'un usage aisé. Mais ce ne sont pas les seuls, comme je l'ai mentionné : la stimulation électrique et magnétique du cerveau est actuellement à la mode : il s'agit de dispositifs simples (surtout pour la stimulation électrique), accessibles à tout un chacun pour un prix modique.

Il faut encore souligner que certaines professions sont particulièrement vulnérables, car elles ne reconnaissent pas pleinement l'autonomie des individus. C'est bien sûr le cas de l'armée, même si personne n'est contraint de devenir soldat, sauf dans les pays où existe encore la conscription. On comprend donc que l'Assemblée nationale française se soit émue en 2001 à propos du propanolol et ait désiré édicter des règles limitant l'usage de ce produit :

> Le Ministre de la Défense avait sollicité au cours de l'année 1990, l'avis du comité d'éthique du SSA [Service de Santé des Armées] pour conduire une expérience sur des volontaires sains. Le procès verbal de la réunion tenue par le comité le 13 juin 1990, apporte d'intéressantes informations. En premier lieu et s'agissant de la justification de ce projet, il est indiqué que le Modafinil est une substance « efficace et pratiquement dépourvue d'effets secondaires » mais qu'il restait nécessaire de définir les conditions d'emploi sur l'homme « avant que son usage ne soit autorisé, usage qui ne pourrait être qu'exceptionnel et sur ordre des instances hiérarchiques supérieures »[2].

1. *Gray Matters*, *op. cit.*, p. 3.
2. http://www.assemblee-nationale.fr/rap-info/i3055-02.asp.

Les différents soucis mis en évidence par Chatterjee, et celui de la pression sociale en particulier, attirent notre attention sur le fait qu'il n'existe généralement pas de bienfait qui n'ait son côté obscur. S'améliorer pour mieux réussir peut devenir non un choix, mais une obligation. La Commission d'éthique suisse relève que, en conséquence, cela « mettrait sous pression les personnes refusant de consommer »[1] et pas seulement les chirurgiens et les pilotes. Il se pourrait bien que la pression améliorative liée à la compétition qui règne actuellement dans le monde du travail soit simplement une conséquence de la conception de la réussite et de la vie bonne actuellement dominantes, qui seraient inadéquates et néfastes pour les êtres humains que nous sommes. Avec Neil Levy, on peut en effet douter que la vie que nous menons actuellement en Occident soit susceptible d'être à la source d'un véritable épanouissement humain ou d'une vie humaine vraiment réussie. Comme il le dit :

> Les conditions sociales dans lesquelles nous vivons – l'aliénation et le caractère anonyme des grandes villes, l'insécurité causée par la globalisation et les changements d'emploi, la menace de nouvelles maladies, les tensions politiques, et ainsi de suite – sont incompatibles avec une vie épanouie [...]. Plutôt que de nous médicaliser afin de pouvoir survivre dans notre environnement toxique, nous devons le changer[2].

Un Rapport européen insiste : « La société de performance et de la compétition conduit à rendre infra normaux, inadaptés et insuffisants des comportement qui seraient parfaitement satisfaisants dans un autre contexte psycho-social et économique »[3].

Si cela était bien le cas, alors critiquer la visée améliorative comme telle reviendrait tout simplement à se tromper de cible et l'argument de Kass pourrait prendre une tournure nouvelle en s'appliquant non aux moyens biotechnologiques d'amélioration, mais à la structure sociale résultant du projet de devenir meilleur, poussé à sa rationalité extrême. L'antique recherche d'amélioration paraît s'être métamorphosée en une obsession de la performance : le Comité national d'éthique relève que « la recherche de la performance caractérise en effet nos sociétés contemporaines »[4],

1. CNE, *L'« amélioration » de l'humain par des substances pharmacologiques*, *op. cit.*, p. 5. *Cf.* aussi Nuffield Council on Bioethics, *Novel Neurotechnologies : Intervening in the Brain*, Londres, 2013, p. 177, disponible en ligne : http://nuffieldbioethics.org/wp-content/uploads/2013/06/Novel_neurotechnologies_report_PDF_web_0.pdf.

2. *Neuroethics. Challenges for the 21 st Century*, *op. cit.*, p. 86.

3. G. Hottois, *Philosophie et idéologies trans/posthumanistes*, *op. cit.*, p. 208.

4. CCNE, *Performance et santé*, *op. cit.*, p. 3.

mais c'est même de recherche *effrénée* de la performance qu'il faut parler. Sandel le dénonce aussi dans sa critique de l'« hyperparenting », où les exigences de performance imposée aux enfants par des parents ayant intériorisé notre modèle social ultracompétitif ne diffèrent pas, dans l'esprit, d'une visée d'augmentation par le génie génétique, qu'il condamne comme on sait[1].

Il va donc falloir affronter directement la question des conceptions de la vie bonne et de l'idéal de la personne qui les accompagne. Cela permettra aussi de revenir sur la question de l'authenticité, car même si parler d'un vrai moi est une illusion, il existe des pratiques qui sont en accord ou en désaccord avec l'image que nous nous faisons de nous-mêmes, elle-même liée à la conception de ce que nous estimons être une vie bonne ou réussie. Auparavant toutefois, il est encore nécessaire d'aborder un autre point : comment les personnes qui s'améliorent perçoivent-elles leur nouvel état, et que penser de ce qu'elles disent pouvoir faire et éprouver « en première personne » ?

1. *Contre la perfection*, *op. cit.*, p. 41.

CHAPITRE IV

LES ÉMOTIONS APPROPRIÉES

S'améliorer, c'est notamment avoir des capacités meilleures, au moins pour un temps, sources de performances inhabituellement bonnes. Comment sont-elles décrites par ceux qui en ont fait l'expérience ? S'améliorer suscite en outre des émotions positives ou négatives chez ceux qui en débattent, mais aussi chez ceux qui s'améliorent – chez ces derniers, elles seront positives, sauf en cas d'échec. Les émotions jouent un rôle important dans la conception que nous nous faisons de nous-mêmes, et on s'y intéresse actuellement de plus en plus – on a parlé de tournant affectif pour la psychologie contemporaine. Or, elles ont un lien avec l'éthique sur au moins deux plans.

D'abord, pour la majorité des neuropsychologues actuels, les émotions sont au fondement de notre sens moral et des jugements que nous portons, en témoignent les positions de Joshua Greene et de Jonathan Haidt[1]. L'idée qu'on pourrait s'améliorer moralement en modulant nos émotions par des médicaments a un lien privilégié avec cette position. Ensuite, et c'est le point que je développerai ici, la possession d'un bien s'accompagne naturellement d'émotions positives (plaisir ou joie), mais celles-ci peuvent être inappropriées si le bien visé ou possédé n'est, en réalité, pas un véritable bien. Par exemple, la pseudo-compassion, voire la franche joie que l'on éprouve pour le malheur d'autrui, ce qu'on appelle la délectation morbide (qui n'est autre que la *Schadenfreude* des Allemands), est

1. J. Greene, *Tribus morales. L'émotion, la raison et tout ce qui nous sépare*, *op. cit.* et J. Haidt, « The Emotional Dog and its Rational Tail: A Social Intuitionist Approach to Moral Judgment », *Psychological Review*, 108, 2001.

généralement considérée comme une émotion inappropriée, puisque son objet est un bien apparent qui dissimule en fait un mal[1]. Pensons encore à la pitié que ressent Anton Hofmiller, jeune officier de l'armée autrichienne, dans le roman de Stefan Zweig *La pitié dangereuse,* pitié « molle et dévastatrice, qui n'est en réalité que l'impatience du cœur de se débarrasser au plus vite de la pénible émotion qui vous étreint devant la souffrance d'autrui »[2]. Or, on a vu qu'il existe des auteurs qui estiment que les améliorations obtenues dans le cadre du projet d'augmentation de l'être humain ne sont pas de véritables biens, soit à cause des moyens utilisés pour les obtenir, soit à cause de leurs conséquences humaines et sociales. Les arguments que j'ai présentés ne vont pas vraiment dans cette direction, mais c'est ici l'occasion de les mettre à l'épreuve et d'approfondir la réflexion. Que nous apprennent donc sur cette question de l'adéquation des émotions les expériences de ceux qui ont testé sur eux-mêmes des améliorants ?

Les expériences subjectives et leur signification

Dans un célèbre article publié il y a une quarantaine d'années intitulé *Quel effet cela fait-il d'être une chauve-souris ?*, Thomas Nagel a analysé le caractère phénoménologique de l'expérience subjective d'être tel ou tel et relève : « Le fait qu'un organisme vive des expériences conscientes signifie, à la base, que cela fait quelque chose d'être cet organisme [*there is something it is like to be that organism*] »[3]. Or, les personnes augmentées sont des organismes et, en tant que tels, elles ont des expériences que les personnes normales n'ont pas, parce qu'elles sont les seules qui possèdent une perspective en première personne sur leur augmentation. Qu'est-ce que cela fait donc d'être un humain augmenté ?

Il n'est cependant pas tout à fait vrai que les expériences des êtres humains améliorés sont inédites : nous savons tous ce que cela fait d'être meilleur et, contrairement aux chauve-souris, les personnes augmentées

1. P. Le Coz, *Le gouvernement des émotions*, Paris, Albin Michel, 2014, p. 121.

2. *La pitié dangereuse*, dans *Romans et nouvelles*, Paris, Pochothèque, 2006, p. 822. C'est d'ailleurs parce qu'on veut se débarrasser de ce type d'émotion pénible que le recours à l'empathie, comme participation à la souffrance d'autrui, n'est pas un moyen efficace de sensibiliser à l'injustice (J. Decety et K. Yoder, « Empathy and Motivation for Justice : Cognitive Empathy and Concern, but not Emotional Empathy, Predict Sensitivity to Injustice for Others », *Social Neuroscience*, 11/1, 2016).

3. « What Is It Like to Be a Bat », *The Philosophical Review*, 83/4, 1974, p. 436.

restent des êtres humains, doués d'organes de perception normaux. En conséquence, il ne sera pas nécessaire de développer un vocabulaire spécial pour « décrire ce que cela fait d'avoir des capacités [...] que la plupart des personnes n'ont pas », comme le dit Richard Atkins[1] : ce qui manque aux êtres humains normaux, c'est la quantité ou le niveau de certaines capacités, non ces capacités elles-mêmes – à l'exception de celles que certains cyborgs pourraient acquérir.

Ainsi, si une capacité augmentée diffère quantitativement d'une capacité normale, elle n'en diffère généralement pas qualitativement, même si ses productions peuvent être qualitativement meilleures. Aaron Parkhurst l'exprime de manière intéressante. Imaginant les changements cognitifs liés au fait de devenir un cyborg, il conclut que la vision du monde de ce dernier ne devrait pas se modifier fondamentalement, car de tels changements ne sont en réalité pas si rares que cela et ne sont pas forcément liés à la possession d'organes sensoriels inédits. Pour nous en convaincre, il rappelle l'analyse que Stephen Gould a donnée de la manière dont nous nous représentons la vie marine. De nos jours, « si on nous demandait de dessiner une scène sous-marine, nous dessinerions tous une représentation bidimensionnelle de la mer, depuis la surface vers le fond, comme si nous étions sous l'eau, regardant en avant. Le fond de l'océan serait au bas de la page et la surface de l'eau serait au sommet »[2]. Toutefois, avant que nous nous soyons accoutumés aux aquariums, il en allait différemment : « On dessinait depuis une position au-dessus de l'eau, en regardant vers le bas, comme un oiseau qui regarderait la surface. » Les peintres ont essayé, parfois avec succès, de changer nos perceptions ; pensons aux impressionnistes, en particulier à Cézanne, Parkhurst relevant à son propos : « Ce que Cézanne voulait [...], c'était procurer une expérience esthétique un peu comme ce que sentirait un cyborg »[3]. On peut discuter la comparaison entre la vision de Cézanne et celle d'un cyborg, mais ce qui compte, c'est le fait que changer de perspective ou de point de vue est une attitude qui nous est en fait assez familière. On s'en convaincra encore si on considère les changements révolutionnaires de conception du monde suscités

1. « Toward an Objective Phenomenological Vocabulary : How Seeing a Scarlet Red is Like Hearing a Trumpet's Blare », *Phenomenology and the Cognitive Sciences*, published online, 19 October 2012, p. 20.

2. « Becoming Cyborgian : Procrastinating the Singularity », *The New Bioethics*, 18/1, 2012, p. 75-76.

3. *Ibid.*, p. 77.

par les grands scientifiques, qui nous ont obligés à voir la réalité d'une manière parfois vraiment nouvelle.

En ira-t-il autrement lorsque le programme transhumaniste aura été pleinement réalisé, s'il l'est un jour ? C'est difficile à dire, car nous ne sommes pas en position de savoir ce que cela ferait d'être un être post-humain qui aurait des capacités totalement différentes de l'être humain actuel[1].

Examinons donc quelles sont les expériences subjectives, le « vécu » des personnes augmentées et voyons ce qu'elles nous apprennent. Les données disponibles sur cette question concernent pour la plupart des personnes qui ont amélioré certaines de leurs performances cognitives par la prise de médicaments hors-indications médicale. Il existe aussi quelques données concernant l'usage de dispositifs électriques et magnétiques, mais elles n'apportent rien de plus. Les substances psychoactives ont la propriété d'agir rapidement, mais pour peu de temps (quelques heures généralement) ; c'est pourquoi, contrairement à des améliorations qui porteraient sur des compétences, elles sont transitoires, spécifiques et bien circonscrites. Les données à disposition sont donc partielles et limitées, mais comme on va voir, elles sont instructives.

Il me faut encore préciser, vu qu'il est question d'éthique dans cet ouvrage, que je ne centrerai pas mon propos sur le contenu de ces expériences, mais sur leur impact moral, ce qui implique que l'on puisse en tirer des leçons ayant une certaine généralité, vu que l'éthique est une discipline qui demande une telle généralité. Comme nous verrons, je ne pense pas que le caractère idiosyncrasique de nombreux témoignages ainsi que le fait que leur compte-rendu soit subjectif constituent des obstacles. D'abord parce qu'ils mobilisent des attitudes humaines largement partagées, et ensuite parce que je ne limiterai pas mon analyse à ces témoignages, mais les mettrai en perspective au moyen d'une expérience de pensée, en fait un développement de l'histoire de David, notre mécano.

La réponse à la question « Qu'est-ce que cela fait d'être amélioré ? » a deux faces, l'une cognitive, l'autre affective ou émotionnelle. Les améliorations changent nos perceptions et nos sentiments. Investiguer les changements cognitifs est fort intéressant, mais je vais me concentrer surtout sur la question de l'affectivité, à savoir sur les émotions liées aux augmentations cognitives, car ce sont elles qui ont des implications morales instructives pour notre sujet.

1. Comme on verra au chapitre VI, créer un être différent à ce point de l'être humain actuel n'est pas vraiment l'objectif du transhumanisme.

Le journaliste Johann Hari a pris du modafinil en 2008 et en décrit les effets ainsi :

> Je m'assis et pris une tablette de 200 mg avec un verre d'eau. J'ouvris un livre sur la mécanique quantique et la théorie des cordes que j'avais l'intention de lire depuis longtemps. Cinq heures plus tard, je réalisai que j'avais atteint la dernière page. Je n'avais rien noté de particulier, excepté les mots que je lisais, et ils coulaient sans difficulté ; je ne m'étais jamais arrêté et n'avais butté sur aucune expression. Perplexe, je me levai, me fis un sandwich – et je fus submergé par un désir violent d'écrire un article qui tournait dans ma tête depuis des mois. Cela fut fait en quelques heures, et cet article fut meilleur que ceux que je rédigeais habituellement. J'étais capable de planer dans un état de concentration profonde, calme et sans effort. C'était comme si j'avais ouvert une fenêtre dans mon cerveau et que tout l'air pesant en était sorti, pour être remplacé par une brise calme. Une fois que j'eus fini cet article, je voulus en faire plus. J'écrivis un autre article, et tout sortait de mon esprit sans effort [1].

On se rappelle la constatation de John Harris : les améliorations sont bonnes parce que les choses que nous appelons « améliorations » *font du bien*.

L'effet de la Ritaline a aussi des effets affectifs positifs et marqués, ainsi que Scot Vrecko le rapporte après l'examen de nombreux témoignages dans le milieu académique ; il relève quatre affects concernés :

> La première catégorie d'affects améliorés, « se sentir d'attaque » [*feeling up*], se réfère au sentiment d'une augmentation générale du niveau d'énergie (qui peut impliquer la perception d'une énergisation aussi bien physique que mentale) et de bien-être. La seconde catégorie, « entraînement » [*drivenness*], s'exprime par le sentiment d'un fort besoin ou désir de faire quelque chose, un besoin d'agir afin de dépenser un surplus d'énergie produit par l'usage du stimulant. [...] La troisième catégorie, « être intéressé » [*interested*], fait référence au sentiment de capacités améliorées à s'investir émotionnellement dans des questions importantes en rapport avec le travail – par exemple, liées au sujet d'un article académique à écrire [...]. La dernière catégorie, « plaisir » [*enjoyment*] se rapporte au sentiment éprouvé que le travail académique entrepris ressemble moins à un labeur imposé et plus à une activité plaisante que l'on choisit de faire [2].

Cette description est en accord avec ce que raconte Johann Hari, même s'il s'agit de substances psychostimulantes différentes.

1. « Cognitive Enhancement, Cheating, and Accomplishment », art. cit., p. 147.
2. « Just How Cognitive Is "Cognitive Enhancement" ? On the Significance of Emotions in University Students' Experiences with Study Drugs », *AJOB Neuroscience*, 4/1, 2013, p. 6.

L'amélioration cognitive est accompagnée d'émotions positives, ce qui n'est pas une surprise, et Vrecko fait même l'hypothèse que ce que nous observons dans ces compte-rendus est plus un changement émotionnel qu'une amélioration cognitive proprement dite. Or, les émotions dont il est question sont tout à fait communes, et non limitées ou spécifiques aux personnes augmentées. Cela confirme ce que j'ai dit plus haut : être augmenté n'est pas une expérience si particulière, puisque c'est émotionnellement si commun. Quand on lit l'histoire de Johann Hari, on n'a aucune difficulté à comprendre ce qu'il veut dire et ce qu'il ressent ; nous savons tous ce que cela fait de lire un livre avec facilité, d'écrire un article et d'avoir les idées claires – Hari n'est pas une chauve-souris, douée d'organes sensoriels que nous n'avons pas ; on peut d'ailleurs penser que même si c'était le cas, les émotions qui accompagneraient ce fonctionnement augmenté ne seraient pas différentes. Bref, se sentir d'attaque, entraîné, intéressé et joyeux, c'est exactement ce que les êtres humains expérimentent lorsque tout va bien ; autrement dit, ces émotions font partie de l'épanouissement proprement humain.

À la question « Qu'est-ce que cela fait d'être augmenté ? », il faut donc répondre : c'est éprouver un certain type de contentement, de bien-être ou de bonheur. Toutefois, on observe que ce n'est pas le cas de tout le monde : certaines personne expérimentent les effets de la prise d'une substance psychoactive améliorante de manière plus neutre, voire parfois franchement négative. Il faut dire alors que ce ne sont pas des expériences d'amélioration, du moins subjectivement. Qu'il puisse y avoir une dissonance entre les espoirs et la réalité n'est pas surprenant, c'est même assez commun.

Une émotion a plusieurs propriétés. Elle peut être authentique ou simulée, appropriée ou non selon son contexte intentionnel, c'est-à-dire en fonction de sa cause, de son objet formel et des croyances qui l'accompagnent[1]. Ainsi, si j'ai peur d'un pitbull menaçant, c'est parce qu'il a le poil hérissé (cause) et que je perçois sa dangerosité (objet formel), vu tout ce que j'en sais (croyances). Étant donné que ce chien est réellement menaçant et dangereux, ma peur est authentique et appropriée ; par contre, si j'ai peur d'un Yorkshire terrier, ma peur, quoique authentique, ne sera pas appropriée. Les émotions suscitées par l'augmentation sont authentiques, on vient de le constater, mais sont-elles appropriées ? Dans la

1. R. De Sousa, *The Rationality of Emotions*, Cambridge (MA), MIT Press, 1987, chap. V et J. Deonna, R. Rodogno et F. Teroni, *In Defense of Shame. The Faces of an Emotion*, Oxford, OUP, 2012, p. 4-9.

machine à expérience imaginée par Robert Nozick, une personne éprouve des émotions fondées sur des croyances fausses et causées de manière incorrecte, puisqu'elle se trouve dans une machine et non dans le monde :

> Supposez qu'il existe une machine à expérience qui soit en mesure de vous faire vivre n'importe quelle expérience que vous souhaitez. Des neuropsychologues excellant dans la duperie pourraient stimuler votre cerveau de telle sorte que vous croiriez et sentiriez que vous êtes en train d'écrire un grand roman, de vous lier d'amitié, ou de lire un livre intéressant. Tout ce temps-là, vous seriez en train de flotter dans un réservoir, des électrodes fixés à votre crâne. [...] Bien sûr, une fois dans le réservoir vous ne saurez pas que vous y êtes ; vous penserez que tout arrive véritablement [1].

Les émotions ressenties dans la machine sont par conséquent inappropriées. Souvent, on parle d'inauthenticité : mais s'exprimer ainsi est trompeur, parce qu'un tel contentement est bien ressenti comme un contentement : ce n'est pas un contentement factice ou simulé. Pensons aussi au cas de l'hypothétique Viagra féminin dont il a été question dans le chapitre précédent : il serait la source d'un sentiment d'intimité authentique, mais inapproprié doit-on dire maintenant, vu qu'il serait partiellement causé par un médicament, qu'il n'aurait pas de cause correcte donc. Si nous connaissions la signature neurale du contentement (ou du sentiment d'intimité), un examen par un scanner pourrait nous confirmer qu'un tel contentement est bien un contentement. Le problème avec un tel contentement est qu'il ne devrait pas être éprouvé dans une machine, sans lien avec le monde réel : c'est inapproprié. Bien sûr, il se pourrait aussi qu'un contentement soit simulé ou contrefait, consciemment ou non. Par exemple, je prends une pilule d'amélioration et, malgré des effets plutôt négatifs, je me convainc, par auto-persuasion, que le suis satisfait ; toutefois, si je parvenais à me distancer un peu de moi-même, je me rendrais compte que je n'éprouve aucun contentement. Ce serait une émotion digne du baron de Münchhausen, produite par moi-même, mais pas une vraie émotion de contentement. Un scanner pourrait le confirmer.

Un contentement simulé n'a aucun intérêt pour mon argument, même si c'est un phénomène psychologique fascinant qui, en outre, doit être soigneusement distingué d'un contentement placebo. Un contentement placebo est un authentique contentement, mais qui a une cause totalement ou partiellement incorrecte (la substance n'agit pas vraiment ou bien moins qu'on ne le croit, si bien que les performances induites ne sont en fait pas vraiment meilleures). Il est possible que ce que Hari éprouve soit un

1. *Anarchie, État et utopie*, *op. cit.*, p. 64.

contentement placebo : j'ai mentionné que certaines études montraient que les substances pharmacologiques améliorantes ne sont pas très efficaces et on se rappelle que Synofzik comparait l'effet d'antidépresseurs comme le Prozac à celui du millepertuis et l'effet du Modafinil à celui du café.

Comme on peut voir, les sentiments ressentis dans une machine de Nozick ne sont pas les seuls à pouvoir être authentiques et inappropriés. Les émotions placebo et celles causées par les illusions sur soi sont de nature analogue. Katherine Sharpe observe :

> Dans une étude de 2012 sur les effets de l'amphétamine Adderall sur des personnes non atteintes d'hyperactivité, les psychologues de l'Université de Pennsylvanie à Philadelphie n'ont observé aucune amélioration lors de nombreuses mesures concernant la cognition, même si les personnes qui avaient pris le médicament croyaient que leurs performances étaient améliorées[1].

En ce qui concerne le placebo, c'est parfois plus compliqué, étant donné que, comme Éric Racine et ses collègues le relèvent : « Distinguer les effets d'amélioration d'effets potentiels placebo est difficile, vu que les attentes des utilisateurs et leur confiance peut accroître leurs capacités cognitives ou élever leur humeur »[2]. C'est ce qu'ont observé aussi Irena Ilieva et Martha Farah à propos des stimulants : ils ont peu d'effets objectifs sur la cognition, mais des effets subjectifs importants, qui induisent des effets significatifs sur la motivation à entreprendre différentes tâches[3] – ils ont donc tout de même un effet objectif. Pour cette raison, un contentement placebo a une cause qui n'est parfois que partiellement incorrecte, et il se peut que ce soit aussi le cas pour un contentement accompagnant une illusion sur soi-même. Les émotions liées à tous ces états mentaux sont cependant inappropriées, dans la mesure où elles n'ont pas un fondement adéquat dans la réalité d'une authentique augmentation.

De telles études faites dans une perspective à la troisième personne peuvent jeter le discrédit sur les histoires que racontent les utilisateurs de substances psychoactives, du moins en ce qui concerne leur amélioration cognitive, qui pourrait n'être qu'une illusion. Il s'ensuivrait que les

1. « Evidence is Mounting that Medication for ADHD Doesn't Make a Lasting Difference to Schoolwork or Achievement », *Nature*, 506, February 2014, p. 148.

2. É. Racine *et al.*, « The Value and Pitfalls of Speculation about Science and Technology in Bioethics : The Case of Cognitive Enhancement », *Medical Health Care and Philosophy*, 17, 2014, p. 331.

3. « Enhancement Stimulants : Perceives Motivational and Cognitive Advantages », *Frontiers in Neuroscience*, 7/198, 2013, p. 3.

émotions éprouvées à cette occasion seraient inappropriées *par rapport à leur contexte*, même s'il s'agissait d'authentiques affects : elles auraient une cause incorrecte et seraient accompagnées par des croyances fausses. Toutefois, même si une émotion ressentie a une cause correcte et est accompagnée de croyances vraies (faisons l'hypothèse que Hari est réellement amélioré et réussit mieux, il le sait et en est ravi), et donc si elle est appropriée par rapport à son contexte intentionnel, elle pourrait être inappropriée *par rapport à la personne*. Imaginons un individu observant les tourments endurés par une personne qu'il déteste et ressentant une délectation morbide. Son émotion est appropriée en ce qui concerne le contexte, mais peut ne pas l'être *pour lui*, car il est généralement une personne affectueuse et bien intentionnée ; elle peut aussi être inappropriée *pour un être humain* : sa joie est moralement déplacée, car un être humain qui se respecte ne devrait pas éprouver de telles émotions. On peut par conséquent parler de caractère moralement inapproprié pour la personne à deux niveaux, en demandant soit « Est-ce que cette émotion est appropriée pour un être humain *comme lui* ? », soit « Est-ce que cette émotion est appropriée pour un être humain *comme tel* ? »

Ainsi qu'on voit, il est nécessaire de tracer plusieurs distinctions concernant le caractère approprié des émotions. Dans le futur, l'imagerie cérébrale aidera à différencier leurs multiples aspects et pourra donner accès à nos états mentaux en troisième personne, objectivement, peut-être même sans qu'il soit besoin de demander aux individus ce qu'ils ressentent subjectivement. Afin d'y parvenir, nous devrons avoir découvert les signatures neurales de ces états mentaux ; mais celles-ci ne pourront pas être établies sans leurs contreparties en première personne : il nous faut d'abord aller de l'esprit au cerveau avant de pouvoir, par une inférence inverse, passer du cerveau à l'esprit. Une procédure qui est loin d'être aisée[1], mais pour mon propos, je n'ai pas à m'en préoccuper.

1. K. Evers et M. Sigman, « Possibilities and Limits of Mind-Reading : A Neurophilosophical Perspective », *Consciousness and Cognition*, 22, 2013.

LES ÉMOTIONS DE L'AMÉLIORATION

Je vais maintenant assumer que les narrations en première personne sont correctes, et par conséquent que les émotions sont authentiques et appropriées par rapport à leur contexte (Hari est réellement augmenté), et je vais demander : est-ce approprié pour la personne qu'est Hari d'éprouver un tel contentement ? La question est importante si une amélioration doit être *réellement* bonne et contribuer à l'épanouissement de la personne, étant donné que seules des émotions appropriées par rapport à leur contexte *et* par rapport à la personne peuvent y contribuer, ainsi que l'exemple de la machine de Nozick et les réflexions précédentes l'illustrent. Pour ceux qui pensent que l'épanouissement humain est crucial en éthique (l'approche eudémoniste et l'éthique des vertus), le caractère approprié des émotions a toujours été pertinent. Comme Aristote dit dans un passage célèbre :

> Ainsi, dans la crainte, l'audace, l'appétit, la colère, la pitié, et en général dans tout sentiment de plaisir et de peine, on rencontre du trop et du trop peu, lesquels ne sont bons ni l'un ni l'autre ; au contraire, ressentir ces émotions au moment opportun, dans les cas et à l'égard des personnes qui conviennent, pour les raisons et de la façon qu'il faut, c'est à la fois moyen et excellence, caractère qui appartient précisément à la vertu [1].

Toutefois, même dans les approches non-eudémonistes, comme le déontologisme (Kant) et l'utilitarisme (Bentham et Mill), l'éthique de l'épanouissement humain a une certaine importance. Être une personne moralement bonne demeure un état ou un idéal désirable qui doit être immunisé contre les illusions et les erreurs sur soi-même, lesquelles sont nécessairement liées à certaines émotions inappropriées. Kant est des plus méfiants en ce qui concerne la valeur morale des émotions ; il n'empêche qu'il considère le contentement de soi comme approprié et désirable lorsqu'on a agi correctement, par devoir : il accompagne la conscience de la vertu, dit-il [2]. Kass aussi parle de l'importance de « la poursuite du bonheur et de la perfection » [3]. Hari dit exactement la même chose, et même s'il formule ses buts de manière moins grandiose, ceux qu'il poursuit contribuent manifestement à son épanouissement.

1. *Éthique à Nicomaque*, *op. cit.*, p. 104-105.
2. *Critique de la raison pratique*, Paris, P.U.F., 1943, p. 127.
3. « Reflections on Public Bioethics : A View from the Trenches », art. cit., p. 237.

À première vue, les émotions liées à l'augmentation paraissent moralement appropriées sur le plan humain, puisque une amélioration permet à la personne de mieux fonctionner sur l'un ou l'autre plan, d'avoir de meilleures performances, ce qui contribue à son épanouissement. Toutefois, on sait que Kass n'approuverait pas Hari, vu qu'il estime que les moyens comptent moralement : on ne peut pas s'épanouir en avalant une pilule améliorante. En outre, la teneur d'un épanouissement authentiquement humain ne peut être déterminé par les désirs subjectifs d'un individu ; il doit l'être par les inclinations propres à la nature humaine, qui sont objectives et constantes pour tous les êtres humains. Autrement, le plaisir éprouvé par un tueur en série ou par un sadique quand ils commettent leurs crimes compteraient comme épanouissement humain. En d'autres termes, si un être humain pense que le contentement dû à une amélioration obtenue par des moyens médicamenteux ou biotechnologiques est appropriée pour *lui*, il se trompe puisqu'une telle émotion ne peut être appropriée pour lui que si elle l'est pour un *être humain comme tel*. Sandel approuve et ajoute : « Lorsqu'on s'occupe d'éthique de l'amélioration, on doit se confronter à des questions qui ont été largement perdues de vue dans la Modernité – des questions concernant le statut moral de la nature et l'attitude appropriée de l'être humain envers le monde qui lui est donné » [1].

Quand ces deux philosophes affirment que nous ne pouvons créer librement les fins vers lesquelles nous tendons, car nos désirs et même nos aspirations ne sont pas *ipso facto* normatifs, ils ont raison : il n'est pas vrai que toute fin vaille la peine d'être poursuivie par cela seul qu'elle est choisie, en tout arbitraire ou même de manière plus réfléchie. Ainsi, la nature humaine (ce que nous sommes de par le fait que nous sommes des êtres humains) détermine ce qui compte comme épanouissement, dans le sens où certaines limites existent, où certaines restrictions pèsent sur ce qu'il est bon de désirer, si nous voulons devenir des êtres humains accomplis. Comme on verra, même les transhumanistes ne peuvent complètement s'en affranchir et, d'ailleurs, ne le font pas. Toutefois, on le sait, cela n'implique pas que des améliorations « artificielles » ou biotechnologiques sont en elles-mêmes incompatibles avec un épanouissement authentique et donc que les émotions qui les accompagnent sont inappropriées. Plus précisément, il faut poser la question suivante : vu qu'écrire de bons articles est un but de valeur que l'habitant de la machine de Nozick ne saurait atteindre, est-ce que des améliorations obtenues par le moyens de substances psychoactives sont incompatibles avec un épanouissement

1. *Contre la perfection*, *op. cit.*, p. 12.

authentiquement humain et donc que les émotions qui les accompagnent sont inappropriées ?

On aura tendance à le nier : Baudelaire et Sartre ont écrit sous l'influence de telles substances, et il paraît difficile d'affirmer que la vie qu'ils ont menée n'était pas une vie réussie. Julian Barnes écrit avec justesse : « La vie la meilleure, pour un écrivain, est celle qui lui permet d'écrire les meilleurs livres qu'il peut écrire »[1]. Toutefois, les drogues que ces auteurs ont utilisées ne sont pas particulièrement sources de bonheur chez nombre de leurs utilisateurs, car elles sont aussi causes d'addiction et de misère[2] ; en outre, elles suscitent certaines émotions qui sont franchement inappropriées par rapport à leur contexte, induisant, constate Gene Heyman, « un sentiment d'invulnérabilité »[3]. Les drogues ne sont peut-être pas un bon modèle pour comprendre l'amélioration, vu qu'Heyman ajoute : « Dire que l'héroïne est "comme rien d'autre", c'est dire que l'expérience qu'elle induit ne ressemble à rien »[4]. On sait que de telles affirmations ne sont pas littéralement vraies, mais il reste que l'expérience des paradis artificiels n'est pas forcément adéquate pour comprendre les émotions ressenties par un Johann Hari.

Afin de faire avancer la réflexion, je vais reprendre l'histoire de David, en la complexifiant quelque peu pour varier les moyens d'amélioration, vu que c'est à leur niveau que la difficulté subsiste (j'appellerai son protagoniste David*).

David* achète aussi une Golf; il la répare et décide de la tuner. Toutefois, moins habile que David, David* n'y parvient pas : s'il est un talentueux mécanicien, il est un pauvre designer. Il pense abandonner lorsqu'il rencontre Cédric, qui lui offre son aide. Cédric est un designer reconnu et, en suivant pas à pas ses instructions, David modifie profondément l'aspect de sa voiture. Pendant tout le processus, Cédric est à ses côtés, guidant ses gestes. Lorsque le travail est fini, la Golf de David* ne ressemble plus à une Golf, tout comme la voiture de David.

1. *Le perroquet de Flaubert*, Paris, Stock, 2000, p. 235.

2. En fait, elles le sont bien moins souvent qu'on ne le croit généralement : seuls 20% des consommateurs de drogue développent une addiction (G. Heyman, *Addiction. A Disorder of Choice*, Cambridge (MA), Harvard UP, 2009, p. 74).

3. *Ibid.*, p. 48.

4. *Ibid.*, p. 50.

On peut lire cette histoire de deux manières. La première est parallèle à la narration de Hari. David* améliore ses capacités grâce à l'aide de Cédric afin de créer une meilleure voiture, tout comme Hari améliore ses capacités cognitives grâce à l'aide d'une pilule afin d'écrire de meilleurs articles. La voiture de David* a le même statut que les articles de Hari : deux produits d'une compétence améliorée. Dans cette lecture, le contentement éprouvé est lié à la qualité du produit, même s'il n'est pas absent de l'activité elle-même : une amélioration temporaire cause une satisfaction temporaire et une joie plus durable (en contemplant le produit fini). Dans une seconde lecture, la voiture de David* est considérée un peu comme une partie de David* lui-même, une extension de son propre corps. Ici, la voiture de David* a le même statut que le cerveau de Hari, et on dira que le corps de David* et le cerveau de Hari sont temporairement améliorés, ce qui se mesure par la qualité de leurs performances : conduire pour David, lire et écrire pour Hari.

Ces deux lectures sont conceptuellement différentes : dans la première, la voiture tunée est le produit de capacités améliorées, alors que dans la seconde, elle est le moyen d'activités améliorées (la conduite). Chaque fois, les émotions ressenties sont les mêmes : un contentement, mais leur cause est différente et elles sont le produit de moyens différents : une amélioration due à un coach (Cédric) d'un côté, due à un moyen mécanique (la voiture) de l'autre; pour Hari, le moyen est chaque fois une substance pharmacologique. Dans les deux cas, les émotions de David* sont appropriées par rapport à leur contexte, tout comme d'ailleurs celles de Hari. Mais sont-elles encore appropriées par rapport aux individus concernés et à leur humanité ?

Il n'existe pas de bonne raison de le contester dans le cas de David* : il est approprié pour un être humain de se réjouir lorsqu'il atteint ses buts et qu'il réussit dans ses entreprises *avec l'aide d'un tiers* (première lecture) *ou d'un moyen mécanique* (seconde lecture). Hari s'est aidé d'un moyen différent; est-ce une raison suffisante pour affirmer que sa joie est humainement inappropriée ? Si une aide humaine et technique ne posent pas de problème, en ira-t-il différemment lorsqu'elle est pharmacologique? Quelle différence pertinente pourrait-on indiquer à cet effet ? Les situations de David* et de Hari paraissent en tout cas se ressembler sur de nombreux points.

D'abord, les deux peuvent s'illusionner : les articles de Hari sont peut-être de piètre qualité, tout comme David* peut n'avoir réussi qu'à façonner un vieux tacot. Heureusement, les pairs de chacun sont un bon miroir de ce qu'ils ont produit, et les amis de David* sont admiratifs (ce sont les mêmes que ceux de David); quant à Hari, les réviseurs des articles qu'il voudra publier le renseigneront en temps voulu. Ensuite, si David* se réjouit d'avoir bricolé une voiture améliorée, il pourrait aussi éprouver la même émotion s'il avait construit une arme améliorée – admettons que son but ait été de devenir un excellent guerrier. Kant l'avait déjà relevé à propos des talents intellectuels : ils peuvent être employés pour des fins bonnes ou mauvaises :

> L'intelligence, la finesse, la faculté de juger, et les autres *talents* de l'esprit, de quelque non qu'on les désigne, ou bien le courage, la décision, la persévérance dans les desseins, comme qualités du *tempérament*, sont sans aucun doute à bien des égards choses bonnes et désirables ; mais ces dons de la nature peuvent devenir aussi extrêmement mauvais et funestes [1].

Dans tous les cas, le contentement sera très probablement de même nature, car il est attaché à la réussite, non à la qualité morale de la fin. User des meilleurs moyens pour atteindre ses fins, c'est l'art de la prudence et non de l'éthique; en conséquence les émotions ressenties peuvent être moralement inappropriées si les buts visés sont mauvais, même si un tel contentement serait approprié selon le contexte et subjectivement gratifiant. Ce souci est sérieux, mais n'a toutefois aucun lien particulier avec le cas de l'amélioration puisque, comme le texte de Kant le montre, il en va exactement de même pour les talents naturels. Eux aussi peuvent être mis au service d'une cause immorale. Or, ni David* ni Hari n'ont de buts immoraux : devenir un mécanicien talentueux ou un bon auteur n'est pas moralement problématique et il n'est donc pas moralement inapproprié relativement aux fins poursuivies d'avoir des émotions positives quand on les atteint, même si ce n'est que temporairement.

Ce ne sont là toutefois que des traits communs qui ne donnent aucune certitude pour savoir si les émotions positives ressenties par David* et par Hari sont également appropriées sur le plan humain. Pour tenter d'en avoir le cœur net, je vais m'appuyer sur des situations où des émotions inappropriées sont suscitées par l'usage de moyens inadéquats (on en reconnaîtra certaines), afin de voir si le cas de Hari leur ressemble :

1. *Fondements de la métaphysique des mœurs*, *op. cit.*, p. 55-56.

– Je suis déprimé à cause de la mort de mon enfant ; je prends une pilule et me sens bien.

– Je prends part à une compétition, j'avale une pilule et je gagne. Je me réjouis de ma performance, me loue moi-même et regarde de haut mes concurrents.

– Je décide de me faire photographier au sommet de Cervin. Je prends un hélicoptère qui m'y dépose. Je prends ensuite plaisir à évoquer mon exploit d'alpiniste.

Que dire de la prise d'un médicament qui aide à écrire de meilleurs articles ? Il apparaît immédiatement qu'on n'est pas du tout dans le même cas de figure, et qu'il en va de Hari comme du savant qui ferait une découverte scientifique grâce à une substance psychoactive : cela ne pose pas de problème, vu que c'est le résultat qui compte. Précisons. Les moyens habituels utilisés par les êtres humains pour parvenir à écrire de bons articles sont l'effort intellectuel, l'usage de moyens technologiques comme un ordinateur, des livres pertinents tirés d'une bibliothèque (privée ou publique), des discussions avec des collègues, la fréquentation de congrès et, pour beaucoup, du café. Prendre une pilule ne remplace aucun de ces moyens ; cela facilite simplement l'effort. Les ordinateurs et le café ont le même effet, et l'usage de coaches aussi. Ces moyens sont-ils moralement problématiques ? Il est difficile de formuler un bon argument qui l'affirmerait. Qu'en est-il alors d'une pilule ? Est-ce différent d'un ordinateur ? Une pilule agit à l'intérieur de notre corps, un ordinateur à l'extérieur, mais cela n'a rien à voir avec l'éthique, comme on sait ; une pilule est même moins « invasive » qu'un ordinateur, puisqu'elle ne saurait être en aucune façon considérée comme une partie de notre esprit étendu.

Bref, puisque nous ne pensons pas que les émotions positives ressenties lors de l'achèvement d'un article écrit sur un ordinateur et accepté après un processus de revue par les pairs sont frauduleuses ou inappropriées moralement, nous ne devons pas le penser pour les mêmes émotions accompagnant les mêmes événements avec l'aide d'un médicament. Bien sûr, il en irait autrement si la pilule agissait comme un « nègre » – ce qu'un coach pourrait devenir –, mais on ne voit pas comment cela serait possible, ou si le contentement était ressenti à l'occasion d'une activité pour laquelle les moyens comptent, comme le sport. Ainsi, ici aussi, ce sont les règles **R1**, **R2** et **R3** qui doivent diriger l'évaluation morale des activités comme des émotions ; nous n'avons besoin de rien de plus. Bref, si une activité satisfait à ces trois règles, les émotions qu'elle suscitera seront appropriées à la fois par rapport au contexte, par rapport à la personne et par rapport à notre humanité.

On pourrait encore objecter que même si ces émotions ne sont pas inappropriées moralement, elles ont moins de valeur que si elles accompagnaient une activité non-améliorée, de la même manière qu'une victoire obtenue en se dopant à moins de valeur et donc que la joie de la victoire s'en trouve dévalorisée, même si le vainqueur ne la ressent pas moins fortement (par une sorte de mensonge émotionnel à soi-même). Il est toutefois facile de répondre à l'objection : ce qui est vrai dans le cas d'émotions accompagnant des activités pour lesquelles les moyens comptent ne l'est plus pour celles où seul le résultat importe. Ici encore, il n'y a rien à ajouter sur le plan normatif.

L'AMÉLIORATION DES ÉMOTIONS

Un point reste à examiner. Que faudrait-il penser si une substance psychoactive ou un médicament étaient pris pour améliorer directement l'émotion, si l'amélioration donc visait nos états subjectifs eux-mêmes comme le plaisir et le bien-être et non une performance ? J'ai déjà abordé cette question lors de l'examen du débat entre Tom Douglas et John Harris, mais c'était dans le cas d'une forme de thérapie morale. Ici, il s'agirait plutôt de moduler l'humeur et les émotions dans un but de bien-être ou d'épanouissement affectif. Or, dans notre tradition, la recherche du bien-être sous la forme du plaisir ou d'un état subjectif agréable a souvent été considérée comme moralement suspecte. Je ne veux pas parler ici de la valorisation de la souffrance que l'on rencontre dans certaines conceptions religieuses, mais des doutes que l'histoire de la philosophie manifeste depuis l'Antiquité sur la valeur d'une vie humaine en tant qu'elle serait finalisée par la recherche du plaisir indépendamment de la manière de l'obtenir[1].

Certes, Épicure pensait que le plaisir était constitutif du souverain bien :

> Le plaisir est le commencement et la fin de la vie heureuse. En effet, d'une part, le plaisir est reconnu par nous comme le bien primitif et conforme à notre nature, et c'est de lui que nous partons pour déterminer ce qu'il faut choisir et ce qu'il faut éviter; d'autre part, c'est toujours à lui que nous aboutissons, puisque ce sont nos affections qui nous servent de règle pour mesurer et apprécier tout bien quelconque si complexe qu'il soit[2].

1. Je sous-entend toutefois qu'il s'agit d'un moyen qui n'est pas immoral, laissant donc de côté la remarque de Kant sur les talents ou le problème du plaisir éprouvé par un sadique.

2. *Lettre à Ménécée*, dans *Lettres, maximes, sentences*, Paris, Livre de poche, 1994, p. 194-195.

Mais déjà il s'opposait à une tradition pour laquelle le plaisir était plus digne de la bête que de l'homme, Héraclite affirmant: « Si le bonheur résidait dans les plaisirs du corps, nous proclamerions heureux les bœufs quand ils trouvent des pois à manger »[1]. Aristote exprimera fortement la même idée en ces termes: « La foule se montre véritablement d'une bassesse d'esclave en optant pour une vie bestiale, mais elle trouve son excuse dans le fait que beaucoup de ceux qui appartiennent à la classe dirigeante ont les mêmes goûts qu'un Sardanapale »[2]. Le plaisir est commun aux animaux et aux êtres humains; il ne saurait donc constituer un but approprié pour les êtres que nous sommes – situés, nous a dit Kass, quelque part entre les bêtes et les dieux. En conséquence, l'hédonisme n'est pas une conception adéquate de la vie bonne. Le débat n'est toutefois pas clos et la conception hédoniste continue à avoir ses partisans, particulièrement chez les utilitaristes. Le neuropsychologue Joshua Greene affirme de nos jours à l'instar d'Épicure : « Le bonheur [à savoir le plaisir] est la *monnaie commune* des valeurs humaines »[3]. Autrement dit, tout bien et toute valeur se mesurent et doivent se mesurer en tant que quantité de plaisir produit.

Certes, il y a plaisir et plaisir, et tous les plaisirs ne sont pas dignes uniquement des bêtes, ou de pourceaux satisfaits, comme relevait John Stuart Mill[4]; mais même s'il s'agit de plaisirs non sensibles (ce qui ne veut d'ailleurs pas dire que les sensibles sont à dédaigner par principe), il reste un problème, lorsque la recherche du plaisir en vient à constituer le but ultime de la vie. On le voit bien si l'on se rappelle la machine à expériences de Nozick. Si l'on se demande : serait-ce une bonne chose si j'entrais dans ce réservoir, où je n'éprouverais que des expériences agréables? Atteindrais-je alors la vie heureuse que je me propose? On répondra négativement, ou du moins la plupart d'entre nous répondront ainsi. Pourquoi? Notamment parce que, on l'a vu, le bien-être comme ensemble d'états subjectifs agréables ne saurait nous satisfaire; nous voulons *faire* quelque chose et que le plaisir éprouvé soit l'effet de ce que nous avons fait[5].

Produire directement des émotions positives sans cause correcte (c'est ce qui se passe lorsqu'on ne fait rien) doit toutefois être distingué de la suppression d'émotions négatives lorsqu'elles n'ont pas de cause correcte. Ainsi, dans le cas de Sally, le Prozac a agi sur l'état dépressif, lui

1. *Fragments*, dans *Les penseurs grecs avant Socrate*, Paris, Garnier, 1964, p. 74.
2. *Éthique à Nicomaque*, *op. cit.*, p. 43.
3. *Tribus morales. L'émotion, la raison et tout ce qui nous sépare*, *op. cit.*, p. 212.
4. *L'Utilitarisme*, Paris, Garnier, 1968, p. 17.
5. B. Smith, « Can We Test the Experience Machine? », *Ethical Perspectives*, 18/1, 2011.

permettant, de son propre aveu, de redevenir elle-même, c'est-à-dire d'agir et d'entreprendre en fonction de ses propres aspirations, sans les obstacles qui l'entravaient. Bien sûr, comme il existe un continuum des émotions, du négatif au positif en passant par le neutre, il y a des cas-limites. Par ailleurs, lutter contre la mélancolie peut aussi se faire indirectement, en faisant naître des émotions positives capables de contrebalancer celles qui sont négatives. Il existe toutefois des cas où le caractère inapproprié d'émotions positives est à la fois patent et directement lié à une modulation directe, comme on le voit dans le cas suivant, qui pose en outre sans ambages la question : que penser en ce cas ?

Un patient atteint de la maladie de Parkinson a reçu des implants cérébraux pour pouvoir contrôler ses tremblements. Alors que le chirurgien ajuste la puissance du courant électrique afin d'optimiser ce contrôle, le patient se sent soudainement extrêmement bien et demande que le réglage de l'appareil soit maintenu à ce niveau. Mais comme le contrôle des tremblements ne demande pas un si haut voltage, le médecin refuse et ajuste l'appareil en fonction, privant le patient du bien-être augmenté qu'il ressentait. Si le médecin avait suivi les indications du patient, le bien-être résultant aurait été inadéquat, mais était-ce à ce dernier d'en décider ? Le patient pourrait aussi argumenter que le bien-être ainsi produit serait une juste compensation aux souffrances de sa maladie. Reste que la question de savoir « quels sont les "niveaux thérapeutiques" du bonheur et quels sont les risques de trop hauts niveaux de bonheur »[1] se pose lors de l'implantation des patients.

Dans une bioéthique qui accorde une place prédominante à l'autonomie, on devrait d'ailleurs demander au nom de quoi serait-on autorisé à empêcher le patient de régler lui-même l'appareil ou à refuser de le régler en fonction des indications de celui-ci. Hideki Oshima et Yoichi Katayama observent justement : « Qui doit agir pour ajuster les sentiments du patient et son comportement dans les limites du normal ? Si on permet aux patients de s'auto-stimuler, il existe un risque d'addiction. Si on l'interdit, les émotions du patient devront être sous le contrôle d'un tiers »[2]. Deux options en effet peu désirables. Dans la mesure où la stimulation cérébrale profonde a inévitablement un effet de modulation sur les émotions, thérapie et amélioration s'enchevêtrent, posant de manière aiguë la

1. M. Synofzik, T. Schlaepfer et J. Fins, « How Happy Is Too Happy ? Euphoria, Neuroethics, and Deep Brain Stimulation of the Nucleus Accumbens », art. cit., p. 32.

2. « Neuroethics of Deep Brain Stimulation for Mental Disorders : Brain Stimulation Reward of Humans », *Neurologia Medico-Chirurgica*, 50, 2010, p. 849-850.

question de l'autorité de décision et du rôle du médecin, qu'on n'aimerait pas se voir muer en un agent de la police morale, pour reprendre une expression chère à Ruwen Ogien[1].

Si le plaisir doit être l'effet de ce que nous avons fait, cela exclut à la fois qu'il soit voulu pour lui-même, vécu dans la passivité et inapproprié. Je viens de perdre mon emploi et ma femme m'annonce qu'elle me quitte définitivement. Choqué et abattu, j'ouvre ma pharmacie de ménage et avale trois neurocomprimés qui me font rapidement voir la vie en rose. Variation sur un exemple déjà utilisé qui souligne encore une fois que ressentir des émotions agréables à l'occasion d'événements douloureux est tout simplement inapproprié : ce n'est pas là la réaction qu'on doit avoir, car un tel état subjectif est sans fondement dans la réalité. Par ailleurs, dans la mesure où nos émotions ont un rapport avec la motivation morale, on peut craindre que de telles modificateurs de l'humeur aient un effet moral délétère en faussant un guide important de toute action – c'est un autre aspect de l'érosion du caractère.

Soulignons toutefois que la méfiance vis-à-vis du plaisir que nous observons dans notre tradition est conditionnelle : ce qui est condamnable, c'est la recherche du plaisir en tant que sentiment subjectif de bien-être érigé en *but* de la vie humaine, en une fin qui s'accommode de n'importe quel moyen, car le plaisir lui-même est un bien. Mais c'est un bien second, c'est-à-dire un bien qui en accompagne un autre, plus fondamental ; c'est pourquoi il doit être le fruit d'une activité de notre part et être approprié à la situation, ce qu'illustre d'ailleurs l'histoire de Hari, dont le contentement accompagne la lecture et l'écriture. Certes, il nous arrive d'être joyeux ou heureux sans cause apparente et sans que nous ayons fait quoi que ce soit pour l'être – expérience plus fréquente chez les personnes « naturellement » de bonne humeur. Même si nous jouissons sans retenue d'un tel plaisir et ne saurions le condamner – rappelons-nous ce que disait Caplan du caractère non-frauduleux de tels plaisirs –, il est clair que si tout plaisir nous tombait ainsi du ciel, notre vie émotionnelle ressemblerait assez à celle d'un pantin jouet des circonstances, ce qui n'est pas vraiment désirable. Comme Aristote disait avec raison : « Le plaisir perfectionne l'acte [...] tel une sorte de perfection survenue par surcroît, comme à la fleur de l'âge s'ajoute la beauté »[2]. Or, une telle « perfection » est justement ce qu'une pilule modulant directement notre bien-être ne peut réaliser.

1. *L'éthique aujourd'hui. Maximalistes et minimalistes*, Paris, Gallimard, Folio-essais, 2007, p. 23.

2. *Éthique à Nicomaque*, *op. cit*, p. 496.

Autrement dit, si on peut parfois condamner le plaisir, ce qui doit l'être, c'est uniquement un plaisir sans cause correcte ou une vie de plaisir (une conception ou un idéal de la vie bonne). Mais alors, si l'hédonisme n'est pas approprié pour un être humain, quelles sont la ou les conceptions de la vie bonne qui le sont ?

CHAPITRE V

LES CONCEPTIONS DE LA VIE BONNE

LES BIENS ET LES CONCEPTIONS DE LA VIE BONNE

David a amélioré sa voiture parce qu'il poursuivait certains buts. Améliorer est généralement une action intentionnelle, même si une amélioration peut être un effet secondaire non voulu, voire même non prévu, d'un autre type d'action. Inversement, une action à visée améliorative peut avoir des effets secondaires non voulus, parfois néfastes, on le sait : il n'y a d'ailleurs généralement pas de bénéfice d'un côté sans perte d'un autre. Les buts que l'on poursuit sont multiples et de nature diverse, ils sont conçus comme des biens; plus haut, j'ai introduit une distinction importante entre les biens *finaux* et des biens *instrumentaux*. Pour rappel, un bien final est un bien qui est désiré pour lui-même, car il possède une valeur intrinsèque, alors qu'un bien instrumental est désiré en vue d'un autre : il possède une valeur extrinsèque, laquelle dépend de sa contribution à la production du bien final dont il est l'instrument.

Chacun organise sa vie autour de buts dominants; ce sont des biens finaux, voulus pour eux-mêmes, et qui déterminent la valeur d'autres biens qui en dépendent; ensemble, ils constituent ce que nous considérons comme une vie bonne ou réussie. Les réaliser, c'est pour nous, lorsqu'on y parvient, nous épanouir en tant qu'être humain. Cela ne se fait généralement pas sans efforts, voire sans amélioration de nos capacités ou de nos performances, puisque, par définition, nous aspirons à atteindre des fins que nous ne possédons pas encore. D'où l'importance de la formation et de l'entraînement notamment, et l'usage possible des nouveaux moyens améliorants que les technosciences contemporaines mettent à notre disposition.

Les biens tant instrumentaux que finaux sont multiples et ils n'apparaissent pas tous comme de véritables biens à chacun; on l'a vu lors des critiques des bioconservateurs, particulièrement de Kass. Tout dépend en fait de la vie que chacun mène et qu'il estime bonne de mener, bref, de sa conception de la vie bonne, de son idéal de la personne et de ce qui compte pour lui comme épanouissement authentiquement humain. « Tuner » sa voiture (ou soi-même) laissera indifférent bien des gens; pour certains, cet acte dénotera même une fin moralement contestable, manifestant une préférence accordée au paraître aux dépens de l'être ou un refus d'accepter la condition humaine.

Bref, les conceptions de la vie bonne, à savoir de ce que nous considérons comme une vie signifiante et réussie, gage d'épanouissement pour nous-mêmes, consistent en un ensemble de biens finaux et instrumentaux différents, multiples et variables, qui s'organisent dans des ensembles définissant justement les diverses manières de comprendre ce qui constitue une telle vie humaine. On pourra aussi dire, en reprenant une notion introduite plus haut, que le *telos* de l'être humain consiste en l'ensemble des biens qu'il peut légitimement viser, et que la compréhension que s'en fait chacun est sujet à des différences, parfois marquées. Chacune de ces conceptions est liée à des aptitudes et capacités particulières, tant innées qu'acquises. Ainsi, le caractère désirable des biens que nous poursuivons dépend de la conception de la vie bonne que nous entretenons, de la manière dont nous considérons le *telos* de l'être humain, et comme nos capacités naturelles sont généralement trop limitées pour que nous la réalisions sans coup férir, nous avons besoin de les améliorer. Même quand nous avons réalisé nos fins, nous nous rendons souvent compte que nous pouvons encore progresser si nous nous améliorons; d'ailleurs certaines fins sont ouvertes, permettant un progrès presque indéfini (pensons à l'objectif de battre un record en sport ou de devenir une personne experte en art).

D'où se tire une règle normative très générale :

> [**R4**] Améliorer une capacité qui permet à un individu de réaliser les fins qu'il s'est fixées ou de mieux les réaliser est une bonne chose.

En effet, cela lui permet de vivre selon sa conception de la vie bonne, bref, de se réaliser ou de s'épanouir. Il en va évidemment de même des performances et des états de la personne : les améliorer est une bonne chose. Cela doit bien entendu s'entendre sous la supposition que les fins sont de véritables biens en ce sens d'abord qu'ils ne sont pas immoraux, et il en va de même pour les moyens choisis.

J'ai soutenu au chapitre I que l'amélioration peut être comprise dans deux contextes différents : dans le premier, on sait ce que l'on veut : l'objectif est fixé et il s'agit de trouver les moyens d'y parvenir. Ainsi, on veut augmenter la confiance en soi et on détermine les moyens d'y parvenir. Dans le second, l'objectif n'est pas fixé et il s'agit de lancer un mouvement vers un meilleur dont la nature reste en partie indéterminée. Les objectifs que l'on choisit sont variables en fonction de nos projets et des buts dominants que nous poursuivons; pour les atteindre, nous avons tous besoin de certaines capacités de base, que l'on peut comprendre à partir du concept de « bien premier » proposé par John Rawls. Dans sa *Théorie de la justice* en effet, il propose une liste de biens premiers, dont il dit : « Ces biens sont ce qu'il est rationnel de vouloir, quels que soient les autres désirs que l'on ait. Ainsi, étant donné la nature humaine, vouloir ces biens fait partie de l'être rationnel »[1]. Autrement dit, quelle que soit la conception de la vie bonne adoptée par un individu, il a besoin de ces biens premiers pour la réaliser, car ce sont des biens nécessaires à l'obtention des biens finaux que l'individu vise et poursuit. La liste qu'en propose Rawls est de nature politique, il s'agit en effet des libertés de base (notamment de conscience, d'association), des pouvoirs et prérogatives liées aux fonctions politiques et économiques, du revenu et de la richesse, ainsi que des bases sociales du respect de soi. De manière analogue et indépendamment de toute perspective politique, je parlerai de *capacités premières*, définies comme les capacités qu'il est rationnel de vouloir posséder, quels que soient les buts que l'on ait.

Ainsi, parmi les capacités que je désire avoir ou améliorer, certaines sont propres à la conception de la vie bonne qui est la mienne, mais d'autres le sont pour toute conception de la vie bonne digne de ce nom; pensons à la capacité d'entrer en contact avec autrui, de réagir aux problèmes et à l'adversité, à la mémoire et à l'intelligence sous bien de ses formes. Martha Nussbaum a proposé une liste d'une dizaine de ces capacités, recouvrant notamment la santé et l'intégrité corporelles, les sens, l'imagination, la pensée, le contrôle de son environnement ou le jeu, que Johann Roduit place au centre de son plaidoyer en faveur de l'amélioration de l'être humain[2]. Ces capacités présupposent à leur tour des *états premiers* de la personne, dont il est facile de proposer une liste au moins partielle : être en bonne santé, vivre longtemps, avoir une bonne mémoire, être d'une humeur égale, ne pas être durablement

1. *Théorie de la justice*, *op. cit.*, p. 290.
2. *The Case for Perfection*, *op. cit.*, p. 106.

dans certains états affectifs paralysants (timidité, peur…). Ces états premiers sont de nature scalaire, tout comme les capacités premières; ils sont donc éminemment sujets à être améliorés – l'amélioration de la santé est d'ailleurs un des buts majeurs de bien des sociétés. Comme ces capacités et ces états permettent à chacun de réaliser les fins qu'il s'est fixées, quelles qu'elles soient, on énoncera cette règle à leur propos :

> [**R5**] Améliorer une capacité première ou un état premier de la personne est une bonne chose.

Il s'agit en effet chaque fois de biens instrumentaux universels, qui sont d'ailleurs aussi désirés pour eux-mêmes (ils possèdent aussi une valeur intrinsèque; pensons à la santé). Cette règle est valide indépendamment des moyens utilisés pour les améliorer, sauf si leur usage est lui-même moralement problématique, comme on a vu plus haut, soit parce ce qu'ils seraient au service d'une cause immorale, soit parce qu'ils priveraient le bien acquis de sa signification[1]. Toutefois, en ce qui concerne capacités et états premiers, on voit mal que le moyen de les acquérir puisse les dénaturer : avoir une bonne mémoire ou une bonne santé sont des biens pour lesquels le choix des moyens est indifférent, et on a vu qu'il peut en aller ainsi même pour les vertus morales, tant du moins que l'agent n'est pas purement passif.

L'OPTIMISATION ET LE DÉPASSEMENT

L'épanouissement est un type de perfection ou d'excellence que nous jugeons spontanément désirable et bon. Toutefois, il n'y a pas d'unanimité sur ce qui constitue un épanouissement proprement humain ; autrement dit, il existe plusieurs conceptions concurrentes de ce qu'est une vie bonne et réussie. Mais quelle que soit la conception qu'on s'en fait, elle se déploie sur deux niveaux :

1) Un fonctionnement authentiquement *humain* ;

2) Un fonctionnement humain *optimal* (l'optimisation),

lesquels permettent de définir un troisième niveau :

3) Un fonctionnement humain *amélioré* ou *augmenté* (le dépassement).

1. On voit que les moyens, à savoir les biens instrumentaux, s'emboîtent en quelque sorte les uns dans les autres : les capacités premières sont des biens instrumentaux qui sont elles-mêmes acquises par certains moyens, autres biens instrumentaux. Cet emboîtement est une caractéristique générale de toutes nos entreprises.

Ce qui caractérise les transhumanistes, c'est qu'ils veulent aller *au-delà* de la nature humaine, c'est-à-dire d'une vie qui est bonne ou optimale pour l'être humain tel que nous le connaissons : l'être posthumain sera alors *mieux que bien*, pour reprendre la formule de Peter Kramer. Par contre, quand Eric Parens demande : « Quelles sortes d'améliorations devrions-nous poursuivre si nous voulons nous épanouir ? »[1], c'est-à-dire si nous voulons devenir des êtres humains accomplis, il pose la question de l'optimisation, car il ne s'agit pas de dépasser des limites « naturelles ».

Il est nécessaire de s'arrêter quelque peu sur ces trois éléments, qui permettent d'affiner le concept d'« amélioration » et de mieux moduler l'évaluation qui en est fait. Ainsi que le relève le Comité du Président américain, « "supérieur" peut signifier "mieux que ce que j'ai fait jusqu'ici", ou "mieux que mon adversaire", ou "mieux que le meilleur" [...] Cela peut encore signifier "mieux que je n'aurais fait sans améliorant" »[2]. La distinction que je viens de tracer, entre l'*optimisation* et le *dépassement* est une manière d'expliciter le sens de certaines de ces acceptions de « supérieur ». Comment les distinguer plus précisément ? En poursuivant la première, ce que l'on cherche d'abord, ce n'est pas d'être meilleur que les autres, mais d'être mieux que ce que l'on est actuellement, afin d'atteindre un état ou un niveau jugés adéquats, ce qui peut s'incarner, chez ceux qui sont ambitieux, dans des idéaux d'excellence, comme ceux que représentent tous les modèles auxquels on peut ou on a pu s'identifier, des saints de la *Légende dorée* aux vedettes du sport et du showbiz. Dans le domaine moral, être optimal signifie quelque chose comme posséder des vertus classiques telles que le courage, la maîtrise de soi, la tempérance ou la bienveillance. Dans le domaine de l'humeur, atteindre une forme de « bonne » humeur qui permette d'être psychologiquement à l'aise et socialement optimiste et performant. Dans le domaine des capacités intellectuelles enfin, être à la hauteur de ses propres ambitions ou de celles de son milieu lorsqu'elles sont intériorisées.

L'optimisation est donc ce que chacun désire pour lui-même : devenir pleinement la personne qu'il veut être – certains diront : réaliser son essence, sa nature, son « vrai » moi –, en mettant en œuvre toutes ses capacités dans le but de réaliser ses aspirations et ses potentialités, bref, de s'accomplir en tant que personne humaine et en tant qu'individu. De telles aspirations peuvent certes manifester une méconnaissance et donc un refus

1. « Creativity, Gratitude, and the Enhancement Debate », dans J. Illes (éd.) *Neuroethics, Defining the Issues in Theory, Practice, and Policy*, Oxford, OUP, 2006, p. 83.

2. *Beyond Therapy*, *op. cit.*, p. 102.

de ses propres limites, par conséquent une incapacité à s'accepter, elle est encore sujette à l'irrationalité pratique, mais il n'y a là aucune nécessité : l'optimisation s'accommode très bien de la lucidité sur soi-même, si bien qu'elle n'est pas par elle-même vulnérable à l'objection qu'on entend parfois qu'en cherchant à se changer, on se rend coupable de démesure ou d'*hybris*, de refus d'accepter sa condition. D'ailleurs, accepter sa condition peut aussi relever d'une forme de résignation et de méconnaissance de ses propres capacités et possibilités : l'optimisation est la recherche d'un *optimum*, ce n'est pas une soumission au donné.

Évidemment, la situation peut devenir assez complexe. Jules désire devenir médecin, mais ses capacités intellectuelles sont limitées ; il estime toutefois qu'il doit s'accepter lui-même. Néanmoins, il lui vient la réflexion suivante : mes limites sont moi-même, mais mes aspirations aussi, pourquoi devrais-je alors n'accepter que les premières et non les secondes, lorsqu'elles ne coïncident pas ? On tombe alors aisément dans les apories du vrai moi ou du moi profond.

Vouloir franchir ses limites, cela paraît ressortir au dépassement de soi qui, lui, succombe plus facilement à la critique de la démesure, puisqu'il vise au-delà de l'*accomplissement* de soi. Mais ici encore, ce type d'amélioration peut être un but tout à fait louable – il est même couramment valorisé dans la rhétorique des sportifs –, d'autant que, en cherchant à s'optimiser, on va forcément vouloir améliorer certaines de ses capacités, celle jugées déficientes par rapport au but visé. Le soi dont on désire l'accomplissement n'est pas à considérer comme un simple donné à réaliser avec les moyens du bord : il est un faisceau de désirs et d'aspirations en mouvement et en devenir.

On se rend compte que laissées à elles-mêmes les deux notions d'optimisation et de dépassement se chevauchent aisément, même si optimiser se réfère généralement à la réalisation d'une qualité déterminée, alors qu'augmenter dénote son dépassement, ce qui va au-delà des limites « naturelles ». C'est que, lorsque ces limites ne sont pas bien connues, la distinction se révèle difficile : s'entraîner afin de devenir meilleur est-ce s'optimiser pour s'accomplir ou aller « trop loin » ? Le cas du sport de compétition est intéressant ici : si le champion paraît d'un certain côté être un idéal humain (optimisation), l'entraînement intensif auquel il se soumet et les améliorants dont il use tend d'un autre côté à le faire sortir de la norme de l'humain naturel, même s'il ne se dope pas.

Présentée ainsi, la distinction de l'optimisation et du dépassement paraît converger avec celle du naturel et de l'artificiel, au sens où d'un côté on se borne à réaliser une nature (la nature humaine, sa propre nature ou la nature d'une capacité), et de l'autre on veut aller au-delà; or, on le sait, un jugement moral accompagne fréquemment la distinction. On dira alors qu'il est désirable et louable de réaliser sa nature, blâmable de vouloir aller au-delà. L'argument semble parallèle à celui qui a été examiné plus haut sur la valeur du naturel, à la différence qu'il ne concerne pas les moyens, mais les fins. Dans cette optique, la nature humaine est considérée comme normative, si bien qu'elle ne doit ni être dépassée ni abandonnée. Comme c'est justement la thèse que conteste le transhumanisme, j'examinerai l'argument dans le chapitre suivant; pour l'instant, j'aimerais encore approfondir l'articulation des trois niveaux dégagés plus haut, en faisant un petit détour par la politique. Cela servira d'ailleurs aussi de préambule à la discussion sur la nature humaine.

Dans nos démocraties libérales, on ne pense pas qu'il soit de la tâche d'un État de s'occuper de l'amélioration – certains estiment qu'il devrait même l'interdire au nom de l'égalité des chances ou pour des considérations bioconservatrices –, mais du fonctionnement authentiquement humain, oui, et pas seulement dans la mesure où il concerne la santé. Quant à l'optimisation, cela dépend: l'éducation n'y est pas indifférente – pensons à l'instruction publique –, mais d'autres excellences sont laissées aux bons soins de l'individu. En ce qui concerne la santé par exemple, lorsque c'est le fonctionnement correct qui est mis en danger ou à peine garanti, on parle de rétablissement, c'est-à-dire de soins ou de thérapie; mais ici aussi, il n'est pas évident de distinguer un rétablissement d'une optimisation. Dans les faits, on détermine généralement un seuil d'optimalité, variable selon les temps et les lieux, en dessous duquel l'État intervient en invoquant le fonctionnement normal et en dessus duquel on parle d'amélioration. Mais où situer ce seuil, où est la barre? Il n'est pas difficile de proposer de nombreux cas suscitant la perplexité. Pensons au parallèle qu'Anjan Chatterjee trace entre la neuroamélioration et la chirurgie esthétique: la correction chirurgicale de certains défauts est depuis quelque temps considérée comme une thérapie, étant donné les effets sociaux négatifs de certains traits disgracieux, il pourrait en aller de même dans le futur de certains désavantages sociaux actuellement non-médicalisés, comme la timidité ou une faible mémoire.

Le parallèle avec la chirurgie esthétique montre clairement que l'optimisation est la notion charnière : elle jette un pont entre le normal et l'amélioré, que l'on franchit aisément; or l'optimisation forme le cœur des conceptions de la vie bonne, comme le souligne aussi à sa manière le Comité du Président américain. Relevant que, d'une manière ou d'une autre, nous désirons tous avoir de meilleurs enfants, être plus performants, vivre plus longtemps et jouir du bien-être mental, il s'empresse d'ajouter que ce que nous désirons c'est que nos enfants soient des *humains* plus accomplis, que nous soyons des *humains* plus performants, que nous vivions plus longtemps dans la dignité propre à l'être *humain* et que nous expérimentions un bien-être approprié à un être *humain*[1], rejoignant ici les considérations d'un Aristote et d'un Mill que le bonheur propre à l'être humain ne saurait être celui d'une bête ou d'un pourceau. L'éthique est inséparable d'une conception de la vie bonne entendue comme optimisation de l'être humain, ce qui est bien normal, vu que ce dont nous voulons disposer, c'est d'une éthique qui dise ce qu'est une vie bonne pour nous, les êtres humains. Ainsi que le souligne Johann Roduit, une telle conception joue à la fois le rôle de contrainte et de guide par rapport à ce qui est désirable en matière d'amélioration de l'être humain[2].

C'est pourquoi quand on demande quelles sont les capacités humaines qui sont dignes d'amélioration, on ne peut répondre, dès qu'on quitte le domaine des capacités premières, qu'en fonction de la conception de la vie bonne qu'on adopte. Or ces réponses sont multiples. Aristote pensait qu'il suffirait de savoir en quoi consiste *l'œuvre propre* de l'être humain pour y répondre, mais il se trompait : il n'existe pas d'œuvre propre unique. En effet, les désaccords sont profonds dans cette question de l'épanouissement humain; comme on le répète depuis Rawls, il existe des divergences sérieuses entre différentes *conceptions de la vie bonne* et, corrélativement, entre différents *idéaux de la personne,* chacun donnant un sens à ce que signifie « réaliser sa nature », « s'épanouir en tant qu'être humain » ou « devenir un être humain accompli ». Voici quelques exemples schématiques de ces idéaux entre lesquels, en définitive, il n'est pas possible de choisir rationnellement de manière impartiale, car ils s'orientent tous vers

1. *Beyond Therapy*, *op. cit.*, p. 277.

2. *The Case for perfection*, *op. cit.*, p. 94-95. Voir aussi G. Khushf, « An Ethic for Enhancing Human Performance Through Integrative Technologies », dans W. Bainbridge, William et M. Roco (éd.), *Managing Nano-Bio-Info-Cogno Innovations*, Dordrecht, Springer, 2005, p. 265.

d'authentiques biens finaux. On peut certes en poursuivre plusieurs, s'ils sont compatibles, mais pas tous.

– Un idéal de maîtrise de soi et de sa vie

– Un idéal d'authenticité

– Un idéal d'amélioration continue

– Un idéal de perfection personnelle

– Un idéal de réussite sociale

– Un idéal de dévouement aux autres

– Un idéal de la passion (romantique)

Une conception de la vie bonne, disant en quoi consistent une vie réussie et l'épanouissement de la personne qui vit cette vie, se formule souvent en référence à une conception de la nature humaine, voire de destin (« L'être humain est fait pour *X* »). Mais en fait, chaque type de société propose et promeut un ou plusieurs idéaux de la personne, une ou plusieurs conceptions de la vie bonne, à partir de quoi pratiques, institutions et comportements sont jugés. Si certains de ces idéaux sont larges, comme l'atteste la liste de ceux mentionnés ci-dessus, d'autres sont plus sectoriels. Par exemple, l'idéal moral chevaleresque que décrit ainsi Jules Romains :

> La morale [de Mgr] de Sérasquier était en somme moins cléricale que chevaleresque. Il prisait par-dessus tout les gens de parole, ceux sur qui on peut aveuglément compter; qui ne trahissent ni l'ami ni le chef, ni davantage le subordonné; il ne haïssait rien tant que les êtres sans fidélité, incapables de constance, faux amis, faux serviteurs, chefs perfides [1].

Et plus près de nous, cet idéal caricaturalement étasunien, qui montre en même temps que poursuivre certains idéaux peut être moralement critiquable, ou du moins qu'il existe des idéaux qui ont plus de valeur que d'autres. Il s'agit ici d'un idéal de réussite sociale, qui n'est d'ailleurs peut-être critiquable en lui-même que parce qu'il devient exclusif et est poursuivi sans aucun recul critique :

> La mère d'Élizabeth Baldridge, une Bostonienne pur sang, était tellement fière de sa fille qu'elle lui avait, dès ses premières années d'école préparatoire, assigné un programme de réussite et d'accomplissements sociaux qui devaient mener sa petite chérie jusqu'au statut de Jeune-Fille-La-Plus-Photographiée-de-Nouvelle-Angleterre et, si possible, des États-Unis ! [...] Au collège de Sweet Briar, dès la première année, Élizabeth, rompue à

1. *Les hommes de bonne volonté*, Paris, Bouquins-Laffont, 2003, vol. 2, p. 954.

> toutes les règles et arcanes de ce qu'ils appellent le « jeu social », avait respecté le tableau de marche établi par sa mère. Elle avait même pris de l'avance puisque, déjà élue La-Plus-Prometteuse-Débutante-de-l'Année par ses camarades de classe, Élizabeth, parallèlement à une myriade de A (la note d'excellence), dans toutes les disciplines, avait aussi gagné, grâce à un concours organisé par une agence régionale de « modèles », un séjour de deux semaines à Paris [1].

C'est à la lumière de ces idéaux que les interventions proposées à visée d'amélioration sont acceptées ou non, les premières étant rangées du côté de l'optimisation, les secondes du côté du dépassement, d'où la connotation négative que prend alors souvent ce terme : vouloir s'améliorer en ce sens, c'est entretenir une conception erronée de ce qu'est une vie bonne, ou prendre le risque de mettre en danger la conception sur laquelle on se guide. Par exemple, les partisans d'un idéal de l'authenticité s'opposeront aux moyens façonnant un moi qui ne serait pas le véritable moi que chacun doit être et continuer à être, faisant émerger des aspirations qui ne seraient pas en cohérence avec celles qui le caractérisent, mais non à l'usage de substances permettant la réalisation d'aspirations dans lesquelles il se reconnaît – pensons encore une fois à Sally. Les partisans d'un idéal de réussite sociale verront la chirurgie esthétique et les médicaments de l'humeur du côté de la thérapie ou de l'optimisation, non du dépassement. Sandel craint que le projet d'augmentation soit « destructeur de certaines vertus », à savoir « un mélange de gratitude, de respect et d'humilité devant ce qui est donné » [2], mais une telle crainte n'a de sens que si l'on adopte une certaine conception de la vie bonne et pas du tout par exemple si l'on est partisan d'un idéal d'amélioration continue ou d'un projet de civilisation prônant la maîtrise biotechnologique de soi-même et de la nature.

Quand on se place au point de vue de sa propre conception de la vie bonne, on dira donc, contrairement à ce que prétendait Harris, que toute amélioration ne fait pas du bien – elle n'est pas forcément du côté de l'optimisation, telle qu'on la comprend –, et on répétera la question que pose John Danaher : « Même si nous sommes parfaitement convaincus des effets améliorants d'une substance comme le modafinil, il subsiste la question de savoir s'il est bon de l'utiliser » [3]. Le Comité national d'éthique a par conséquent raison lorsqu'il affirme : « Le terme de neuroamélioration

1. P. Labro, *L'étudiant étranger*, Paris, Folio-Gallimard, 1986, p. 217.

2. J.-Y. Goffi, « Transhumain », dans *Encyclopédie du trans/posthumanisme*, *op. cit.*, p. 161.

3. « Why Internal Moral Enhancement… », art. cit., p. 3.

pourrait laisser supposer que le phénomène qu'il décrit est acquis. En réalité, il *est ambivalent*: il indique une situation problématique qu'il convient d'évaluer et non des résultats qui seraient d'emblée acquis et considérés comme allant de soi »[1]. Une véritable amélioration doit être au service de la personne qu'on veut être et qui se doit d'être un humain authentiquement accompli. Sinon, il s'agit d'un dépassement qu'on aura tendance à condamner, tant du moins qu'on ne quitte pas le terrain de sa propre conception de la vie bonne.

Pensons encore à la famille « performante » de Chatterjee, dont l'attitude a paru si contestable. Mais pour quelqu'un qui accorde une importance majeure à la réussite sociale ou à la perfection personnelle, l'attitude de cette famille ne posera pas de problème moral : les moyens dont elle use lui permettent en effet de « coller » au mieux à son idéal, bref, de s'optimiser. A-t-elle vraiment tort de penser ainsi ? En tout cas, il semble que son attitude devienne de plus en plus largement partagée, dans la mesure où une éthique de la performance s'impose dans nos sociétés. Ainsi, Caroline Robitaille et Johanne Colin relèvent dans une enquête d'opinion que « l'usage non médical de médicaments n'est pas seulement considéré comme légitime, mais comme tout à fait banal »[2]. La dystopie des uns reste manifestement l'utopie des autres et on à l'impression que se creuse un hiatus entre la pratique sociale et le jugement moral de certains médecins et éthiciens, parfois relayés par les médias[3]. À court d'argument, les opposants aux pratiques d'amélioration et aux conduites dopantes invoquent alors aisément des objections liées à la tricherie et à la justice sociale si tous n'y ont pas accès, alléguant un avantage compétitif immérité. « Immérité », voilà on le sait un autre ingrédient important dans la plupart de nos conceptions de ce qu'est une vie bonne et juste, mais qui est d'un usage souvent peu éclairant.

Cela dit, il faut souligner que la pluralité des idéaux de la vie bonne et de la personne ne signifie pas que n'importe lequel puisse convenir, car l'existence de désaccords même profonds n'implique pas que tout idéal puisse se présenter comme adéquat pour l'épanouissement humain; pensons à l'idéal prôné par la mère d'Élizabeth Baldridge dont il vient d'être question, ainsi qu'aux remarques de Levy sur notre société de compétition

1. CCNE, *Recours aux techniques biomédicales en vue de « neuroamélioration » chez la personne non malade*, *op. cit.*, p. 2.

2. « Prescription Psychostimulant Use Among Young Adults… », art. cit., p. 365.

3. C. O'Connor et H. Joffe, « How the Public Engages with Brain Optimization : The Media-Mind Relationship », *Science, Technology, and Human Values*, 40/5, 2015, p. 737.

effrénée et sur le poids de la pression sociale. Le pluralisme n'implique pas le relativisme, car l'optimisation humaine fait peser des contraintes sur ces idéaux : on ne peut s'épanouir qu'en optimisant les capacités de valeur dont dispose l'être humain. Il faut toutefois rappeler qu'une société libérale est une société dans laquelle on refuse de porter un jugement normatif public sur les conceptions plurielles de la vie bonne et de l'idéal de la personne auxquels les citoyens adhèrent, tant du moins qu'elles ne causent de tort à personne et ne mettent pas en danger des valeurs fondamentales – ce sont là les limites qui font qu'un idéal devient inacceptable et donc inadéquat.

Cela condamne-t-il par principe le projet transhumaniste ? Avant de me pencher sur cette question, j'aimerais illustrer la question des dissensions possibles sur la valeur des idéaux de la vie bonne par un exemple plus détaillé que ceux que je viens de mentionner – en fait, un second exemple détaillé, car j'ai déjà parlé de l'hédonisme, prônant une vie orientée vers le plaisir comme fin ultime.

LA CULTURE SOURD

Cet exemple concerne un idéal de la vie bonne controversé qui fait de l'intégration culturelle un bien final dominant, et il a cette caractéristique qu'il fait jouer en quelque sorte l'optimisation contre la thérapie, alors que, souvent, les deux sont en continuité.

Récemment, des parents atteints de surdité ont, à la surprise générale, refusé d'utiliser des implants cochléaires dans un but thérapeutique pour leur enfant, lui-même sourd. Or, à première vue et semble-t-il à la réflexion, permettre à une personne sourde d'entendre est quelque chose de tout à fait positif : c'est permettre à un handicapé d'accéder à un pan de la réalité qui était pour lui inaccessible ; c'est donc un véritable bien. Quelle était la raison des parents ? Eux-mêmes étaient sourds ; ils communiquaient fort bien entre eux par le langage des signes et comptaient l'enseigner à leur enfant sourd. En l'implantant, ils craignaient que leur enfant, ayant accès au monde des entendants, perde tout ou partie de sa motivation à apprendre le langage des signes et donc qu'ils aient de la difficulté à communiquer avec lui, même si l'appareillage ne permet pas d'entendre aussi bien qu'une ouïe normale.

Comme on leur a reproché de vouloir que leur enfant continue à souffrir d'un handicap pour des raisons égoïstes, ils ont dû approfondir leur argumentation : pour eux, le langage est partie intégrante d'un mode de vie et par conséquent d'une culture ; le langage des signes est donc un élément constitutif de la culture sourd[1]. Opérer l'enfant revient alors à prendre le risque de l'exclure de la culture de ses parents, ce qui n'est moralement pas acceptable. Il n'est en conséquence pas admissible d'obliger les parents à accepter l'intervention de « réhabilitation » chez leur enfant, car cela mettrait en péril le bien-être de tous les membres de la famille. Bref, la surdité n'est pas un handicap, c'est une différence culturelle, et ce qu'il est moralement requis n'est pas de la soigner, mais de créer des conditions sociales qui permettent à cette culture de s'épanouir.

En appareillant un enfant, on n'améliore donc pas sa situation, on le prive de certaines capacités au profit d'autres, qu'il n'est pas possible de considérer comme étant intrinsèquement meilleures – entendre n'est dans cette optique pas une capacité première, mais une capacité qui n'a de valeur que dans certains types de culture, certes dominants. Autrement dit, l'implant pourrait empêcher l'enfant de s'intégrer dans la culture de sa communauté, condition de son épanouissement dans une conception de la vie bonne qui, comme je l'ai dit, fait de l'intégration culturelle un bien final dominant (même si, bien sûr, ce n'est pas le seul).

S'il en va ainsi, alors les parents ont même le droit, disent certains, d'utiliser la procréation médicalement assistée (PMA) pour avoir un enfant sourd, en choisissant un embryon possédant la propriété désirée au moyen d'un diagnostic préimplantatoire (DPI). C'est déjà le cas aux États-Unis, où une étude a montré que 5% des 190 cliniques pratiquant ce diagnostic permettaient aux parents de choisir des embryons atteints de surdité ou, pour des raisons analogues, de nanisme[2]. La génétique est ici au service d'une meilleure intégration culturelle, de l'optimisation donc, en faveur de l'adéquation à la conception de la vie bonne défendue.

Tous les auteurs ne sont pas d'accord avec l'argumentation concernant les implants cochléaires, et selon moi, il y a effectivement des objections à formuler à son encontre, même s'il n'est évidemment pas nécessaire d'être entendant pour s'épanouir en tant qu'être humain et que la solution optimale pour un enfant sourd de parents sourds est d'apprendre la langue

1. T. Swiestra et A. Rip, « Nano-ethics as NEST-ethics : Patterns of Moral Argumentation About New and Emerging Science and Technology », *Nanoethics*, 1, 2007, p. 12.

2. J. Savulescu et G. Kahane, « The Moral Obligation to Create Children with the Best Chance of the Best Life », *Bioethics*, 23/5, 2009, p. 284.

des signes *et* de recevoir des implants. On peut d'abord contester cette argumentation pour des raisons libérales, les parents voulant imposer à l'enfant une conception dans laquelle il ne se retrouvera pas forcément et de laquelle il pourra difficilement se distancer, d'autant qu'être implanté plus tard n'est pas vraiment une option[1] – cela dit, c'est là un problème inhérent à toute éducation, tant qu'on la laisse aux mains des parents[2]. Il s'agit là d'un conflit entre deux conceptions de la vie bonne, l'une libérale, l'autre perfectionniste et même communautarienne, promouvant l'intégration culturelle.

On peut ensuite contester l'attitude des parents sourds en soutenant que la faculté d'entendre fait réellement partie des capacités premières de l'être humain, que c'est un bien de valeur pour toutes les conceptions de la vie bonne dignes de ce nom, et donc qu'il n'est pas admissible d'en priver quelqu'un volontairement : la nature est déjà assez cruelle sur ce point sans qu'on en rajoute. Cette objection concède que les conceptions de la vie bonne sont organisées autour de biens qu'il s'agit de promouvoir ou d'honorer, et que ces biens sont variables et jugés authentiques ou non en fonction de la conception défendue par celui qui en juge ; toutefois, c'est à l'exception des capacités premières, dont on ne doit jamais priver volontairement quelqu'un. Bref, comme le dit le Comité national d'éthique, il existerait un « intérêt pour l'enfant d'avoir accès à la population entendante par l'intermédiaire du langage oral »[3].

Une troisième critique est possible contre certaines conceptions de la vie bonne, mais elle ne s'applique pas au cas examiné ici. On peut dire que doivent être rejetées les conceptions de la vie bonne qui sont organisées autour de biens qui ne sont pas authentiquement humains en ce sens qu'ils ne sont pas appropriées pour les êtres humains que nous sommes, ou dont la promotion (l'amélioration) ferait sortir de ce cadre. Si l'on suit le jugement négatif de Neil Levy sur notre mode de vie, on dira que la conception de la

1. Le CCNE relève : « Le rejet d'un support auditif approprié (prothèse ou implant) compromet l'apprentissage du langage parlé s'il est entrepris au-delà d'un âge de deux ans. » (*Éthique et surdité de l'enfant*, avis n° 103, 2007, p. 15, disponible en ligne : http://www.ccne-ethique.fr/sites/default/files/publications/avis103.pdf).

2. R. Dawkins (« Forcing a Religion on Your Children is as Bad as Child Abuse », *MailOnline*, 22 avril 2013, disponible en ligne : http://www.dailymail.co.uk/news/article-2312813/Richard-Dawkins-Forcing-religion-children-child-abuse-claims-atheist-professor.html) a même dit de l'éducation religieuse qu'elle constituait une maltraitance faite à l'enfant. Le problème est que, en cette matière, tout remède semble pire que le mal : on n'a encore rien trouvé de « mieux » que les parents pour prendre soin des enfants.

3. CCNE, *Éthique et surdité de l'enfant*, *op. cit.*, p. 17.

perfection personnelle à l'œuvre dans nos sociétés est justement une conception qui est en conflit avec un épanouissement humain authentique.

Rousseau avait, en son temps, proposé une conception en tout point opposée à celle à laquelle nous sommes actuellement soumis, exaltant l'idéal de l'homme sauvage par rapport à l'homme civilisé en ces termes :

> L'homme sauvage et l'homme policé diffèrent tellement par le fond du cœur et des inclinations que ce qui fait le bonheur suprême de l'un réduirait l'autre au désespoir. Le premier ne respire que le repos et la liberté, il ne veut que vivre et rester oisif [...]. Au contraire, le citoyen toujours actif sue, s'agite, se tourmente sans cesse pour chercher des occupations encore plus laborieuses : il travaille jusqu'à la mort, il y court même pour se mettre en état de vivre, ou renonce à la vie pour acquérir l'immortalité. [...] Quel spectacle pour un Caraïbe que les travaux pénibles et enviés d'un ministre européen ! Combien de morts cruelles ne préférerait pas cet indolent sauvage à l'horreur d'une pareille vie qui souvent n'est pas même adoucie par le plaisir de bien faire[1] ?

D'après Rousseau, la cause de notre agitation, c'est la volonté de puissance et l'amour de la réputation qui nous habitent, bref, le fait que « l'homme sociable toujours hors de lui ne sait vivre que dans l'opinion des autres ».

On peut toutefois douter que cet idéal de la vie bonne et de l'épanouissement de l'être humain soit aussi séduisant que Rousseau ne le pensait, en admettant même qu'il soit conforme à une réalité actuelle ou possible. S'améliorer reste un projet désirable, comme il l'a toujours été, car le *statut quo* ne nous satisfait pas. Sans doute le cadre social dans lequel il s'insère actuellement est moralement problématique. Peut-on dissocier les deux ? C'est une question qui reste ouverte.

J'aimerais encore souligner, dans l'optique de l'examen de la position transhumaniste qui va suivre, que les revendications des sourds mettent en question le concept de normalité humaine définie par les capacités possédées par un individu humain typique (les capacités premières ne sont en fait rien d'autre). C'est par exemple sur cette conception que s'appuie la définition de la santé proposée par Norman Daniels : « Les soins de santé ont, comme but, un fonctionnement normal : ils se concentrent sur une classe spécifique de désavantages évidents et essayent de les éliminer »[2]. Abandonner ce critère ne serait-ce que partiellement, c'est aussi

1. *Discours sur l'origine de l'inégalité,* dans *Œuvres complètes*, t. III, « Bibliothèque de la Pléiade », Paris, Gallimard, 1964, p. 192.

2. *Just Health Care*, Cambridge, CUP, 1986, p. 46.

abandonner peu ou prou le référent à la nature humaine et aux limites qu'elle impose, soit négativement (en nous empêchant d'aller plus loin), soit positivement (en nous enjoignant d'atteindre le niveau de la normalité ou de l'optimalité). Les transhumanistes voudraient justement renverser les barrières négatives, qui nous empêchent d'aller plus loin, alors que les partisans de la culture sourd refusent que les limites positives, c'est-à-dire l'ensemble des capacités humaines normales, soient normatives, en tant qu'obligatoires ou simplement désirables. Posséder une capacité comme la faculté d'entendre n'est pas nécessaire pour s'épanouir. La nature et les limites naturelles n'ont dans les deux cas aucune force normative, ce qui est justement la thèse fondamentale sur laquelle le projet transhumaniste est bâti.

CHAPITRE VI

POSTHUMAIN, TROP HUMAIN

LE PROJET TRANSHUMANISTE

Nick Bostrom, un des transhumanistes les plus en vue comme j'ai dit, affirme :

> Au cours des dernières années, un nouveau paradigme de réflexion concernant l'avenir de l'humanité a commencé a prendre forme chez les chefs de file scientifiques tels les concepteurs d'ordinateurs, les neurobiologistes, les nanotechnologistes et les chercheurs à l'avant-garde du développement technologique. Le nouveau paradigme rejette une présomption cruciale implicite autant dans la futurologie traditionnelle que pratiquement dans toutes les pensées politiques. Cette assertion veut que la condition humaine soit « une constante » de base : […] la nature humaine en soi ne peut être remise en cause [1].

Alors que nous avons pensé depuis l'aube des temps que la condition ou la nature humaine était immuable, qu'elle marquait les limites de toute action humaine possible, Bostrom estime que c'était une erreur et que les sciences actuelles vont bientôt nous permettre d'agir sur les fondements mêmes de l'humain, bref, de transformer ou même de dépasser les limites que nous assigne la nature : « "Le transhumanisme" […] met au défi la prémisse suivante : la nature humaine est et devrait rester essentiellement inaltérable », et s'il le peut, c'est justement grâce à l'informatique, aux

1. *Qu'est-ce que le transhumanisme ?,* 2000, disponible en ligne : http://transhumanism.org/languages/french/transhumanisme.html.

nanotechnologies et aux neurosciences, à quoi il faut encore ajouter le génie génétique, bref les technologies convergentes ou NBIC.

Bostrom mentionne notamment les neurosciences; que nous promettent-elles dans le cadre du projet transhumaniste? Rien de moins qu'« un bien-être émotionnel tout au long de notre vie grâce à un ajustement des centres du plaisir »[1]. Et notre philosophe de préciser :

> Même aujourd'hui, des variantes mineures d'une euphorie soutenue sont possibles pour une minorité de gens qui répondent bien aux modificateurs de l'humeur (les « antidépresseurs »). Les médicaments en cours de développement promettent de donner à un nombre croissant d'individus le choix de modifier radicalement l'incidence des émotions négatives dans leurs vies et les effets secondaires de ces nouveaux produits seront négligeables. De manière courante les drogues de rue ont toujours amené leur lot de misère sur la neurochimie du cerveau, produisant des états d'excitation (le *high*) suivis d'un état dépressif (le *down*). Les médicaments cliniques stimuleront avec une grande précision un neurotransmetteur donné ou un sous-type de récepteur, évitant par le fait même tout effet négatif sur les facultés cognitives du sujet qui ne se sentira pas drogué, et permettra une augmentation de l'humeur d'une manière indéfiniment constante et sans aucune dépendance. David Pearce prévoit une ère post darwinienne au cours de laquelle toutes les expériences déplaisantes seront remplacées par différents niveaux de bien-être se situant bien au-delà des frontières de l'expérience humaine normale. [...] L'ingénierie d'un "paradis" de l'esprit deviendra une possibilité réalisable[2].

Deux choses frappent dans ce long passage : les nouveaux médicaments du cerveau permettront de réaliser ce que « les drogues de rue » se proposaient avec leur lot d'effets indésirables – ils ont donc la même vocation et cette vocation est de produire un bien-être constant, le « paradis de l'esprit ». De manière surprenante, c'est exactement ce que l'OMS propose dans la foulée de sa fameuse définition de la santé comprise comme un état de complet bien-être physique, mental et social. Dans les deux cas, il s'agit de bien-être; de l'OMS au transhumanisme, y aurait-il continuité? Le paradis de l'esprit est-il désirable au même titre et dans le même sens que la santé? Il serait peu judicieux de poursuivre le parallèle, car le contexte d'énonciation a bien changé depuis 1946, alors qu'il s'agissait de reconstruire les systèmes de santé.

1. *Qu'est-ce que le transhumanisme ?*, *op. cit.*
2. *Ibid.*

Le projet transhumaniste souligne que l'amélioration doit être comprise comme un effort pour aller au-delà de limites données, et que, lorsqu'il s'agit de l'être humain, ces limites sont exprimées dans sa « condition » ou sa « nature »; ainsi, l'être humain doit prendre son destin en mains et se refaçonner en quelque sorte. Or, aller au-delà de la nature, humaine ou non, est souvent source de malaise, on le sait. Dans le passé pourtant, plusieurs auteurs l'avaient déjà envisagé, évidemment dans des contextes assez différents[1]. Ainsi Pic de la Mirandole durant la Renaissance niait que l'être humain ait une nature. Pour lui, l'être humain est détenteur d'une caractéristique unique, venant du fait qu'il participe à deux ensembles d'êtres, les êtres matériels et les êtres spirituels : si tous les êtres qui participent à l'un ou l'autre de ces ensembles ont une nature déterminée par le Créateur, l'être qui participe aux deux, à savoir l'être humain, n'a pas de nature déterminée et doit la construire lui-même. On lit dans le *Discours sur la dignité de l'homme* : « Doté pour ainsi dire du pouvoir arbitral et honorifique de te modeler et de te façonner toi-même, tu te donnes la forme qui aurait eu ta préférence »[2]. Ici, il ne s'agit pas d'imperfection et d'amélioration, mais simplement de construction de soi : il faut façonner la nature d'un être qui en est dépourvu. Façonner et améliorer, le mariage aura lieu au temps des Lumières, sous la plume de Condorcet, comme je l'ai déjà mentionné. Dans son *Esquisse d'un tableau historique des progrès de l'esprit humain*, il souligne notamment le côté moral de la question : « La bonté morale de l'homme, résultat nécessaire de son organisation, est, comme toutes les autres facultés, susceptible d'un perfectionnement indéfini »[3], mais pense qu'il en va tout autant de la longévité par exemple. Quant à Rousseau, il déclare : « Celui qui ose entreprendre d'instituer un peuple doit se sentir en état de changer, pour ainsi dire, la nature humaine »[4] – affirmation assez surprenante si l'on se rappelle ce qu'il disait de l'homme moderne et sa valorisation du mode de vie « caraïbe » –; Robespierre entendra le message et sur ce plan au moins, le malaise est amplement justifié.

1. Gilbert Hottois relève : « Le rêve et les idées transhumanistes – longévité sans limite, amélioration/augmentation des capacités physiques, émotionnelles et morales de l'individu… – ne sont pas nouveaux » (*Philosophie et idéologies trans/posthumanistes*, *op. cit.*, p. 21). Le premier chapitre de son livre est dévolu à « L'histoire que le transhumanisme se donne ».

2. *Discours sur la dignité de l'homme*, 1486, www.lyber-eclat.net—pictrad.html.

3. *Esquisse d'un tableau historique des progrès de l'esprit humain*, *op. cit.*, p. 286.

4. *Du contrat social*, dans *Œuvres complètes*, t. III, *op. cit.*, p. 381.

Les transhumanistes allieront Pic et Condorcet puisque, comme le souligne Charles Rubin, pour eux « notre dignité réside dans le fait que par nature nous nous efforçons de dépasser notre nature »[1].

Ce qui est plus constant chez les philosophes du passé, c'est l'idée que l'être humain doit se parfaire, on le sait. Ainsi que le souligne justement Bostrom, il a généralement été considéré comme allant de soi que c'était dans des limites bien définies, celles de la nature humaine. Or, ce que nous dit Pic déjà, c'est que ces limites ne sont justement pas définies, et Condorcet ajoute qu'elles n'existent pas vraiment. Cela permet de poser la question de l'amélioration non plus seulement au niveau de l'individu – chacun d'entre nous doit, notamment par l'éducation et l'effort, acquérir des capacités, c'est-à-dire des perfections, lui permettant de devenir un être humain accompli ou optimal –, mais encore et surtout au niveau de l'espèce. Devenir un être humain accompli n'a alors plus de frontières, ni même de contenu précis. Sartre disait de l'être humain : « Il sera tel qu'il se sera fait »[2]; certes, mais alors pourquoi en rester à l'humain et ne pas travailler à l'avènement d'un posthumain ? C'est là l'ambition du transhumanisme.

« La perfectibilité de l'homme est indéfinie »[3] disait Condorcet. Pour le transhumanisme, elle l'est en ce sens qu'on ne peut la définir, c'est-à-dire la renfermer dans les bornes d'une nature. Condorcet aurait sans doute préféré dire que nous sommes indéfiniment perfectibles par nature et, en poussant Pic jusqu'au paradoxe, on pourrait lui faire affirmer que l'être humain est par nature dépourvu de nature (somme toute, c'est Dieu qui l'a voulu ainsi). On voit alors immédiatement poindre un certain nombre de questions, que je me propose d'examiner dans ce chapitre :

1) Qu'est-ce que la nature humaine ?

2) Cette nature joue-t-elle un rôle normatif pour les êtres humains ?

3) En tentant de la dépasser, nous rendons-nous coupables de démesure ou d'*hybris* ?

1. « Human Dignity and the Future of Man », dans President's Council on Bioethics, *Human Dignity and Bioethics*, Washington (DC), 2008, p. 162.

2. *L'existentialisme est un humanisme*, Paris, Folio-Gallimard, 1996, p. 29.

3. *Esquisse d'un tableau historique des progrès de l'esprit humain*, *op. cit.*, p. 293.

LE CONCEPT DE NATURE HUMAINE

Que faut-il entendre par nature humaine ? La question est importante au moins pour deux raisons. La première, qui nous est maintenant familière, est que nous nous exprimons souvent comme si la nature, ou ce qui est naturel, était bon ; ainsi, il serait *mal* de vouloir la dépasser. La seconde est que le projet transhumaniste n'est pas toujours très clair conceptuellement : en travaillant à l'avènement d'un posthumain, il ne s'agit évidemment pas de désirer la venue d'un être qui n'aurait plus rien d'humain, dans le sens où toutes les caractéristiques actuelles de l'humain auraient été abandonnées. Il s'agit au contraire de les améliorer, c'est-à-dire de les conserver, mais en faisant mieux : devenir plus intelligent, plus moral, vivre plus longtemps... Ce sont là des aspects de l'être humain, de sa nature donc, qui sont bien connus, mais dont on aimerait souvent qu'ils soient plus performants, c'est-à-dire plus en accord avec nos désirs et nos aspirations. Mais ces désirs et ces aspirations, ce sont des désirs et des aspirations *humains*, semble-t-il ! Voyons comment cela s'articule chez les transhumanistes.

De manière traditionnelle, la notion de nature humaine, et plus généralement de nature d'un être, comprend un ensemble de traits ou de propriétés essentielles et distinctives caractérisant une espèce ; elle est donc proche du concept d'essence. Bostrom ne nous propose pas une analyse précise de la notion ; il se borne à l'employer pour désigner une forme de conservatisme essentialiste de l'espèce, qui affirme que « la culture peut changer et même de manière drastique mais la nature humaine en soi ne peut être remise en cause » – elle est, on l'a vu, « inaltérable ». Notre philosophe s'oppose à cette conception, mais il n'est pas facile de mesurer la portée de la thèse qu'il défend, puisqu'il continue en disant : « Cette assertion ne tient plus la route. De toute façon elle n'a jamais été véridique. Les inventions comme le langage, l'écriture, l'imprimerie, l'industrialisation, la médecine moderne et les ordinateurs ont eu un impact considérable non seulement sur la manière de vivre des gens mais sur ce qu'ils sont devenus », brouillant la limite entre la nature et la culture, vu qu'il ne mentionne ici que des facteurs culturels. Il parle en outre dans le même texte indifféremment de « condition humaine » et de « nature humaine », concepts qui, selon d'autres auteurs – pensons à Sartre –, ne sont pas du tout interchangeables. Ce que dit le philosophe français peut d'ailleurs nous aider ici : la condition humaine est l'ensemble des limites *a priori* auxquelles toute action humaine se heurte et qui sont indépassables : être dans le monde, être avec autrui, être au travail et être mortel[1]. Ainsi, le transhumanisme, ce serait le dépassement de limites fondamentales auxquelles l'être humain s'est vu confronté depuis l'aube des temps jusqu'à présent inclusivement, ou du moins jusqu'à l'essor contemporain des technosciences. Quand on prend garde aux expressions utilisées, on a toutefois l'impression que le transhumanisme veut davantage repousser ces limites que les dépasser. D'autres prises de positions renforcent le soupçon; ainsi, dans le projet souvent mentionné de rendre l'être (post)humain immortel, il ne s'agit en fait que de supprimer le vieillissement et des maladies, comme on l'a dit: les autres causes de décès vont perdurer.

Cette impression est-elle justifiée ou non? Pour le savoir, il est nécessaire d'examiner plus précisément comment le concept de nature humaine fonctionne puisque, en caractérisant l'être humain, il détermine aussi ce qu'il n'est pas et ne peut devenir: si l'être humain est un animal doué de raison, c'est qu'il n'est ni une brute, ni un dieu, disait Aristote[2]; n'étant ni l'un ni l'autre, il ne saurait non plus devenir l'un ou l'autre. On se souvient que Kass aussi situait l'être humain quelque part entre l'animal et les dieux.

C'est dans l'aristotélisme que le concept a été élaboré et qu'il a acquis son sens. Pour Aristote, avoir une nature, c'est pour l'être humain posséder un ensemble de traits qui sont caractéristiques de ce qu'il est et qui déterminent la manière typique qu'il a de se comporter. L'être humain est un être en devenir, c'est-à-dire qu'il n'est pas fini ou achevé dès sa naissance, mais doit actualiser les capacités et réaliser les potentialités qui définissent sa nature au cours de sa croissance. Cette actualisation et cette réalisation se font au long d'un développement qui est finalisé : il tend vers un but (*telos*), caractéristique de l'espèce à laquelle l'être humain appartient, et lorsque ce but est atteint, l'être humain concrétise sa « perfection » : il devient un être humain accompli, qui a pleinement réalisé les possibilités que comprenait sa nature ou son essence. Aristote parle d'*eudaimonia*, c'est-à-dire d'épanouissement. La nature est forme et fin dit-il encore, ce qui signifie que la nature humaine caractérise l'être humain dans ses propriétés essentielles et détermine les fins qu'il est capable d'atteindre en fonction de la possession de ces propriétés essentielles[3]. Bref la nature d'un être détermine ses

1. *L'existentialisme est un humanisme*, *op. cit.*, p. 60.

2. *La Politique*, *op. cit.*, p. 30.

3. On aura remarqué que les bioconservateurs adoptent volontiers une structure aristotélicienne dans leur argumentation, mais pas seulement eux : tous ceux qui estiment que le débat

possibilités, qui sont en même temps limitées en fonction de ce qu'est cet être. Ainsi, les possibilités offertes à un être humain sont forcément contenues dans les limites de ce que cet être est : il ne saurait de lui-même et naturellement devenir *post*humain.

Le transhumanisme annonce l'avènement du posthumain ; il doit en conséquence rejeter cette conception de la nature humaine qui enferme l'être humain dans des bornes prédéterminées. En effet, même si ce dernier doit se perfectionner pour atteindre son *telos*, il est soumis à des limitations qui, par définition, l'empêchent de dépasser certaines bornes, je l'ai dit. Ce sont ces dernières que le transhumanisme se propose de déplacer, voire de briser, comme Bostrom le précise dans un texte dont j'ai déjà cité le début :

> David Pearce prévoit une *ère post darwinienne* au cours de laquelle toutes les expériences déplaisantes seront remplacées par différents niveaux de bien-être se situant bien *au-delà des frontières* de l'expérience humaine normale. [...] Les médicaments et la thérapie génique vont conduire à une facette multidimensionnelle du bien-être. Ils pourront aussi bien modifier la personnalité qu'aider a surmonter la timidité, vaincre la jalousie, accroître la créativité et augmenter la capacité d'empathie envers les autres ainsi que la profondeur émotionnelle. Pensez aux prières, aux jeûnes et à la discipline de fer auquel les gens se sont astreints aux cours des siècles dans le but d'ennoblir leur personnalité. Bientôt il sera possible d'atteindre le même but et de manière plus absolue en prenant quotidiennement un simple mélange de comprimés [1].

Comme on le voit, ces bienfaits ne bénéficieront pas exclusivement à la personne concernée, mais aussi à son entourage : c'est particulièrement visible pour l'empathie, comme ce l'était pour le Botox. L'amélioration de l'être humain débouchera par conséquent sur une société meilleure.

En dépit des expressions que j'ai soulignées, la lecture de ce passage corrobore toutefois l'impression que le transhumanisme veut plus repousser les limites que les dépasser, et on peut effectivement se questionner quant au caractère révolutionnaire de son projet, puisque les qualités qu'il se propose de développer en nous sont très humaines : il s'agit simplement de les pousser plus loin. Et puis, il est bien question « d'atteindre *le même but* », c'est-à-dire ce qui est conforme, qualitativement sinon quantitativement, au *telos* de l'être humain. Ailleurs,

sur les conceptions de la vie bonne est important pour la question qui nous occupe font de même – et j'en fais partie.

1. *Qu'est-ce que le transhumanisme ?, op. cit.*

Bostrom précise qu'un être posthumain est un être qui a au moins une « capacité centrale générale posthumaine », telle que « espérance de vie active et en bonne santé ; cognition ; émotion » augmentées bien au-delà de ce qui est actuellement accessible à un être humain ordinaire[1] – la possession de l'une d'entre elles suffit donc ! Bref, le transhumanisme vise effectivement un être humain augmenté ou amélioré, mais c'est toujours bien un *être humain*. Le transhumanisme reste un humanisme, nonobstant sa rhétorique, et cela s'applique à mon sens encore à des conceptions plus radicales que celle de Bostrom, par exemple à l'extropianisme[2] de Max More[3], puisque le *telos* visé reste le *telos* humain (les finalités visées et les aspirations concernées sont déjà celles de l'être humain proprement dit, actuel) et donc que les besoins qu'il s'agit de satisfaire restent des besoins humains. Bostrom et Sandberg vont d'ailleurs jusqu'à prôner la promotion des valeurs de civilisation, comme une compassion universelle, au nom desquelles il est bon de lutter contre certains traits humains, certes produits par l'évolution, mais qui se révèlent dès à présent comme contre-productifs[4] – mais la morale traditionnelle nous enjoint aussi de lutter contre certains penchants naturels.

Ainsi, même lorsque le Nuffield Council présente le transhumanisme en général comme le projet « de prendre le contrôle rationnel de notre propre évolution »[5], il ne dit rien de révolutionnaire : c'est le projet humaniste que nous poursuivons, simplement par d'autres moyens. Si on ne le voit pas toujours, c'est parce que le transhumanisme adopte volontiers un ton prophétique – certains auteurs parlent d'« utopie technoscientifique »[6] –, mais si au-delà de la forme on regarde le fond, la continuité avec l'humanisme est bien présente, comme on le voit par exemple dans la déclaration transhumaniste de 1999[7], qui souligne justement sa parenté avec l'humanisme moderne. Cette déclaration parle certes de transcender

1. J.-Y. Goffi, « Transhumanistes et bioconservateurs », dans V. Adam et A. Caiozzo (éd.), *La Fabrique du corps humain : la machine modèle du vivant*, Grenoble, Publications de la MSH-Alpes, 2010, p. 355.

2. Il s'agit d'un mouvement précurseur du transhumanisme, qui s'est fondu en lui il y a une dizaine d'années (G. Hottois, *Philosophie et idéologies trans/posthumanistes*, *op. cit.*, p. 51-52).

3. J.-Y. Goffi, « Transhumanistes et bioconservateurs », *op. cit.*, p. 354.

4. G. Hottois, *Philosophie et idéologies trans/posthumanistes*, *op. cit.*, p. 117.

5. *Genome Editing : An Ethical Review*, Londres, 2016, p. 51, disponible en ligne : http://nuffieldbioethics.org/wp-content/uploads/Genome-editing-an-ethical-review.pdf.

6. *Encyclopédie du trans/posthumanisme*, *op. cit.*, p. 7.

7. B. Jousset-Couturier, *Le Transhumanisme*, *op. cit.*, p. 38-40.

les limites biologiques actuelles, mais c'est déjà ce que, modestement, les vaccins et la médecine font depuis longtemps.

Cette continuité entre l'humanisme et le transhumanisme disparaît toutefois avec la Singularité, thème développé par Ray Kurzweil notamment, qui prédit pour bientôt l'apparition de conscience et d'intelligence artificielles dépassant largement celles possédées par les êtres humains[1]; il y a donc des courants plus ou moins trans- et post- dans ce mouvement et il est clair que plus on s'éloigne de l'être humain et de ses aspirations, plus la détermination de ce que sera une vie bonne pour ces entités éloignées se perd dans le brouillard. Notamment, nous n'avons pas la moindre idée de ce que des robots ou des cyborgs infiniment plus intelligents que nous désireront, quelles seront leurs aspirations et s'ils auront ou non le même équipement émotionnel que nous (auront-ils des sautes d'humeur, pourront-ils être affligés de dépression?). Toutefois, la crainte qu'ils suscitent chez beaucoup vient encore de ce qu'on leur attribue un projet bien humain : la volonté de dominer tous les êtres qui leur sont inférieurs, voire de les réduire en esclavage, un thème classique dans la science-fiction.

À la réflexion, qu'il y ait chez la plupart des auteurs l'affirmation d'une parenté et d'une continuité entre l'humain et le posthumain n'est pas étonnant : il s'agit d'améliorer ou d'augmenter l'être humain, et cela ne peut se faire qu'à partir de l'être humain, de ses possibilités et de ce qu'il valorise; amélioration ou augmentation, peu importe ici, puisqu'on sait depuis Marx au moins que certaines augmentations quantitatives débouchent sur un changement qualitatif, qui parfois peut constituer une véritable rupture. Le transhumanisme est bien dans le sillage de l'augmentation (*enhancement*) de l'être humain, et on comprend que je les ai examinés dans cet ordre.

1. J.-Y. Goffi, « Transhumain », *op. cit.*, p. 159.

Le rôle normatif de la nature humaine

Admettons qu'il existe un saut qualitatif entre l'humain et le posthumain, que l'accroissement des capacités humaines soit la cause d'un changement qualitatif : le *telos* posthumain est alors un autre *telos* que le *telos* humain. En quoi cela serait-il problématique si cela ouvre des perspectives nouvelles et désirables à l'être (post)humain, même si on ne peut le dire que d'un point de vue humain pour l'instant ? Le posthumain ne serait-il pas au contraire ce dont il faut souhaiter l'avènement, d'autant que l'humain est affligé de tant d'imperfections ? Par ailleurs, si la considération du *telos* humain nous dit comment nous devons traiter les êtres humains existants, elle ne dit pas que nous devons préserver ce *telos*. Certes, il s'agit de faire une évaluation des risques, car changer la nature humaine pourrait avoir des conséquences très dommageables ; mais c'est là le travail de la précaution ou de la prudence. Faisons l'hypothèse que les risques valent la peine d'être courus, y aurait-il encore un problème à ce que, demain, les êtres posthumains que nous serions devenus, voient « toutes les expériences déplaisantes [...] remplacées par différents niveaux de bien-être se situant bien au delà des frontières de l'expérience humaine normale » ?

Dans ce type de proclamation, il faut faire la part de l'exagération ; mais plus sobrement, s'il devient possible de pousser bien plus avant nombre de capacités humaines dont les limitations nous affectent négativement vu qu'elles sont des obstacles à des aspirations qui nous sont chères, ne serait-ce pas un véritable bien, quitte à faire de nous non seulement des êtres humains améliorés ou augmentés, mais de véritables posthumains ? En quoi le fait de rester « humain » serait-il un impératif moral et pourquoi les processus naturels devraient-ils être normatifs ? L'humain actuel et la nature ne sont-ils pas notoirement imparfaits – Alphonse Allais n'est pas le seul à l'avoir vu –, et ne cherchons-nous pas continuellement à y apporter des améliorations ? En un certain sens, le monde dans lequel nous vivons, et plutôt mieux que pendant les siècles passés, n'a plus grand chose d'un monde naturel et souvent nous nous en félicitons : la variole était une calamité pour l'être humain et il reste bien des maux dont notre nature est susceptible dont on ne peut que souhaiter la disparition ; pensons encore, pour rester dans le domaine de la santé, à la maladie de Huntington et à toutes les démences qui affectent le grand âge. La nature n'est pas une bonne mère quand on pense à ces exemples, et c'est pour cela que nous cherchons à l'améliorer et à nous améliorer en la corrigeant là où elle met obstacle aux buts que nous poursuivons.

Guy Kahane et Julian Savulescu ont proposé ce petit raisonnement en quatre étapes à propos des substances psychoactives, qui constitue une bonne illustration de ce que je viens de dire :

1) L'amélioration par des moyens biomédicaux agit en modulant les états ou processus qui sous-tendent nos diverses capacités.

2) Le niveau "naturel" de ces états et processus est déterminé en partie par notre biologie, effet de l'évolution, ainsi que par des influences environnementales et pressions sociales variées.

Étant donné que ces influences sont largement "aveugles" :

3) Il est peu probable que ce niveau antérieur soit optimal, par rapport à nos valeurs.

4) Il existe donc une raison *prima facie* d'augmenter ou de diminuer ce niveau "naturel" en utilisant des moyens appropriés (moralement permis), et notamment des moyens biomédicaux [1].

Un peu de clarification conceptuelle est encore nécessaire sur cette question de la nature humaine si l'on veut pouvoir bien comprendre et évaluer l'attitude des transhumanistes.

Au chapitre II, j'ai abordé la question de l'opposition entre le naturel et l'artificiel, en citant notamment un texte de Voltaire qui parlait de la nature en des termes opposés, manifestant que cette expression est plurivoque, voire équivoque. Quand on parle de ce qui est naturel pour l'être humain ou de ce qui répond à sa nature, on retrouve la même difficulté. Je l'illustre par un exemple assez banal. D'un côté, on dit : « Le lait de vache est naturel, il est donc bon pour la santé humaine », mais de l'autre : « Il n'est pas naturel à l'être humain de boire du lait de vache ». En effet, un humain n'est pas un bovin et donc il n'est pas dans la nature humaine de boire ce lait, adapté à la nature des veaux. Cette notion de nature humaine recèle bien des pièges conceptuels et normatifs, et elle s'interprète facilement en un sens finaliste à connotations théistes : il existe une instance qui a déterminé la nature de chaque choses, Dieu ou, dans les termes du XVIIIe siècle, la nature, c'est pourquoi nous devons suivre notre nature : la nature humaine joue donc un rôle normatif.

Pour mieux comprendre ce que signifie ce rôle, je vais partir d'une remarque de Leibniz : « Selon Aristote, on appelle *naturel* ce qui est le plus convenable à la perfection de la nature. Mais M. Hobbes appelle l'*état naturel* celui qui a le moins d'art, ne considérant peut-être pas que la nature

1. « Normal Human Variation : Refocussing the Enhancement Debate », art. cit., p. 138.

humaine dans sa perfection porte l'art avec elle »[1]. Autrement dit, selon Aristote, il faut suivre la nature, car on ne peut faire mieux, alors que pour Hobbes, on peut l'améliorer. Comme toujours, Leibniz tente de les réconcilier en faisant de la nature humaine la source de l'art, un peu dans l'esprit de ce que disait Pic. Ce qui importe ici, c'est de comprendre que « nature » a deux sens différents : ce terme désigne chez Aristote un ensemble de possibilités qu'il nous incombe de réaliser, alors que chez Hobbes il s'agit d'un donné brut que nous serions bien inspirés d'améliorer. Chez le premier, la nature est une limite supérieure pour l'être humain (qui a à réaliser sa nature, c'est-à-dire atteindre une forme d'excellence), alors que chez le second, c'est une limite inférieure, un point de départ, qu'il s'agit de dépasser.

Dans les débats sur le transhumanisme, ses adversaires adoptent souvent une conception aristotélicienne et ses partisans une conception hobbésienne, complétée par une vision évolutionniste darwinienne, dans laquelle la nature est « une bricoleuse expérimentatrice aléatoire et amorale »[2]. L'opposition n'est d'ailleurs pas cantonnée à ce débat. Par exemple, dans la question du rôle de la médecine – certains parlent de sa « vocation » –, il y a d'un côté ceux qui affirment que le médecin doit se limiter à restaurer la santé, c'est-à-dire un fonctionnement humain normal ou optimal, bref « naturel », et ceux qui estiment qu'elle peut (ou doit) aller au-delà, en améliorant ce fonctionnement si c'est désirable. Alex Mauron a parlé à ce sujet de « médecine préternaturelle »[3], « praeter » signifiant à la fois « au-delà » et « contre ». D'un côté, une limite supérieure est donnée (la pleine santé), alors que de l'autre il n'existe pas de telle limite, tout étant ouvert, puisqu'on ne sait pas jusqu'où il est possible et bon d'améliorer[4].

Cette dualité de signification se rencontre toutefois aussi à l'intérieur du transhumanisme et est source d'une certaine tension, puisque ce mouvement apparaît alors à la fois et alternativement comme un prolongement du *human enhancement* propre à l'humanisme et comme une rupture avec lui en annonçant le dépassement de la nature humaine et

1. *Essais de théodicée*, Paris, GF-Flammarion, 1969, p. 251.

2. G. Hottois, *Philosophie et idéologies trans/posthumanistes*, *op. cit.*, p. 124.

3 « Du statut de l'embryon au statut des technologies de la reproduction », dans P. Jouannet et C. Paley-Vincent (éd.), *L'embryon, le fœtus et l'enfant*, Paris, Eska, 2009, p. 38.

4. Dans les deux cas toutefois, la médecine lutte contre la *nature biologique* qui nous condamnerait à une mort dans la quarantaine, affaiblis par de multiples parasites. C'est que la nature biologique répond à un impératif de survie de l'espèce, alors que la médecine répond aux aspirations des *personnes*, concept dont on va voir la signification précise dans le chapitre suivant.

l'avènement du posthumain. Cette tension est bien présente dans les formulations qu'utilise Bostrom dans sa *Lettre d'Utopie*. En effet, d'une part il conçoit le transhumanisme comme le perfectionnement de l'être humain visant à son accomplissement : « Le défi qui vous attend » met-il dans la bouche d'un être posthumain s'adressant aux humains actuels, est celui de « devenir pleinement ce que vous n'êtes à présent qu'en espoir et en potentiel »[1]. Mais d'autre part, et dans le même texte, il le présente comme une avancée indéfiniment ouverte vers l'inconnu : « Aussitôt qu'une créature velue ramassa deux silex et commença à les frapper l'un contre l'autre pour en faire un outil, ce fut la direction de votre aspiration inconnue »[2]. Il ne s'agit plus ici d'accomplir l'humain qui est en nous en dépassant les barrières qui nous en tiennent éloigné, mais de s'ouvrir à une aspiration qui certes est humaine en son origine, mais devrait nous emmener au-delà, au posthumain est-on tenté de compléter.

Le côté « en marche vers l'inconnu » est encore souligné lorsque l'auteur proclame : « Vous pourriez dire que je suis heureux, que je me sens bien. Vous pourriez dire que je ressens une félicité sans pareil. Mais ce sont là des mots inventés pour exprimer l'expérience humaine. Ce que je ressens se trouve aussi loin au delà d'un sentiment humain que mes pensées le sont d'une pensée humaine »[3]. L'être humain ne disposerait pas des concepts et des émotions qui pourraient lui permettre de comprendre le posthumain, qui est un véritable au-delà de l'humain. Mais à d'autres moments, c'est l'autre aspect qui est souligné, comme dans la phrase qui termine la lettre : « La vie humaine, à son meilleur, est fantastique. Je vous demande de créer quelque chose d'encore plus grand. Une vie qui soit vraiment humaine »[4].

Bostrom joue d'ailleurs consciemment de cette tension et il lui arrive d'indiquer qu'il n'y voit qu'une variation de perspective : « On peut très bien adopter une vue large [*expansive*] de ce qu'être humain signifie, de telle manière que "posthumain" soit compris comme dénotant un type possible de mode d'être humain – et si j'ai raison, un type d'une valeur extraordinaire »[5]. Leibniz, on l'a vu, estimait qu'il y a moyen de concilier les deux significations, et pour Aristote déjà il ne fallait pas en rester à la

1. *Lettre d'Utopie*, 2010, p. 3, disponible en ligne : http://www.nickbostrom.com/translations/utopie.pdf.

2. *Ibid.*, p. 6.

3. *Ibid.*, p. 3.

4. *Ibid.*, p. 7.

5. « Why I Want to be a Posthuman When I Grow Up », dans B. Gordijn et R. Chadwick (éd.), *Medical Enhancement and Posthumanity,* New York, Springer, 2008, p. 136.

nature *brute*, l'éducation et la civilisation ayant justement pour fonctions de permettre à l'être humain de développer toutes ses potentialités, c'est-à-dire de réaliser sa nature. Il subsiste toutefois cette différence essentielle au plan conceptuel que, dans la conception hobbésienne, aucune limite n'est fixée *a priori* : l'être humain n'a pas de *telos* déterminé, pas d'essence fixée, et que même s'il existait de telles limites *a priori*, elles n'auraient aucune pertinence morale et ne seraient source d'aucun impératif, d'aucun interdit de les transgresser ou de les dépasser. La nature n'a aucune signification normative : c'est un donné brut.

Cette conception est résolument moderne : la nature n'indique aucun but, c'est l'être humain qui les fixe, et les buts qu'il se propose sont très souvent en opposition à ce qui est « naturel » (pensons encore une fois à la médecine dans son effort pour préserver et restaurer la santé). Bien sûr, cette conception n'a pas été acceptée par tous les Modernes – en témoigne Rousseau comme on sait, qui d'ailleurs ne pensait rien de bon de la médecine, un art pernicieux et funeste au genre humain, disait-il[1] –, mais c'est, comme j'ai dit, celle qui correspond en profondeur à la pensée du transhumanisme.

Il faut encore souligner que la conception d'une nature dépourvue de finalité s'accorde bien avec la conception darwinienne. Reprenons l'exemple du lait. Dans la conception évolutionnaire, l'être humain n'est pas fait pour boire ou ne pas boire du lait de vache ; simplement, avec la domestication des bovins, certains êtres humains ont acquis la capacité de digérer le lactose au-delà de la petite enfance. Cette capacité est-elle naturelle ou non ? Il n'y a pas de réponse claire à la question : on pourrait dire qu'elle l'est, vu que l'être humain n'a rien fait en vue de l'acquérir, mais aussi qu'elle est culturelle. Appartient-elle à la nature humaine ? Il n'est pas sûr que cette question conserve un sens et surtout que sa réponse puisse en quelque direction que ce soit guider notre action. Ici encore, comme dans la question du vrai moi, ce qui importe ce sont les désirs et aspirations des êtres humains ; s'il faut devenir posthumain pour les satisfaire et les réaliser, eh bien devenons posthumains ! On peut certes continuer à appeler nature humaine ces désirs et ces aspirations, puisqu'ils caractérisent notre humanité présente et constituent son *telos*, mais ils n'ont rien d'immuable en eux-mêmes. La seule raison que nous pouvons avoir de ne pas les changer ou de ne pas les modifier, c'est soit parce que nous sommes incapables de le faire, soit parce qu'ils représentent de véritables biens pour

1. *Émile*, *op. cit.*, p. 270.

nous et qu'ils sont porteurs de valeurs auxquelles nous tenons, conditions de notre épanouissement.

Ainsi, les êtres posthumains ne seront peut-être plus humains en ce sens qu'ils auront dépassé les limites inscrites dans la nature humaine, mais où est le problème, s'ils sont des êtres meilleurs et plus heureux que n'étaient les êtres simplement humains ? Condorcet, dans une veine aristotélicienne, dirait qu'ils seront davantage humains, puisque ce qui constitue notre humanité, c'est qu'elle est indéfiniment perfectible : pour lui le posthumain serait encore de l'humain. La conception transhumaniste de la nature n'est pas toujours très différente; quant aux conséquences, elles sont en définitive assez semblables.

Le péché de démesure

Pourtant les critiques fusent contre le transhumanisme, qu'on accuse de commettre un péché de démesure ou d'*hybris*, de vouloir jouer à Dieu, indiquant par là qu'il veut doter l'être humain, ou plutôt l'être posthumain, d'un statut qui ne lui est pas approprié, manifestant un orgueil dont il pourrait bien être puni, c'est-à-dire dans une version laïque se mordre les doigts.

L'accusation de démesure ou d'*hybris* est assez commune dans le domaine des biotechnologies, qu'elles portent sur l'être humain en particulier ou sur le vivant en général[1]; j'y ai d'ailleurs fait plusieurs fois allusion, mais sans développer, ce qu'il est temps de faire maintenant. Il faut avant tout relever que l'argument, s'il use d'un langage religieux ou théologique, le fait souvent de manière plus métaphorique que littérale; Tsjalling Swiestra et Arie Rip soulignent en effet : « Parler de création divine est un raccourci, en une certaine mesure indépendant de connotations religieuses théistes, pour souligner le respect dû a ce qui a évolué naturellement, et ne doit pas être objectifié, instrumentalisé, marchandisé, assujetti ou manipulé »[2].

En désirant créer un être posthumain, faisons-nous preuve de démesure ?

À l'examen de l'accusation, on remarque rapidement qu'il n'est pas rare qu'elle souffre d'un manque de clarté, considérant tantôt qu'il est *mal* de vouloir créer des formes de vie nouvelles – et le posthumain en est une –,

1. S. Rainey, « Enhanced, Improved, Perfected ? », *The New Bioethics*, 18/1, 2012, p. 22.
2. « Nano-ethics as NEST-ethics… », art. cit., p. 15-16.

tantôt que c'est *impossible*. Mais si c'est impossible, on n'y arrivera pas : notre orgueil aura été vain. Qu'en sera-t-il si on y arrive ? On aura sans doute aussi commis le péché d'orgueil – quand les bioconservateurs parlent de refus d'accepter ce qui nous est donné parce que nous voulons faire mieux, c'est de ce péché qu'il s'agit. Qu'en sera-t-il toutefois du produit fini, de l'individu posthumain ? On fera ici un parallèle avec le clonage : pour beaucoup, il est immoral de cloner un être humain, mais si on y parvient, ce ne sera pas une raison pour priver le clone ainsi obtenu du respect qui lui est dû en tant que porteur, comme tout être humain, de la dignité qui lui échoit. C'est donc bien la tentative qui est condamnée, lorsqu'elle l'est, ou les moyens employés. Ceux-ci, souvenons-nous du texte de Bostrom, sont constitués pour une bonne part par des interventions génétiques, qui doivent être faites au niveau germinal si on veut éviter d'intervenir à chaque génération, et par l'emploi de médicaments ; les promoteurs de cyborgs ajoutent de multiples prothèses et l'incorporation de dispositifs intelligents.

Examinons le cas des interventions génétiques germinales, car ce sont elles qui sont à même de nous modifier le plus profondément. Actuellement, je le rappelle, de telles interventions sont interdites, pour des raisons de prudence ou de précaution : une modification génétique germinale est héritable, ce qui n'est pas sans risques tant qu'on n'en sait pas plus sur la génétique, et l'avènement récent de techniques de modification ciblée du génome [*gene editing*] comme CRISPR-Cas9 et le forçage de gène [*gene drive*], bien plus précises et performantes que ce dont on disposait jusqu'alors, si elles donnent de nouveaux espoirs de réussite, ne doivent pas faire baisser la vigilance[1]. Mais le transhumanisme est un programme pour le futur, quand on en saura assez. Si on utilise ainsi le génie génétique, ce sera dans le projet de créer des êtres meilleurs, plus performants et plus heureux ; or j'ai déjà souligné que, à la lecture de Bostrom, les finalités et les buts visés en créant ces êtres meilleurs n'ont rien de très révolutionnaires, ni même de très posthumains : ce sont des buts auxquels la majorité des êtres (seulement) humains aspirent déjà. Si on peut assurer leur réalisation de manière durable dans l'humanité, où sera le problème ? Nous vivons dans une vallée de larmes constate l'Écriture, mais ce n'est pas une raison pour y rester – s'efforcer de tarir quelque peu cette source n'est le signe d'aucun orgueil, d'aucune démesure.

1. A. Charo et H. Greely, « CRISPR Critters and CRISPR Cracks », *AJOB*, 15/12, 2015.

À nouveau, nous voyons que le transhumanisme est aussi une rhétorique de nature eschatologique : prôner l'avènement d'un être posthumain est grandiose et suscite l'objection de démesure; mais le programme réellement avancé est bien plus modeste et tout à fait en ligne avec ce que nous nous efforçons de faire depuis des siècles. Les moyens, par contre, ne sont plus les mêmes et misent résolument sur les technosciences actuelles, comme le génie génétique, la robotique et les NBIC en général. Indépendamment du projet transhumaniste, ces disciplines sont déjà porteuses de changements humains et sociaux importants, soulignés par Luc Ferry dans son dernier ouvrage[1], et ils devraient s'accélérer ce qui aura évidemment un fort impact sur notre mode de vie, comme cela a régulièrement été le cas lors de toute révolution technoscientifique. La condamnation que l'on entend alors du programme transhumaniste, ou du moins les fortes réticences qui se font jour, portent-elles moins sur les buts que sur les moyens mis en œuvre ? C'est en grande partie le cas, et cela n'a rien pour surprendre, car on a vu que, lors du projet classique d'augmentation de l'humain, il en allait déjà ainsi. Par conséquent, l'accusation n'a en fait rien à voir avec une quelconque démesure, sauf à prendre à la lettre les affirmations de certains transhumanistes un peu exaltés et de critiques qui les croient naïvement, à propos de l'avènement d'un être posthumain qui n'aurait plus rien d'humain ou appartiendrait à une autre espèce.

Bref, la condition posthumaine sera étonnamment humaine : il s'agira d'atteindre les mêmes buts que les humains visent, mais avec des moyens différents et pour beaucoup nouveaux. Ces buts, ce sont d'abord ceux que nos *capacités premières* permettent d'atteindre, c'est pourquoi ils sont communs à presque toutes les conceptions de la vie bonne et nous apparaissent comme caractéristiques de l'humain. Même lorsqu'Aubrey de Grey affirme que l'être humain qui vivra mille ans existe déjà : « Je crois que la première personne qui atteindra mille ans est aujourd'hui sexagénaire »[2], il énonce là un but poursuivi depuis longtemps par l'humanité, l'allongement de la longévité, tout en faisant un clin d'œil à une aspiration un peu fantasmatique, l'immortalité, attribuée aux dieux dès l'Antiquité – projection d'un désir humain que l'homme comprend être irréalisable par des moyens naturels, ce que souligne encore un texte plus ancien, l'épopée sumérienne de Gilgamesh[3]. Cela signale une autre facette du transhumanisme : faire la part du rêve dans les aspirations humaines – même si pour

1. *La révolution transhumaniste,* Paris, Plon, 2016.
2. forum.hardware.fr—aubrey-grey-vivre-sujet_68891_1.htm.
3. B. Jousset-Couturier, *Le Transhumanisme*, *op. cit.*, p. 73.

certains ce rêve est plutôt un cauchemar – par un passage à la limite ou même au-delà des limites que nous croyons que la nature nous a fixées.

Ainsi, dans une condition posthumaine, la nature humaine sera, si l'on veut, dépassée, mais seulement si l'on entend par là un ensemble de traits figés. Et alors Bostrom a tout à fait raison : il y a bien longtemps que cette nature, nous l'avons laissée derrière nous, parfois en la poussant plus loin, parfois en luttant contre elle. L'obsolescence de cette nature-là a été programmée dès l'avènement de la Modernité, c'en est même un trait distinctif, car c'est à ce moment-là que cela a commencé à devenir possible. La médecine contemporaine en est un exemple paradigmatique. Même des dispositifs aussi usuels que les lunettes l'illustre; cet objet technologique d'ailleurs fort ancien permet de combattre certains effets du vieillissement naturel; elles peuvent d'ailleurs être remplacées par la chirurgie laser, sortes de lunettes « intériorisées » car impossibles à retirer. Par les antibiotiques encore, nous luttons contre des pathogènes naturels, contre la nature donc, de même que par l'emploi des forceps, nous avons pu réduire la mortalité naturelle des parturientes – il faut rappeler qu'au XVIIIe siècle encore, bien des femmes rédigeaient leur testament avant d'accoucher.

La nature, tant humaine que non-humaine, au sens où Hobbes entend ce terme, a été dépassée et parfois vaincue, à notre plus grand bénéfice. Par contre, la nature humaine au sens aristotélicien peut être conservée et garde sa pertinence dans la mesure où les désirs, aspirations et buts essentiels que nous nous proposons depuis l'aube des temps continuent à être les nôtres, qu'ils demandent que nous nous améliorions pour les atteindre – c'est-à-dire pour nous *optimiser* –; ce sont d'ailleurs encore ceux de la majorité des transhumanistes. Quand Bostrom parle d'« aider à surmonter la timidité, vaincre la jalousie, accroître la créativité et augmenter la capacité d'empathie envers les autres ainsi que la profondeur émotionnelle », il énonce en effet des buts qui nous sont familiers. Le transhumaniste propose simplement de nouveaux moyens de les atteindre, moyens qui n'ont jamais connus d'équivalent par le passé. Fabrice Jotterand[1] a estimé que cela suffisait pour qu'on parle non seulement d'amélioration dans le cadre de la nature humaine mais d'altération de cette nature. Il ne m'apparaît pas judicieux de s'exprimer ainsi, sauf à faire siennes les thèses des bioconservateurs. Comme on l'a vu, l'emploi de tels moyens ne pourrait être problématique que s'ils nous faisaient courir des risques démesurés, s'ils nous privaient de biens plus importants, s'ils dénaturaient

1. « Beyond Therapy and Enhancement : The Alteration of Human Nature », *Nanoethics*, 2, 2008.

le bien visé ou si leurs conséquences sociales se révélaient néfastes, mettant en péril un authentique épanouissement humain. Or, il semble bien qu'il faille conclure qu'il n'existe aucune bonne raison de penser que l'emploi des biotechnologies serait *par principe* problématique sur ces différents points.

Le *telos* posthumain reste humain : ce sont toujours les mêmes besoins et désirs qu'il s'agit de satisfaire. Les nouvelles capacités que nous allons acquérir feront-elles que, un jour, ce *telos* changera, et donc que le *telos* posthumain ne sera plus authentiquement humain ? Ce serait là en quelque sorte la fin de l'espèce humaine, un suicide ou un génocide relève ironiquement Jean-Yves Goffi [1]. On ne peut l'exclure, mais comme nous restons humains, nous avons bien de la peine à dire ce que ce *telos* pourrait être, s'il serait désirable ou non ; même l'imagination des transhumanistes les lâche ici, ou du moins les laisse dans le vague. Leur rhétorique eschatologique y supplée certes et nous laisse croire que leur ambition d'aller au-delà de la nature est fondamentalement différente de celle des humanistes classiques de développer au maximum les potentialités humaines ; c'est en grande partie une illusion.

1. « Nature humaine et amélioration de l'être humain à la lumière du programme transhumaniste », *Journal international de bioéthique*, 23/3-4, 2011, p. 30.

CHAPITRE VII

RENDRE LE MONDE PLUS HUMAIN

DE L'ÊTRE HUMAIN À LA PERSONNE

Le transhumanisme veut en définitive et un peu paradoxalement rendre l'être humain plus humain, c'est-à-dire lui permettre de satisfaire certaines aspirations qui l'habitent pour beaucoup d'entre elles depuis la nuit des temps. À cet effet, il s'agit d'améliorer en priorité les capacités premières dont j'ai parlé. Certes, il existe aussi des projets plus ambitieux de douer l'être humain de facultés nouvelles, comme la vision nocturne, mais c'est toujours pour satisfaire des besoins ou des désirs de l'être humain ou de certains d'entre eux. Si tout le monde n'est pas convaincu qu'il s'agit-là de biens véritables c'est, on le sait, à cause de la pluralité des conceptions de la vie bonne.

Si les capacités premières sont communes à toutes les conceptions de la vie bonne, c'est qu'elles sont constitutives de ce qu'est un être humain, qu'elles constituent sa nature dans un sens plus fondamental et minimaliste que celui que dénonce Bostrom. Dans notre tradition philosophique, la capacité première fondamentale qui caractérise notre humanité est la raison; or, elle nous fait immédiatement sortir de notre humanité, en ce sens qu'elle n'en dépend pas constitutivement. Cela a été visible dès que l'être humain a été défini comme une *personne*, par le philosophe romain Boèce au Ve siècle. Il introduit cette notion dans le combat qu'il mène contre les hérétiques Eutychès et Nestorius, à propos de la question de la Trinité, le dogme disant qu'il existe un seul Dieu en trois personnes : la personne, dit-il, est une substance individuelle de nature rationnelle (*naturae rationabilis individua substantia*), c'est-à-dire un individu doué de raison[1]. Il est important de mentionner ce contexte, car il met en évidence que dès l'origine le concept de personne n'est pas réservé à l'être humain, puisque, dit encore Boèce, « nous disons qu'il existe une personne de l'homme, nous le disons de Dieu, nous le disons de l'ange ». Cela souligne le caractère proprement philosophique de la notion, et donc des problèmes qu'elle a pour fonction d'éclaircir : si « homme » (ou « être humain ») est un concept qui peut avoir un rapport avec la biologie, ce n'est pas du tout le cas de « personne ». On pourrait imaginer qu'un ordinateur soit une personne, il est impossible qu'il soit un être humain. Pour être une personne, il suffit d'être doué de raison, que l'on soit un être naturel de chair et d'os, ou un être artificiel de silicium et de métal.

Il faut encore relever que ce concept est d'origine aristotélicienne : être doué de raison, c'est posséder une âme rationnelle. C'est pourquoi il est tout à fait normal que Thomas d'Aquin au XIIIe siècle le reprenne – il se réfère en outre explicitement à Boèce –, précisant :

> Le particulier et l'individu se vérifient d'une manière encore plus spéciale et parfaite dans les substances raisonnables, qui ont la maîtrise de leurs actes : elles ne sont pas simplement agies comme les autres, elles agissent par elles-mêmes [...]. De là vient que, parmi les autres substances, les individus de nature rationnelle ont un nom spécial, celui de « personne »[2].

Être une personne, c'est être rationnel, et être rationnel, c'est être capable de maîtriser ses actes : la raison doit gouverner, disait Aristote. C'est là une capacité éminente et elle forme, avec les autres capacités que la raison comprend, l'ensemble de propriétés le plus noble qu'un être puisse avoir, qui constitue sa *dignité*. L'être qui la possède est donc l'être le plus élevé, dit encore Thomas : « La nature que la personne inclut dans sa signification est la plus digne de toutes les natures, à savoir la nature intellectuelle selon son genre. Ainsi le mode d'existence que possède la personne est le plus digne »[3].

Le contexte philosophique va beaucoup changer avec la Modernité. Pourtant le concept de « personne » résistera, puisque Kant le conserve tel quel :

> Posséder le Je dans sa représentation : ce pouvoir élève l'homme infiniment au-dessus de tous les autres êtres vivants sur la Terre. Par là, il est une personne [...], c'est-à-dire un être entièrement différent, par le rang et la

1 « Contre Eutychès et Nestorius », dans *Traités théologiques*, Paris, GF-Flammarion, 2000, p. 74-75.

2. *Somme théologique*, *op. cit.*, Ia, q. 29, a. 1.

3. *De Potentia*, q. 9, a. 3, dans *Quæstiones disputatæ*, Paris, Lethielleux, 1925, p. 305b.

dignité, de choses comme le sont les animaux sans raison, dont on peut disposer à sa guise[1].

Le caractère rationnel qui fait d'un être une personne, c'est ici la conscience de soi – non la conscience sensible, mais celle qui implique une représentation. Ailleurs, le philosophe de Königsberg mentionne d'autres propriétés et notamment, en ce qui concerne la raison pratique, l'autonomie, c'est-à-dire « cette propriété qu'a la volonté d'être à elle-même sa loi »[2]. Si les êtres de la nature, c'est-à-dire les choses, sont soumises aux lois de la physique, les personnes ont en outre cette capacité de se donner à elles-mêmes des règles de conduite, à savoir des lois morales – elles sont donc capables de se gouverner –, et c'est exactement pour cela qu'elles sont des personnes, c'est-à-dire qu'elles ont une dignité : « La moralité, ainsi que l'humanité, en tant qu'elle est capable de moralité, c'est donc là ce qui seul a de la dignité »[3].

La dignité d'un être, c'est sa valeur intrinsèque. Ainsi la raison constitue la valeur de la personne et donc, de l'être humain, puisqu'il est une personne. On voit clairement que pour cette position, le *personnisme*, « ce sont les personnes, plutôt que les êtres humains comme tels, qui sont spéciaux »[4], c'est-à-dire qui ont une valeur morale particulière ou qui comptent moralement au premier chef. Or le projet transhumaniste a justement pour but de court-circuiter bien des aspects de notre humanité qui nous empêchent d'être ou de devenir des personnes accomplies, de réaliser des aspirations liées à notre nature d'êtres rationnels, y compris une longévité par trop limitée. Ce faisant, il se propose, dit-il, de créer une nouvelle espèce ; mais si ce qui compte, c'est la personne, qu'importe notre humanité biologique ! L'argument se rencontre fréquemment sous la plume des transhumanistes[5], ce qui souligne encore une fois leur ancrage dans la tradition philosophique occidentale.

Considérer que c'est la personne qui compte renforce l'argument présenté dans le chapitre précédent disant qu'il n'existe aucun impératif moral disant que nous devons rester humains, au sens où l'évolution

1. *Anthropologie du point de vue pragmatique*, Paris, Vrin, 1984, p. 17.

2. *Fondements de la métaphysique des mœurs*, *op. cit.*, p. 120.

3. *Ibid.*, p. 113.

4. D. DeGrazia, « Modal Personhood and Moral Status : A Reply to Kagan's Proposal », *Journal of Applied Philosophy*, 33/1, 2016, p. 22. Voir aussi J.-Y. Goffi, « Personne, personnalisme, personnisme », dans R. Mache (éd.), *La personne dans les sociétés techniques*, Paris, L'Harmattan, 2007.

5. G. Hottois, *Philosophie et idéologies trans/posthumanistes*, *op. cit.*, p. 184.

biologique nous a créés tels, ce qu'a aussi souligné John Harris[1] – on pourrait dire que le *telos* de la personne n'est pas identique au *telos* de l'être humain biologique. En outre, les moyens proposés par le transhumanisme : médecine d'amélioration, biotechnologies ou intelligence artificielle sont exactement ceux qui conviennent à des personnes et de ce point de vue on pourrait reprocher aux bioconservateurs de vouloir empêcher les êtres humains de devenir des personnes meilleures en privilégiant les aspects de l'humanité qui l'attachent à une nature dépourvue de raison et de sagesse[2]. Somme toute, la médecine est née parce que la nature nous empêchait de vivre la vie que nous désirions et il est révélateur que Rousseau s'y soit opposé. Notre humanité se mettait sur ce plan en travers de notre aspiration à être des personnes accomplies.

Paraphrasant Protagoras, Engelhardt disait, on s'en souvient : « Ce sont les personnes qui sont la mesure de toutes choses, parce que nul n'est capable de mesurer, si ce n'est une personne ». Mesurer, c'est donner et appliquer des règles; cela signifie notamment que seules les personnes ont une conscience morale et peuvent par là contrôler leur conduite, mais pas seulement : nous, les personnes humaines, devons nous comporter de manière rationnelle dans tous les aspects de notre existence, y compris dans nos relations avec notre environnement. Nous le faisons d'ailleurs depuis longtemps, avec de belles réussites mais aussi avec de gros échecs, car nous sommes (encore) cognitivement et émotionnellement plutôt limités, ce qui fait que nous avons notamment beaucoup de peine à évaluer de manière fiable les conséquences de nos interventions. Il n'est donc pas rare que les avis divergent à propos de la valeur de ce que nous avons déjà réalisé et projetons de faire dans l'avenir, et cela même dans le camp des bioprogressistes. Ce n'est en effet pas parce qu'on approuve le projet d'amélioration de l'être humain qu'on doit estimer que tout ce qui est entrepris constitue une authentique amélioration. Pour illustrer ce point, et montrer qu'être bioprogressiste n'implique pas d'être un technoenthousiaste affligé de myopie, je vais examiner deux projets d'amélioration qui suscitent le débat, voire la controverse, l'un touchant la procréation humaine et l'autre

1. *Enhancing Evolution...*, *op. cit.*, p. 37.

2. Les bioconservateurs invoquent souvent la dignité humaine pour s'opposer aux biotechnologies. On voit qu'il en va de la dignité comme de l'authenticité : c'est un concept formel dont le contenu peut être fourni par des conceptions différentes, voire opposées (B. Baertschi, « Human Dignity as a Component of a Long-Lasting and Widespread Conceptual Construct », *Journal of Bioethical Inquiry*, 11, 2014).

la gestion des animaux qui nous sont utiles, en posant chaque fois une question :

1) Grâce aux tests préimplantatoires et prénataux, au choix d'un embryon, nous pouvons maintenant éviter de mettre au monde un être humain affligé de graves pathologies. Peut-être pourrons-nous dans un futur pas trop lointain, envisager des thérapies géniques germinales par l'emploi de techniques comme CRISPR-Cas9, actuellement interdites car trop aléatoires et donc dangereuses. Mais par là, ne risque-t-on pas de faire émerger un nouvel eugénisme ?

2) L'utilisation que nous faisons des animaux est moralement peu adéquate : nous leur infligeons des souffrances terribles et les faisons mourir prématurément. Or, ici encore, le génie génétique nous fait espérer une meilleure issue, nous permettant de créer des animaux incapables de souffrir, et donc en un certain sens améliorés. Mais en quoi la vie de tels animaux serait-elle meilleure ?

Ces deux projets ressortissent à ce que je pourrais appeler la tâche de « rendre le monde plus humain », un raccourci qui devrait plutôt s'énoncer ainsi : « Rendre le monde plus conforme aux aspirations des personnes » – un projet immémorial, semé d'embûches et de périls, nécessitant parfois que l'on renonce à certaines entreprises ou qu'on lutte contre des penchants humainement naturels, que l'évolution à inscrits en nous, mais seul projet conforme à notre « nature ».

L'EUGÉNISME LIBÉRAL

Si le projet d'augmentation concerne surtout les êtres humains déjà nés et leurs enfants immédiats, le transhumanisme étend la problématique bien au-delà : les posthumains sont situés dans le futur et, vu qu'il est question d'agir sur la nature humaine, cela aura inévitablement des effets sur les générations à venir. D'où la pertinence et l'importance des interventions génétiques sur la lignée germinale : toute modification doit s'effectuer sur des embryons afin de se retrouver chez les descendants des personnes ainsi modifiées. Les transhumanistes estiment encore qu'il est inévitable d'en venir à de telles interventions génétiques pour allonger la vie bien au-delà de ce que la nature permet. Toutefois, actuellement, ce n'est pas ce projet qui inquiète, vu son côté futuriste, mais le tri des embryons selon des critères d'exclusion : éliminer – c'est-à-dire ne pas implanter – des embryons atteints de défauts sérieux, ce qui a, par ricochet, un effet qu'on peut considérer comme améliorant. Il existe certes certains projets plus directs, notamment en Chine, où on tente de choisir les embryons qui manifestent des séquences dans leur génome paraissant associées à un haut QI, mais ils sont encore l'exception. On pouvait en effet lire dans *L'Obs* du 13 janvier 2014 :

> L'empire du Milieu a l'ambition de devenir une grande puissance biotechnologique. Grâce à la collaboration de deux chercheurs l'un britannique, l'autre américain, l'équipe de Bowen a obtenu l'ADN de 2'500 purs génies au QI de 160 et plus. [...] Le séquençage serait très avancé. [...] Bowen garde les pieds sur terre : « Il nous reste à comparer ces génomes hors du commun avec un groupe témoin de personnes choisies au hasard. Nous sommes sûrs qu'avec assez de matière nous trouverons au moins une partie des gènes qui agissent sur le QI ». Wang Jian, le patron du BGI, est convaincu que cette recherche débouchera rapidement sur un test génétique. Il permettra aux couples qui ont recours à la fécondation *in vitro* de sélectionner les embryons les plus « intelligents » ! Sur le long terme, le niveau de QI de la population générale s'en trouverait amélioré [1].

Tous ces projets auront des effets populationnels. On peut déjà le voir sur la base de la pratique des tests prénataux : le nombre de nouveau-nés atteints de trisomie 21 a dramatiquement baissé[2]. C'est dans ce contexte qu'on entend à nouveau parler d'eugénisme, terme qui implique très généralement un jugement de valeur fortement négatif.

Il faut toutefois faire attention à l'usage des mots. Par rapport à l'eugénisme classique ou eugénisme politique, ce nouvel eugénisme, nommé par certains « eugénisme libéral » et parfois « eugénisme privé »[3], est bien différent. En effet, l'eugénisme classique a quatre caractéristiques essentielles qui ne se retrouvent pas dans sa version actuelle :

1) Il veut agir au niveau de l'espèce (l'améliorer ou stopper sa dégénérescence).

2) Il recourt au pouvoir de l'État.

3) Il ne reconnaît pas la liberté procréatrice des individus.

4) Il « trie » les géniteurs, non les embryons.

1 . http://tempsreel.nouvelobs.com/monde/20140110.OBS1978/comment-la-chine-fabrique-ses-futurs-genies.html.

2. R. Ogien, *Mon dîner chez les cannibales*, Paris, Grasset, 2016, p. 176.

3. L. Perbal, « Eugénisme », dans *Encyclopédie du trans/posthumanisme*, *op. cit.*, p. 287.

Bref, cet eugénisme subordonne les intérêts de l'individu à un but communautaire ou social, et cela selon deux directions : limiter la procréation des individus « dégénérés » (eugénisme négatif) et favoriser la procréation des individus supérieurs (eugénisme positif).

Les pratiques actuellement discutées peuvent aussi se diviser en interventions négatives (l'exclusion d'embryons malformés) et positives (le choix d'embryons meilleurs ou l'amélioration d'embryons). À part quelques exceptions, comme le cas chinois, seules les négatives sont actuellement pratiquées, mais cela pourrait changer avec la modification ciblée du génome (CRISPR-Cas9), surtout si elle est couplée avec des techniques permettant de multiplier les modifications *in vitro* moyennant une accélération de la succession des générations, comme le souligne Robert Sparrow :

> [Il s'agit] de la production délibérée d'êtres humains *in vitro*, par la fusion d'un spermatozoïde et d'un œuf obtenus à partir de lignées différentes de cellules souches, permettant de créer un embryon dont on dérivera de nouveaux gamètes à partir de cellules souches dérivées elles-mêmes de ces embryons, qui serviront ensuite à la création d'un nouvel embryon. En répétant ce processus, les scientifiques pourront créer de multiples générations d'humains « dans une éprouvette ». […] Cela pourrait être une puissante technologie d'augmentation de l'être humain en permettant aux chercheurs de produire *in fine* un individu humain avec le génotype désiré [1].

Contrairement à l'eugénisme politique, l'eugénisme libéral ne dépend pas de visées communautaires, mais individuelles : les parents veulent surtout éviter d'avoir un enfant handicapé ; peut-être dans l'avenir désireront-ils avoir un enfant doué de qualités particulières, mais ce n'est pour l'instant pas d'actualité. Si l'on se rappelle le sondage effectué auprès des parents concernant l'amélioration de leurs enfants pour qu'ils deviennent d'excellents joueurs de piano, on peut penser que « faire le meilleur » signifierait en effet pour certains parents trier sur des critères positifs, à la chinoise, ou même intervenir génétiquement, en insérant dans l'embryon des séquences liées à la virtuosité – avec comme effet la création possible d'une lignée de virtuoses. De manière plus réaliste, il faut penser au dopage génétique en sport. C'est à cet eugénisme libéral, fondé sur l'autonomie procréatrice des parents, c'est-à-dire sur la liberté qui leur est reconnue d'avoir les enfants qu'ils désirent, de les élever comme ils le veulent, en favorisant les qualités qu'ils valorisent, que je vais consacrer

1. « In vitro Eugenics », *Journal of Medical Ethics*, 40/11, 2014, p. 725.

mon propos. Cette liberté rend en effet difficile d'empêcher les parents de vouloir faire le meilleur pour leurs enfants, que ce soit par l'éducation (pensons aux écoles privées) quand ils sont déjà nés, ou en choisissant d'avoir, autant que possible, un bébé en bonne santé quand, justement, il n'est pas encore né.

L'eugénisme libéral est donc bien différent de l'eugénisme politique, dans son exercice et dans ses motivations. Tout le monde s'accorde à condamner moralement ce dernier ; faut-il prôner la même attitude envers le premier ? Ce n'est pas évident, car justement, il respecte la liberté des individus au contraire du premier. Comme le dit Engelhardt : « Il devient très difficile de placer des restrictions à la fécondation *in vitro*, réalisée dans le but de produire un enfant sain pour des parents qui, autrement, seraient incapables de se reproduire »[1]. Pourtant des voix critiques se font entendre, invoquant un risque eugéniste justement. Ce risque est réel dans la mesure où il est une conséquence inévitable de l'exercice de la liberté, comme Diane Paul le souligne : si l'autonomie procréatrice est considérée comme un droit absolu, on devra accepter une certaine quantité d'eugénisme en retour[2], et ce ne sera pas différent si ce droit est seulement reconnu comme important et protégé en tant que tel. L'autonomie étant ce qui garantit à chacun la possibilité de mener sa vie conformément aux idéaux qui sont les siens, il faut bien évidemment la protéger. Toutefois, le bien de l'enfant compte aussi et, dans les systèmes juridiques européens, l'exigence normative première des lois sur l'assistance médicale à la procréation consiste souvent en l'affirmation de ce bien. La liberté des parents a donc des limites, mais elle reste une valeur importante et directrice. Certains partisans de l'eugénisme libéral estiment d'ailleurs que le respect de cette liberté n'exclut pas celle de l'enfant, bien au contraire, puisqu'ils proposent d'agir, positivement cette fois, en modifiant le génome de l'enfant, sur les traits susceptibles de favoriser sa capacité d'auto-détermination et de choix d'un plan de vie qui lui soit propre, quand bien sûr la base génétique de cette capacité sera connue[3].

Cet effet eugéniste est-il moralement problématique ? Soulignons d'abord que l'eugénisme en question recouvre plusieurs pratiques qui ne suscitent pas forcément les mêmes soucis éthiques : il y a comme je l'ai dit sa version négative (éliminer les embryons atteints) et sa version positive

1. *Les Fondements de la bioéthique*, *op. cit.*, p. 239.

2. « Is Human Genetics Disguised Eugenics? », dans D. Hull et M. Ruse (éd.), *The Philosophy of Biology*, Oxford, OUP, 1998, p. 548.

3. M. Sandel, *The Case Against Perfection*, *op. cit.*, p. 75-76.

(favoriser les « bons » embryons), soit par un tri (choix du meilleur – le projet chinois, mais qui n'est pas un projet libéral, vu l'intervention de l'État), par une intervention thérapeutique (eugénisme correctif – la thérapie génique germinale) ou par l'ajout ou l'amélioration d'une qualité (augmentation de l'être humain). En ce qui concerne les interventions négatives, certains soucis se sont fait jour concernant l'image et la prise en charge des handicapés dans une société qui ne les accepterait plus vraiment – c'est ce qu'on appelle l'*argument expressiviste*[1] – ; ils ne se sont heureusement pas matérialisés et ne peuvent donc être opposés à la liberté procréatrice des parents. Quant aux interventions positives, c'est surtout celles visant à améliorer les embryons qui ont été discutées et dénoncées, comme l'atteste cette prise de position de Hans Jonas, qui souligne par ailleurs une difficulté réelle :

> Il se pourrait que certains usages de la technologie soient en eux-mêmes et par eux-mêmes des abus. Parmi eux, je rangerais les tentatives de changer ou d'améliorer la substance génétique de l'homme. Il est extraordinairement difficile de tracer la limite entre la simple réparation des défauts et le projet de refaçonner[2].

Ce type de condamnation de principe ne résiste toutefois pas à l'examen, comme on a vu. Mais il existe encore des critiques plus ciblées contre l'eugénisme d'amélioration positif.

La première dénonce une forme de paternalisme. Être paternaliste, c'est choisir ce qui est bien pour quelqu'un qui serait capable de le faire. Nos futurs enfants et les générations à venir ne sont évidemment pas capables de poser des choix, mais ils le seront quand ils existeront ; ainsi, vouloir les améliorer par le génie génétique, c'est les mettre à la merci des personnes qui en ont le pouvoir, quelles qu'elles soient, groupes ou individus, parents, médecins ou gouvernants. Jürgen Habermas l'exprime en ces termes :

> Celui qui est à l'origine du programme dispose unilatéralement, sans avoir supputé de manière justifiée le moindre consentement, du matériel génétique d'une autre personne dans l'intention paternaliste de mettre sur les bons rails la biographie de cette autre personne, qui dépendra de cette intention. [...] La situation de la personne programmée est analogue à celle

1. S. Wilkinson, *Choosing Tomorrow's Children*, Oxford, OUP, 2010, chap. VI.
2. « Not Compassion Alone », *Hastings Center Report*, 25/7, 1995, p. 45a.

du clone qui, par le regard modélisant porté sur la personne et la biographie du « jumeau » décalé, est privé d'un avenir non obstrué qui lui soit propre [1].

Certes, mais nos enfants n'étant pas autonomes, nous devons sans cesse choisir pour eux ; n'y a-t-il donc pas là le même paternalisme inévitable que dans l'éducation ? Habermas le nie et pense qu'il existe une différence importante entre l'éducation et la programmation génétique, car l'enfant devenu adulte pourra se déterminer par rapport à l'éducation qu'il a reçue, liberté réflexive qui n'existe pas face au génome imposé [2].

À l'objection qu'on lui fait que le génome ne fait pas tout et que l'affirmation d'un déterminisme génétique n'est pas tenable, Habermas rétorque : « L'argument ne tient qu'au prix d'un parallèle douteux reposant sur l'aplanissement des différences entre ce qui croît naturellement et ce qui est fabriqué » [3]. L'éducation prend place dans le cadre de la croissance naturelle, la manipulation génétique non. L'ennui, comme on l'a vu, c'est que l'opposition entre le naturel et l'artificiel n'est pas pertinente ici, et il n'y a aucune sagesse dans la nature qui rendrait par principe son œuvre meilleure que celle de l'être humain. On concèdera toutefois qu'il n'est pas impossible que la programmation génétique modifie plus profondément que l'éducation, du moins si elle intervient au point de devenir une sorte de fabrication. Il reste souhaitable que notre nécessaire intervention sur nos enfants soit réduite au minimum dès qu'il s'agit d'aller au-delà du perfectionnement des capacités premières et lorsque les conséquences de ce que nous faisons sont mal connues, y compris d'ailleurs dans l'éducation.

En poussant plus loin l'argument de Habermas, on pourrait soutenir qu'enfanter est moralement douteux. Ruwen Ogien le formule ainsi :

> Je crois que l'argument du consentement des enfants doit être pris en considération quand on s'interroge sur la valeur morale de la procréation. Il devrait nous amener à la conclusion suivante : Seuls nos enfants pourront un jour nous absoudre de la faute morale qui consiste à les avoir mis au monde. Comment ? En acceptant de nous pardonner de les avoir fait naître [4].

La formulation est un peu calviniste et il vaut sans doute mieux dire : « en nous remerciant de les avoir fait naître ». Le refus de tenir compte de l'autonomie future est aussi ce qui était problématique avec le cas des enfants sourds, un autre rare cas de tri positif : favoriser les « bons »

1. *L'Avenir de la nature humaine*, *op. cit.*, p. 96-98.
2. *Ibid.*, p. 27-28.
3. *Ibid.*, p. 78.
4. *Mon dîner chez les cannibales*, *op. cit.*, p. 185.

embryons ; mais outre le caractère paternaliste de la demande des parents sourds, il est faux qu'être sourd soit une caractéristique d'un bon embryon, si l'on se place au niveau des capacités premières de l'être humain, les seules qu'ils soit licite de favoriser, vu qu'elles sont communes à toutes les conceptions acceptables de la vie bonne, comme on a dit.

Une objection analogue à celle de Habermas a été formulée par Kass :

> Il est mal de choisir les caractéristiques de ses enfants, aussi bonnes que soient nos intentions. Leon Kass a formulé cet argument lorsqu'il était Président du Comité de bioéthique américain. Pour lui, la procréation humaine est un « don » et toute forme de sélection ou de manipulation transforme l'enfant en un « produit manufacturé », ce qui fait obstacle à son épanouissement [1].

Manufacturer un enfant, c'est passer outre son autonomie future et lui imposer notre vision de ce qu'est un bon enfant ; c'est donc l'instrumentaliser et violer un interdit fondamental, déjà fortement souligné par Kant. À la différence de Habermas toutefois, Kass se place sur un terrain où il existe une instance, Dieu ou la nature, dont les choix doivent être respectés et acceptés – on se rappelle l'accusation de jouer à Dieu. Ainsi l'enfant est un don et non un produit de notre activité. Je n'ai aucun commentaire à faire concernant la version religieuse de l'objection, puisqu'elle se fonde sur un acte de foi en l'existence d'une bonté divine, assez problématique toutefois à mon avis si l'on en juge par les caractéristiques de ce donné ; mais sa version naturaliste, rappelant Rousseau, est tout simplement inacceptable et d'ailleurs inacceptée : la civilisation humaine est en bonne partie une lutte contre les dons de la nature. Nous sommes bien entendu libres de décider quels sont les aspects de la nature nous acceptons et quels sont ceux contre lesquels nous luttons, et cela vaut aussi pour les parents, mais c'est justement à nous d'en décider.

Une seconde objection contre le génie génétique d'amélioration est tirée de la pluralité des conceptions de la vie bonne ; elle renforce celle de l'autonomie et va dans la même direction : toute intervention qui va au-delà du perfectionnement des capacités premières est moralement problématique. Cette objection a été formulée par John Mackie : « John Mackie, lors d'une discussion, [...] affirma que si les Victoriens avaient été capables d'utiliser le génie génétique, ils auraient voulu faire de nous des personnes plus pieuses et plus patriotes » [2]. Il est moralement inacceptable d'imposer

1. J. Robertson, « Extending Preimplantation Genetic Diagnosis : The Ethical Debate », *Human Reproduction*, 18/3, 2003, p. 466.

2. J. Glover, *What Sort of People Should There Be?*, *op. cit.*, p. 149.

nos valeurs aux personnes futures au-delà de ce qui est inévitable (et c'est déjà beaucoup), car ce serait considérer que ce que nous valorisons actuellement dans l'homme, notre conception actuelle de la vie bonne et réussie, a valeur définitive. Violation de l'autonomie future donc – et ici nous retrouvons encore Habermas –, mais aussi et surtout refus du pluralisme, c'est-à-dire de reconnaître qu'il existe de nombreuses conceptions de la vie bonne de valeur, qu'il nous est même souvent difficile d'imaginer, immergés que nous sommes dans celle que nous avons adoptée. Il faut réaffirmer alors que c'est à chacun de choisir celle qui lui convient – ou du moins, car évidemment il ne s'agit pas d'un pur choix émanant d'un agent pleinement autonome, que personne n'a autorité pour l'imposer à autrui. Ici, l'argument rejoint une autre considération de Habermas, à mon sens plus pertinente que celle qu'il trace entre le génie génétique et l'éducation, qui fait référence aux attentes des parents par rapport à leur enfant amélioré : « Les parents, en décidant de son programme génétique, ont lié à cette décision des projets qui se transforment par la suite en attentes relatives à leur enfant »[1]. Mais contrairement à ce qu'il ajoute dans la suite, il n'est pas vrai que par là l'enfant perdrait toute possibilité de s'y opposer, car il n'existe pas de déterminisme génétique strict.

L'autonomie procréatrice dit que les parents sont libres de choisir d'avoir les enfants qu'ils veulent, sous la condition toutefois qu'ils ne leur causent pas de tort ou de préjudice. Il y a donc aussi une non-malfaisance procréatrice à respecter. Doit-on aller jusqu'à prôner une bienfaisance procréatrice ? Je l'ai implicitement nié, en parlant de la liberté des parents, mais ce n'est pas l'avis de Julian Savulescu, qui affirme un *Principe de Bienfaisance procréatrice* : « Les parents ont un devoir *prima facie* de sélectionner, parmi ceux qu'ils peuvent avoir, l'enfant qui aura le plus de chances de mener la meilleure vie »[2]. Ainsi, dans une optique eugénique négative, il sera obligatoire de choisir l'embryon le meilleur et, le jour où des interventions améliorantes seront disponibles, d'agir pour que l'enfant puisse en bénéficier. Guillaume Durand conteste l'argument en s'appuyant sur l'asymétrie soulignée en éthique clinique entre faire le bien (bienfaisance) et éviter le mal (non-malfaisance) : si nous avons l'obligation de ne pas causer de tort à l'enfant, nous n'avons pas celle de lui faire du bien, du moins avant sa naissance. Cette obligation de ne pas nuire n'est d'ailleurs pas si anodine, puisqu'elle demande qu'un test préimplantatoire soit fait si

1. *L'Avenir de la nature humaine*, *op. cit.*, p. 79.

2. P. Herissone-Kelly, « Procreative Beneficience and the Prospective Parent », *British Medical Journal*, 32, 2006, p. 166.

les risques de malformation pour l'embryon sont sérieux : ne pas le faire est une omission coupable[1].

Tracer une différence entre faire le bien et s'abstenir de causer un mal, c'est se réclamer de la distinction entre l'action et l'omission. Cette distinction est fortement ancrée dans notre psychologie morale, on l'applique spontanément, mais il est parfois plus difficile de la justifier rationnellement[2]. Dans la question de l'augmentation de l'être humain et de son prolongement « naturel », le transhumanisme, elle doit jouer un rôle important, d'abord à cause de la pluralité des conceptions de la vie bonne qui implique que « la meilleure vie » dont parle Savulescu n'a pas de contenu déterminé, mais aussi à cause du caractère fragmentaire de notre connaissance des effets de nos interventions. De même que le choix de l'embryon le meilleur est problématique, mais qu'on doit éviter d'implanter un embryon porteur de malformations sérieuses, de même faut-il se garder d'intervenir intempestivement dans nos tentatives d'amélioration, surtout si elles sont irréversibles. On pourrait parler ici de principe de précaution si ce dernier n'avait pas le grave inconvénient de ne tenir aucun compte des bénéfices escomptés, comme on a vu – ce principe aussi est centré exclusivement autour de la non-malfaisance, oubliant la bienfaisance.

En argumentant en faveur d'un eugénisme libéral limité à l'amélioration des capacités premières, j'ai implicitement présupposé que le transhumanisme s'appuiera sur une conception libérale. Or c'est loin d'être évident, comme l'exemple chinois l'atteste. Le risque que des régimes autoritaires dont l'idéologie est fort éloignée du libéralisme démocratique recourent au génie génétique pour améliorer les performances de ses membres est sérieux. Toutefois, pour minimiser ce risque, le remède ne consiste pas en un rejet du recours à ces moyens biotechnologiques – qui aurait d'ailleurs le pouvoir politique de l'interdire à ces régimes ? –, mais dans des négociations et des accords politiques au niveau international. Il est urgent de le faire, si on veut éviter la menace d'un retour de l'eugénisme politique.

1. « De la non-malfaisance procréative », *Bioethica Forum*, 10/1, 2017.

2. F. Cushman, L. Young et M. Hauser, « The Role of Conscious Reasoning and Intuition in Moral Judgment », *Psychological Science*, 17/12, 2006, p. 1086.

DES ANIMAUX A-MÉLIORÉS

Depuis que l'élevage existe, les êtres humains travaillent à adapter les animaux à leurs besoins, voire à leur fantaisie. Vaches et taureaux d'élevage sont plus petits que leurs ancêtres sauvages, ce qui permet de mieux gérer ces gros animaux, qui peuvent être assez dangereux. Lorsque les chevaux étaient utilisés comme animaux de trait, on a vu apparaître de puissantes races, comme les Percherons. La variété dans les animaux de compagnie, particulièrement les chiens, augmente régulièrement, au gré des hasards de la sélection et des modes. Vu que ce sont nos intérêts qui comptent, les modifications ne visent jamais l'avantage de l'animal lui-même, et on n'est pas surpris qu'il en souffre parfois : pensons aux carlins, dont la morphologie des voies respiratoires supérieures handicape leur respiration et raccourcit leur vie. La sélection naturelle dirigée n'est pas toujours bénigne, on le voit, d'autant plus lorsqu'elle est complétée par la chirurgie, l'attestent la taille des oreilles et des queues des chiens.

Jusqu'à récemment, l'adaptation des animaux à nos besoins et à notre fantaisie se faisait essentiellement par la sélection naturelle dirigée, marginalement aidée par la chirurgie. Cette approche anthropocentriste a toutefois connu récemment une nouvelle avancée et de nouveaux succès grâce au génie génétique et à la biologie de synthèse. La transgenèse a permis de conférer à certains animaux des caractéristiques désirables de notre point de vue ; les exemples abondent, particulièrement dans la médecine (pensons aux oncosouris, qui servent de modèle pour étudier le cancer humain, puisqu'elles y sont sensibles) et dans la production de chair animale : des cochons moins gras et munis de cuisseaux volumineux, des saumons à croissance rapide, etc. La biologie de synthèse est plus nouvelle encore ; pour l'instant, on lui doit la création de bactéries uniquement, mais les idées nouvelles ne manquent pas. Le cas qui va m'occuper ressortit au génie génétique ; c'est le projet de créer des animaux a-méliorés (avec alpha privatif) ou dé-gradés. De quoi s'agit-il ?

Nous avons appris depuis peu que la douleur se décompose en deux parties : le vécu affectif désagréable et la réaction sensorielle ; nous savons aussi que ces deux parties dépendent chacune de gènes différents et nous avons déjà plus que des idées concernant la désactivation de ceux qui produisent les enzymes responsables du vécu affectif. Par ce moyen, nous allons être à même de produire des mammifères qui n'éprouveront que peu voire pas de douleur ou même de souffrance. En effet, chez les souris, la suppression de ces enzymes par voie neurologique – ablation chirurgicale du cortex cingulaire antérieur – fait par exemple que les mères deviennent indifférentes quand on leur enlève leur petit[1]. On peut même penser à produire des animaux décérébrés, c'est-à-dire qui n'auront de cerveau qu'autant qu'il est nécessaire pour être des usines à viande, ainsi qu'à lait et à œufs, dépourvus de conscience et donc, semble-t-il, impossibles à exploiter en un sens moralement répréhensible, des animaux nous dit Bernard Rollin « que le génie génétique placerait dans un état très semblable à un état végétatif persistant »[2].

Ces différentes techniques nous permettront d'adapter de mieux en mieux les animaux à nos besoins, mais surtout, sur le plan de l'éthique, la production d'animaux qui ne souffrent pas ou qui sont décérébrés satisfait aux exigences morales posées par les défenseurs de la cause animale, particulièrement celles de Peter Singer[3]. Il existe donc de bonnes raisons de développer cette filière de production de viande, même s'il faut reconnaître que la fabrication de viande artificielle *in vitro* serait encore une meilleure option – et certains y travaillent –, puisqu'elle ferait littéralement évaporer tout souci moral basé sur l'éthique animale. Adopter un mode de vie vegan ou végétalien aurait le même effet, sauf que, au lieu d'adapter les animaux à nos besoins – de rendre le monde mieux adapté aux besoins et désirs des personnes –, nous adapterions notre comportement culinaire pour faire cesser la souffrance voire l'exploitation animales, en modifiant nos besoins et désirs, ce qui est aussi une attitude que la raison approuve. Toutefois, la production industrielle de viande artificielle ou un véganisme généralisé ne sont pas des options pour un futur proche, et la production d'animaux incapables de souffrir est (presque) le seul moyen à notre disposition pour faire cesser une grande partie de la souffrance animale.

Le cas de ces animaux a-méliorés est particulièrement intéressant sur le plan de la logique de nos réactions et de leur soubassement philosophique et éthique en rapport avec la question de l'augmentation de l'être humain. Pour en prendre la mesure, il me faut d'abord exposer succinctement la position des défenseurs des animaux qui, à l'instar de Singer, adoptent une conception *pathocentriste*, à savoir une position qui pense que la caractéristique qui fait qu'un être a un statut moral est la possession de la sensibilité, c'est-à-dire la capacité à éprouver du plaisir et de la douleur. « Avoir

1. A. Shriver, « Knocking Out Pain in Livestock: Can Technology Succeed Where Morality Has Stalled? », *Neuroethics*, 3, 2009, p. 119.

2. P. Thompson, « The Opposite of Human Enhancement : Nanotechnology and the Blind Chicken Problem », *Nanoethics*, 2, 2008, p. 310.

3. J.-B. Jeangène Vilmer, *Éthique animale*, Paris, P.U.F., 2008, chap. III.

un statut moral, c'est compter moralement ou avoir un rang moral. C'est être une entité envers laquelle les agents moraux ont, ou peuvent avoir, des obligations morales »[1], dit Mary Anne Warren ; ainsi, le fait qu'un être est capable de souffrir crée des obligations morales : on n'a pas le droit de le traiter comme bon nous semble. Or, n'étant pas capables de souffrir, des animaux a-méliorés ne posséderont pas d'intérêts dignes de protection et ne tomberont donc pas dans la catégorie des êtres dotés d'un statut moral selon le pathocentrisme. Dès lors, les tenants de cette position devraient accepter sinon d'en manger eux-mêmes – on peut ne pas aimer la viande –, du moins qu'ils soient consommés par ceux qui les goûtent. Or ce n'est généralement pas le cas. Cette option est souvent rejetée vigoureusement, voire avec indignation. On observe d'ailleurs une attitude analogue face à la viande *in vitro* : en 2008, une association américaine de défense des animaux, l'association PETA (*People for the Ethical Treatment of Animals*) avait offert 1 million de dollars à qui produirait de la viande artificielle de poulet avant 2016. Cela a créé une polémique parmi les défenseurs des animaux, dont internet s'est fait l'écho, et PETA a perdu un nombre considérable d'adhérents.

Que penser de ces réactions ? Que nombre de ceux qui se croient et se disent partisans du pathocentrisme soutiennent en fait, et sans qu'ils s'en rendent compte, une position différente, pour laquelle la production d'animaux a-méliorés, voire de viande artificielle, n'est pas une solution moralement acceptable. Quelle est cette position et en quoi consistent les raisons inconscientes ou inavouées de l'opposition aux animaux a-méliorés ou dé-gradés de la part des partisans du pathocentrisme ?

Mon hypothèse est que ces derniers adoptent en réalité l'argument suivant : ce projet de dé-gradation d'animaux revient à supprimer certaines de leurs capacités naturelles, c'est-à-dire à détruire leur *intégrité* animale – ainsi un bœuf a-mélioré perdrait-il son intégrité bovine. Or, cela n'est pas admissible, car il s'agit d'une détérioration au sens propre, qui diminue la valeur intrinsèque de l'animal ou l'empêche de réaliser son *telos*, c'est-à-dire d'atteindre les buts qu'il poursuit naturellement et d'user de l'ensemble des capacités dont la nature a doté l'espèce à laquelle il appartient, garantes de son épanouissement. Celui qui aurait un tel projet sur un être humain serait à juste titre regardé avec horreur.

Cet argument nous est familier, en ce qu'il fait appel à une finalité naturelle – un *telos* – que possède chaque membre d'une espèce animale, finalité que nous devons respecter, si nous nous plaçons à un point de vue

1. M. A. Warren, *Moral Status*, Oxford, OUP, 1997, p. 3.

moral. Certes, ce respect n'est pas absolu, mais il est un élément qui compte dans une pesée des intérêts et exige que nous ayons une bonne raison si nous voulons passer outre. L'argument du *telos* ne se rencontre d'ailleurs pas seulement dans la question animale, car il arrive qu'il se généralise à tout le vivant, dans une conception biocentriste. D'où par exemple l'objection à la production de certains végétaux génétiquement modifiés lorsque l'insertion du transgène transgresse la barrière des espèces – dans le cas bien sûr où il provient d'une autre espèce[1].

Que penser de cette objection à la production d'animaux a-méliorés ? En sa faveur, je dirai qu'elle est légitime lorsqu'elle nous rappelle que nous devons essayer de garantir aux animaux avec lesquels nous avons des rapports un environnement dans lequel ils puissent s'épanouir, c'est-à-dire vivre en fonction de leurs désirs et aspirations, sans contraintes inutiles ou sans devoir par trop s'assujettir à nos désirs, bref, en fonction de ce qu'on peut effectivement appeler leurs finalités naturelles ou de leur *telos*. Toutefois, comme le montrent les quatre arguments suivants, il n'y a là rien qui constitue une objection morale insurmontable pour la production d'animaux a-méliorés.

1) Modifier profondément les capacités d'un être n'est pas forcément mauvais et ne constitue pas par nature une détérioration ou une dégradation, même si pour cela on transgresse la barrière des espèces. Ce peut être au contraire une amélioration au sens strict, dans la mesure où un être peut par là acquérir une capacité qui lui est utile et dont il était dépourvu jusqu'ici. C'est exactement ce que pense le transhumanisme, on l'a vu, et on lui a donné raison sur ce point, du moins en principe. Il est toutefois difficile de le soutenir dans le cas présent, puisqu'on supprime une ou plusieurs capacités naturelles des animaux sans que cela ne leur confère aucun avantage propre.

La capacité d'éprouver de la douleur et de souffrir est toutefois une capacité à double tranchant. Son utilité dans la vie sauvage est évidente, puisqu'elle permet à l'animal de détecter certaines menaces et de veiller à ce que son intégrité physique ne soit pas trop sérieusement endommagée ; mais elle le fait au prix d'un mal-être et de souffrances. Ne serait-ce alors pas une bonne chose pour un animal domestique, dont la sécurité est garantie par les êtres humains qui s'occupent de lui, d'en être dépourvu ?

1. CENH, *La dignité de la créature dans le règne végétal*, Berne, 2008, p. 12-13, disponible en ligne sur le site : http://www.ekah.admin.ch/fileadmin/ekah-dateien/dokumentation/publikationen/f-Broschure-Wurde-Pflanze-2008.pdf.

La réponse est loin d'être claire, surtout si on raisonne en termes de bien-être.

2) L'être humain crée, depuis l'aube des temps, des variétés animales dont les capacités naturelles sont adaptées à ses propres besoins ou à ses propres fantaisies et qui constituent parfois de véritables handicaps, bien que les animaux ainsi créés n'en souffrent pas forcément. J'ai parlé des carlins et des oncosouris transgéniques, mais on peut penser plus simplement aux mulets. Les carlins et les oncosouris souffrent de par leur état même, contrairement aux mulets, qui sont simplement exploités; d'autres animaux transgéniques, comme certains poissons d'aquarium (les *Glofishes*) vivent gentiment leur vie dans un espace restreint, sans paraître en éprouver de désagrément, du moins ni plus ni moins que les autres poissons d'aquarium. La situation des animaux a-méliorés ne sera pas bien différente de celle de ces animaux modifiés « naturellement » ou génétiquement, elle sera même meilleure en termes de bien-être.

Ces deux arguments montrent que, si nous créons des animaux a-méliorés, nous ne ferons pas quelque chose de très différent de ce que nous avons fait jusqu'ici, c'est-à-dire adapter d'autres êtres vivants à nos besoins. Et cela en respectant les exigences du pathocentrisme, ce qui n'a de loin pas souvent été le cas jusqu'ici. Toutefois, l'objection du *telos* demande plus et même en définitive autre chose. En effet, il ne suffit pas selon elle de diminuer voire de supprimer la douleur qu'éprouvent les animaux doués de sensibilité, mais de respecter les finalités naturelles des êtres vivants, c'est-à-dire de ne pas frustrer leurs désirs et aspirations essentielles. Or, comment cela serait-il possible en les a-méliorant, c'est-à-dire en frustrant justement leur *telos*, en les empêchant de s'épanouir conformément aux caractéristiques de leur espèce ? Un troisième argument va répondre à ce souci.

3) Il faut trouver quelqu'un ou une équipe qui accepte de se salir les mains et que cela soit fait une fois pour toutes. Cette personne ou cette équipe acceptera de dé-grader génétiquement des animaux au niveau germinal et donc de créer une lignée modifiée, qui se reproduira ensuite avec les caractéristiques qu'elle a acquises, lignée qui sera donc composée d'animaux incapables de souffrir. En conséquence, le mal à venir sera considérablement diminué sans que le statut moral des individus concernés ne soit foulé aux pieds, puisqu'ils n'auront plus leur statut moral antérieur basé sur leur capacité à éprouver plaisir et souffrance (leur sensibilité). Certes, il aura fallu intervenir immoralement pour obtenir cette lignée et instrumentaliser lourdement certains animaux existants (en fait, les

embryons de leurs futurs petits), mais on fait bien pire actuellement, et cela sans perspective de voir le mal cesser. A-méliorer a donc un coût moral, mais en définitive infime, même si l'on y ajoute le nombre d'animaux sacrifiés pour la mise au point de la technique.

On notera avec intérêt que l'intervention est parfois réalisée par la nature elle-même : on peut rendre aveugles des poulets en intervenant sur leur génome, mais la nature l'a fait elle-même, suite à une mutation spontanée; or ces poulets aveugles souffrent moins dans les conditions habituelles d'élevages surpeuplés, bien qu'ils soient toujours des poulets [1]. Que ce soit alors le bien-être sensible ou le respect du *telos* qui compte, il devient égal d'a-méliorer le sort des poulets en les rendant aveugles, de n'élever que des poulets naturellement aveugles, ou de modifier leurs conditions de détention [2]. Pourquoi en irait-il différemment lorsqu'il s'agit d'autres capacités ?

Toutefois, il subsiste un problème : le *telos* d'un animal individuel est déterminé par les capacités naturelles qui caractérisent son espèce. Or, si l'on crée *délibérément* une nouvelle lignée dont les membres continuent d'appartenir à la même espèce, c'est comme si l'on créait volontairement des êtres handicapés, dont le handicap serait héréditaire et les rendrait incapables de réaliser pleinement leur *telos*. Un bœuf dé-gradé n'est plus capable de réaliser totalement sa « bovéité », de s'épanouir en tant que bovidé. Le fait qu'il arrive que la nature soit l'auteur de handicaps ne justifie pas que nous les infligions délibérément, mais plutôt que nous recourions à la médecine vétérinaire pour y remédier ou, si ce n'est pas possible, qu'au moins nous ne leur permettions pas de se reproduire. Ainsi, que ce soit la nature ou nous-mêmes, les êtres humains, qui intervenions, cela fait une différence morale même si cela ne change pas le résultat, qui est que certains animaux deviennent incapables de réaliser pleinement leur *telos*.

Un quatrième argument répond à l'objection.

4) Tant qu'on en reste à un certain niveau d'a-mélioration, on peut à bon droit nier que l'intervention modifie le *telos* de l'animal : supprimer sa capacité de souffrir laisse intactes toutes les autres capacités de l'animal; peut-être même sera-t-il plus aisé pour lui de réaliser son *telos*, sans être importuné par les petites misères quotidiennes. À un autre niveau

1. P. Thompson, « The Opposite of Human Enhancement… », art. cit., p. 306.

2. Il serait évidemment bien mieux au plan moral d'améliorer *sensiblement* leurs conditions de détention en les élevant dans un environnement favorable à leur épanouissement.

cependant, il est vrai que l'intervention rendra impossible la réalisation de ce *telos*; ce sera évidemment le cas des animaux décérébrés. Cela constitue, pensera-t-on, une bonne raison de refuser ce type d'a-mélioration. Mais ce n'est pas le cas; en effet, s'il est moralement répréhensible de diminuer les capacités d'une espèce existante, ou du moins d'un certain nombre de ses représentants, il ne peut en aller de même si on *crée une nouvelle espèce* qui, par définition, ne perdra rien : son *telos* sera nouveau, créé de toutes pièces, un peu comme il en va lors de l'avènement de nouvelles espèces dû à l'évolution – ces nouvelles espèces, avec leur nouveau *telos*, se caractérisent d'ailleurs aussi parfois par la perte d'une fonction; pensons à la vue chez les animaux cavernicoles. Cette création devrait bientôt être possible grâce aux progrès du génie génétique et de la biologie de synthèse, même si bien sûr il ne s'agira pas de créer un nouvel animal *ex nihilo*, mais de le faire à partir d'espèces existantes, en les modifiant suffisamment pour qu'on puisse parler de nouvelle espèce.

Rappelons par ailleurs que, étant donné **ITC** (la thèse de l'identité de nature de tous les changements) dont j'ai parlé au chapitre II, créer une nouvelle espèce vivante n'est moralement ni plus ni moins problématique que changer une propriété d'une espèce existante, que ce soit par le moyen de croisements ou par des interventions génétiques. La seule question qui compte est de savoir si les individus doués d'une nouvelle capacité ou les membres de l'espèce résultante s'en trouveront mieux ou non, c'est-à-dire en ce qui concerne les animaux s'ils seront mieux adaptés à leur milieu ou non, ce milieu ayant été façonné en profondeur par des générations de personnes appartenant toutes à l'espèce humaine.

Si l'on applique maintenant cette argumentation à l'être humain, en pensant amélioration et non a-mélioration, on doit dire qu'il n'existe pas plus d'argument moral de principe contre la création d'une espèce posthumaine que contre l'amélioration de capacités humaines existantes ou la création de nouvelles capacités. La seule chose qui importe, c'est que les personnes s'en trouvent mieux, ce que le respect des cinq règles proposées (**R1** à **R5**) devrait assurer.

Cette discussion concernant l'animal souligne l'importance du *telos* dans la problématique de l'augmentation de l'être humain, et cela à deux niveaux :

1) Les bioconservateurs utilisent l'argument du *telos*, lorsqu'ils affirment que notre humanité est en danger dans le programme transhumaniste, voire même dans celui de l'augmentation par des moyens biotechnologiques. À la lecture des considérations de Bostrom, on voit que ce n'est pas le cas : les buts poursuivis par les posthumains seront humains, comme

je l'ai dit, il ne s'agit pas d'en proposer de nouveaux. D'autant que le but architectonique de rendre notre humanité plus humaine, c'est-à-dire plus conforme aux buts valorisés par les personnes que nous sommes, demeure évidemment, et cela restera vrai même si, à la longue, le *telos* posthumain en venait à différer du *telos* humain. Quant aux moyens d'augmentation, on a vu que certaines contraintes pèsent sur eux, mais que les moyens biotechnologiques ne sauraient être rejetés par principe : ils sont des manifestations de notre rationalité, liée à notre statut moral de personnes.

2) Les bioconservateurs ont toutefois raison de poser la question en termes de *telos*, car il s'agit bien, dans toute cette discussion autour de l'augmentation, de ce que cela signifie d'être une personne humaine et quel épanouissement est approprié et désirable pour un être ainsi constitué. L'argumentation libérale elle-même se coule dans ce moule, en ce que la valorisation de l'autonomie est aussi une valorisation de la rationalité propre à la personne. En ce sens, le libéralisme est une conception de la vie bonne et une forme de perfectionnisme (c'est une doctrine compréhensive, dit Rawls), à savoir un perfectionnisme de la liberté individuelle ou de l'autonomie, déterminant son propre idéal de la personne. L'exercice de la raison et de l'autonomie, c'est-à-dire de capacités qui caractérisent le *telos* des personnes, rend toutefois, pour reprendre encore une expression de Rawls[1], le fait du pluralisme des conceptions de la vie bonne indépassable, et bloque donc toute objection à l'augmentation qui s'appuie sur une conception partisane et étroite de ce *telos*, à l'instar de celle des bioconservateurs[2].

1. *Libéralisme politique*, Paris, P.U.F., 1995, p. 4.

2. Il peut y avoir un prix à payer pour cela, le pluralisme pouvant devenir tel que nous devenions ce qu'Engelhardt appelle des étrangers moraux les uns par rapport aux autres : « Une hiérarchisation différente des valeurs fondamentales fait que les individus deviennent des étrangers moraux » (*Les Fondements de la bioéthique*, *op. cit.*, p. 7). Or, dit ailleurs le bioéthicien américain, « sans prémisses morales communes ou sans une compréhension commune de la vie morale, les individus vivent ensemble sans avoir la possibilité de résoudre les controverses morales importantes soit au moyen d'arguments [partagés] soit par l'appel à une autorité morale reconnue » (*The Foundations of Christian Bioethics*, *op. cit.*, p. XXI).

CONCLUSION

L'être humain cherche à s'améliorer depuis toujours et il va continuer à le faire; les moyens actuels qu'il utilise à cet effet ne sont en eux-mêmes pas plus problématiques que les anciens. C'est la conclusion qui se dégage de mon argumentation, et ce qui la justifie en fin de compte, c'est que tous ces moyens manifestent un usage approprié de la raison : ils sont conformes au *telos* de la personne et ont pour fonction de satisfaire des désirs et des aspirations profondément « humains ». Il n'en va pas autrement du projet de l'avènement d'un être posthumain, qui reste généralement dans le même sillage, si ce n'est qu'il souffre souvent d'enflure rhétorique.

Il existe bien sûr des conditions à remplir pour que ce projet s'effectue de manière moralement adéquate, c'est-à-dire sans mettre en péril ce *telos* et les aspirations qu'il exprime. Je les ai résumées dans les cinq règles suivantes :

[**R1**] Un moyen d'amélioration est moralement approprié s'il ne contredit pas la nature du bien visé.

[**R2**] Un moyen d'amélioration est moralement approprié s'il ne contredit pas l'adéquation du bien réalisé.

[**R3**] Une amélioration est moralement appropriée si elle ne nous prive pas d'un bien plus désirable.

[**R4**] Améliorer une capacité qui permet à un individu de réaliser les fins qu'il s'est fixées ou de mieux les réaliser est une bonne chose.

[**R5**] Améliorer une capacité première ou un état premier de la personne est une bonne chose.

Si nous nous y conformons, l'augmentation de l'être humain constituera une véritable amélioration. Mais qu'en est-il des risques? Somme toute, n'est-ce pas le souci principal lorsqu'il est question de progrès scientifique et (bio)technologique? C'est ce qu'on entend souvent dire, mais ce n'est pas tout à fait exact. En effet, si c'était le cas, cela voudrait dire que le principe de l'augmentation de l'être humain est accepté et qu'il faut simplement faire attention lors de sa réalisation. Or, on a vu que les bioconservateurs ne voient pas du tout les choses ainsi : pour eux, c'est dans son principe que le projet d'amélioration est moralement contestable. Cette opposition n'a rien avoir avec les risques, mais s'appuie sur une conception de la vie bonne qui valorise un respect pour ce qui nous est donné et une valorisation de notre humanité présente. Or, même si j'ai présenté des arguments pour montrer que cette approche n'est pas convaincante et vu qu'il existe des divergences insurmontables concernant ces conceptions de la vie bonne, les désaccords vont inévitablement perdurer. D'autres soucis, basés sur des intuitions largement partagées mais peu réfléchies, devraient céder si l'être humain fait preuve de plus de rationalité, mais comme on peut en douter – sauf à améliorer ses capacités rationnelles –, ils pourraient bien résister. Cela dit, le risque est couvert par la troisième règle : il n'est pas approprié de rechercher un bien qui nous priverait d'un bien plus désirable, ou même équivalent; or un risque important nous met exactement dans cette situation, l'incertitude en plus. On pourrait donc dire : une amélioration est moralement appropriée si elle ne risque pas sérieusement de nous priver d'un bien plus désirable.

Quant à la société dans son ensemble, elle ne saurait être lésée si ses membres s'améliorent; somme toute, comme le soulignent parmi d'autres Jasper et Derek Tran, si les citoyens deviennent plus intelligents et plus performants, la société dans son ensemble devrait en bénéficier[1]. Dans le cas tout au moins où il s'agit de véritables améliorations et qu'on ne demande pas à l'État de se charger de la tâche, auquel cas on violerait [**R3**] – c'est le cas chinois. C'est d'ailleurs aussi cette règle qui rend la pression sociale problématique et jette une ombre sur tout le projet d'augmentation dans un contexte social de compétition féroce. La conception libérale de la vie bonne est peut-être en train de se retourner contre elle-même.

1. « (De)regulating Neuroenhancement », art. cit., p. 117.

Maintenant, il est clair que notre compréhension du génome et du cerveau humains, ainsi que de la manière dont ils conditionnent notre comportement et nos capacités, est encore bien limité. Dans de telles conditions, on ne peut qu'approuver le Nuffield Council lorsqu'il souligne l'importance de la modestie et du sens des responsabilités en ce domaine[1] – le contraire de l'*hybris*. Lorsque les connaissances sont lacunaires, le débat public prend d'autant plus d'importance, car c'est aux personnes et aux citoyens de décider quels risques valent la peine d'être courus en fonction des bénéfices qu'ils espèrent et attendent, individuellement et socialement.

1. *Novel Neurotechnologies : Intervening in the Brain*, *op. cit.*, p. 87-88.

BIBLIOGRAPHIE

ACKERMAN S., *Hard Science, Hard Choices*, New York, Dana Foundation, 2006.

AMA, *Code mondial antidopage*, 2015, https://wada-main-prod.s3.amazonaws.com/resources/files/wada-2015-world-anti-doping-code-fr.pdf

ALEXANDRE L., *La mort de la mort*, Paris, Lattès, 2011.

ARBEAU T., *Orchésographie*, Paris, T. Vieweg, 1888.

ARISTOTE, *Éthique à Nicomaque*, Paris, Vrin, 1987.

– *La Politique*, Paris, Vrin, 1962.

ATKINS R., « Toward an Objective Phenomenological Vocabulary : How Seeing a Scarlet Red is Like Hearing a Trumpet's Blare », *Phenomenology and the Cognitive Sciences*, published online, 19 October 2012, p. 1-22.

BAERTSCHI B., *La vie artificielle*, Berne, CENH, 2009, disponible en ligne : http://www.ekah.admin.ch/fileadmin/ekah-dateien/dokumentation/publikationen/f-Beitrag-artificielle-2009.pdf.

– *La neuroéthique. Ce que les neurosciences font à nos conceptions morales*, Paris, La Découverte, 2009.

– *L'éthique à l'écoute des neurosciences*, Paris, Les Belles-Lettres, 2013.

– « Human Dignity as a Component of a Long-Lasting and Widespread Conceptual Construct », *Journal of Bioethical Inquiry*, 11, 2014, p. 201-211.

— et A. MAURON, « Qu'est-ce qu'une véritable amélioration ? », *Bioethica Forum*, 4/1, 2011, p. 4-11.

BARNES J., *Le perroquet de Flaubert*, Paris, Stock, 2000.

BEASLEY K., « Old Self vs. New Self », *Cambridge Quarterly of Healtcare Ethics*, 25/4, 2016, p. 751-753.

BESNIER J.-M., *Demain les posthumains*, Paris, Fayard, 2010.

BIRNBACHER D., « Rechte des Menschen oder Rechte der Natur », *Studia Philosophica*, 49, 1990, p. 61-80.

– *Natürlichkeit*, Berlin, De Gruyter, 2006.

BOÈCE, « Contre Eutychès et Nestorius », dans *Traités théologiques*, Paris, GF-Flammarion, 2000.

BOSTROM N., *Qu'est-ce que le transhumanisme?,* 2000, disponible en ligne: http://transhumanism.org/languages/french/transhumanisme.html.

– « Why I Want to be a Posthuman When I Grow Up », dans B. Gordijn et R. Chadwick (éd.), *Medical Enhancement and Posthumanity,* New York, Springer, 2008

– *Lettre d'Utopie*, 2010, disponible en ligne: http://www.nickbostrom.com/translations/utopie.pdf

BOYLE R., *The Origin of Form and Qualities*, dans *The Works of the Honourable Robert Boyle*, t. 3, Londres, 1666.

BRENNINKMEIJER J. et H. ZWART, « From "Hard" Neuro-Tools to "Soft" Neuro-Toys? Refocussing the Neuro-Enhancement Debate », *Neuroethics*, 10, 2017, p. 337-348.

BRETT L., *Lola Bensky*, Paris, 10/18, 2014.

BUBLITZ C., « Moral Enhancement and Mental Freedom », *Journal of Applied Philosophy*, 33/1, 2016, p. 88-106.

CAPLAN A., « Straining their Brains: Why the Case Against Enhancement Is not Persuasive », *Cerebrum*, 6/4, 2004, p. 14-18.

CCNE, *Performance et santé*, avis n° 81, 2003, disponible à: http://www.ccne-ethique.fr/sites/default/files/publications/avis081.pdf

CCNE, *Éthique et surdité de l'enfant*, avis n° 103, 2007, disponible à: http://www.ccne-ethique.fr/sites/default/files/publications/avis103.pdf

CCNE, *Recours aux techniques biomédicales en vue de « neuroamélioration » chez la personne non malade*, avis n° 122, 2013, disponible à: http://www.ccne-ethique.fr/sites/default/files/publications/avis122.pdf

CENH, *La dignité de la créature dans le règne végétal*, Berne, 2008, disponible à: http://www.ekah.admin.ch/fileadmin/ekah-dateien/dokumentation/publikationen/f-Broschure-Wurde-Pflanze-2008.pdf.

CHANDLER J., MOGYOROS A., MARTIN RUBIO T. et É. Racine, « Another Look at the Legal and Ethical Consequences of Pharmacological Memory Dampening: The Case of Sexual Assault », *Journal of Law, Medicine and Ethics*, 2013, p. 859-871.

CHARO A. et H. GREELY, « CRISPR Critters and CRISPR Cracks », *AJOB*, 15/12, 2015, p. 11-17.

CHATTERJEE A., « Cosmetic Neurology and Cosmetic Surgery: Parallels, Predictions, and Challenges », *Cambridge Quarterly of Healthcare Ethics*, 16/2, 2007, p. 129-137.

CHEUNG E. et J. PIERRE, « The Medical Ethics of Cognitive Neuroenhancement », *AIMS Neuroscience*, 2/3, 2015, p. 105-122.

CHURCHLAND P., *Braintrust*, Princeton, Princeton UP, 2011.

COCCARO E., *President's Council on Bioethics*, 9 septembre 2004, www.bioethics.gov—neuro_index.html

CNE, *L'« amélioration » de l'humain par des substances pharmacologiques*, prise de position n° 18, Berne, 2011, disponible en ligne: http://www.nek-cne.ch/fileadmin/nek-cne-dateien/Themen/Stellungnahmen/fr/NEK-CNE_Enhancement_f.pdf

COMITÉ DU PRÉSIDENT AMÉRICAIN SUR LA BIOÉTHIQUE, *Beyond Therapy*, Washington (DC), 2003.

– *Gray Matters*, Washington, 2, 2015, http://www.bioethics.gov.

CONDORCET, *Esquisse d'un tableau historique des progrès de l'esprit humain*, Paris, GF-Flammarion, 1988.

COTTIER G., *Défis éthiques*, Saint-Maurice, éd. Saint-Augustin, 1996.

CROCKETT M., CLARK L., HAUSER M. et T. ROBBINS, « Serotonin Selectively Influences Moral Judgment and Behavior through Effects on Harm Aversion », *PNAS*, vol. 107/40, 2010, p. 17433-17438.

CUSHMAN F., YOUNG L. et M. HAUSER, « The Role of Conscious Reasoning and Intuition in Moral Judgment », *Psychological Science*, 17/12, 2006, p. 1082-1089.

DAMASIO A., *L'erreur de Descartes*, Paris, Odile Jacob, 2001.

DANAHER J., « Why Internal Moral Enhancement Might Be Politically Better than External Moral Enhancement », *Neuroethics*, 9, 2016, p. 1-18.

DANIELS N., *Just Health Care*, Cambridge, CUP, 1986.

DAWKINS R., « Forcing a Religion on Your Children is as Bad as Child Abuse », *MailOnline*, 22 avril 2013, accessible en ligne à : http://www.dailymail.co.uk/news/article-2312813/Richard-Dawkins-Forcing-religion-children-child-abuse-claims-atheist-professor.html

DECETY J. et K. YODER, « Empathy and Motivation for Justice : Cognitive Empathy and Concern, but not Emotional Empathy, Predict Sensitivity to Injustice for Others », *Social Neuroscience*, 11/1, 2016, p. 1-14.

DEGRAZIA, D. « Modal Personhood and Moral Status : A Reply to Kagan's Proposal », *Journal of Applied Philosophy*, 33/1, 2016, p. 22-25.

DENNETT D., *Freedom Evolves*, Londres, Allen Lane, 2003.

DEONNA J., RODOGNO R. et F. TERONI, *In Defense of Shame. The Faces of an Emotion*, Oxford, OUP, 2012.

DESCARTES R., *Discours de la méthode*, dans *Œuvres de Descartes,* éd. Adam et Tannery, vol. VI, Paris, Vrin, 1982.

DE SOUSA R., *The Rationality of Emotions*, Cambridge (MA), MIT Press, 1987.

DILLER L., « The Run on Ritalin : Attention Deficit Disorder and Stimulant Treatment in the 1990s », dans M. Farah (éd.), *Neuroethics. An Introduction with Readings*, Cambridge (MA), MIT Press, 2010, p. 42-57.

DOUGLAS T., « Moral Enhancement via Direct Emotion Modulation : A Reply to John Harris », *Bioethics*, 27/3, 2013, p. 160-168.

DURAND G., « De la non-malfaisance procréative », *Bioethica Forum*, 10/1, 2017, p. 4-11.

DURAND J.-M., « Le trip ultime, Sur la route avec la Beat generation », *Les inRocKuptibles*, hors série, 2016.

DWORKIN R., *Sovereign Virtue*, Londres, Harvard UP, 2000.

ELLIOTT C., *Better than Well*, New York, Norton & Company, Inc., 2003.

ELSTER J., *Ulysses and the Sirens: Studies in Rationality and Irrationality*, Cambridge, CUP, 1979.

ENGELHARDT H.T., *The Foundations of Bioethics* [1986], Oxford, OUP, 1997 (2ᵉ éd.), trad. fr. *Les fondements de la bioéthique*, Paris, Les Belles Lettres, 2015.

– *The Foundations of Christian Bioethics*, Lisse, Swets & Zeitlinger, 2000.

ÉPICURE, *Lettre à Ménécée*, dans *Lettres, maximes, sentences*, Paris, Livre de poche, 1994.

ERLER A., « Does Memory Modification Threaten Our Authenticity », *Neuroethics*, 4/3, 2011, p. 235-249.

EVERS K. et M. SIGMAN, « Possibilities and Limits of Mind-Reading : A Neurophilosophical Perspective », *Consciousness and Cognition*, 22, 2013, p. 887-897.

FABER N., SAVULESCU J. et T. DOUGLAS, « Why is Cognitive Enhancement Deemed Unacceptable? The Role of Fairness, Deservingness, and Hollow Achievements », *Frontiers in Psychology*, 7, 2016, art. 232, p. 1-12.

FARAH M., « The Unknowns of Cognitive Enhancement », *Science*, 350/6259, 2015, p. 379-380.

FERRY L., *La révolution transhumaniste,* Paris, Plon, 2016.

FISCHER J. et M. RAVIZZA, *Responsibility and Control,* Cambridge, CUP, 1998.

FOCQUAERT F. et M. SCHERMER, « Moral Enhancement : Do Means Matter Morally? », *Neuroethics*, 8, 2015, p. 139-151.

FORLINI C. et É. RACINE, « Autonomy and Coercion in Academic "Cognitive Enhancement" Using Methylphenidate », *Neuroethics*, 2/3, 2009, p. 163-177.

GILLETT G., *Subjectivity and Being Somebody*, Exeter, Imprint Academic, 2008.

GILSON É., *Études sur le rôle de la pensée médiévale dans la formation du système cartésien*, Paris, Vrin, 1984.

GLOVER J., *What Sort of People Should There Be?,* Harmondsworth, Penguin Books, 1984.

GOFFETTE J., « Modifier les humains : anthropotechnie *versus* médecine », dans J.-N. Missa et L. Perbal (éd.), *« Enhancement ». Éthique et philosophie de la médecine d'amélioration*, Paris, Vrin, 2009.

– « Anthropotechnie (ou anthropotechnique) et *Human Enhancement* », dans G. Hottois, J.-N. Missa et L. Perbal (éd.), *Encyclopédie du trans/posthumanisme*, Paris, Vrin, 2015, p. 17-25.

GOFFI J.-Y., « Transhumanistes et bioconservateurs », dans V. Adam et A. Caiozzo (éd.), *La Fabrique du corps humain : la machine modèle du vivant*, Grenoble, Publications de la MSH-Alpes, 2010, p. 351-371.

– « Personne, personnalisme, personnisme », dans R. Mache (éd.), *La personne dans les sociétés techniques*, Paris, L'Harmattan, 2007, p. 13-41.

– « Nature humaine et amélioration de l'être humain à la lumière du programme transhumaniste », *Journal international de bioéthique*, 23/3-4, 2011, p. 19-32.

– « Transhumain », dans G. Hottois, J.-N. Missa et L. Perbal (éd.), *Encyclopédie du trans/posthumanisme*, Paris, Vrin, 2015, p. 156-163.

GOODMAN R., « Cognitive Enhancement, Cheating, and Accomplishment », *Kennedy Institute of Ethics Journal*, 20/2, 2010, p. 145-160.

GREENE J., *Tribus morales. L'émotion, la raison et tout ce qui nous sépare*, Genève, Éditions Markus Haller, 2017.

HABERMAS J., *L'Avenir de la nature humaine*, Paris, Gallimard, 2002.

HAIDT J., « The Emotional Dog and its Rational Tail : A Social Intuitionist Approach to Moral Judgment », *Psychological Review*, 108, 2001, p. 814-834.

HARRIS J., *Enhancing Evolution. The Ethical Case for Making Better People*, Princeton, Princeton UP, 2007.

– « Moral Enhancement and Freedom », *Bioethics*, 25/2, 2011, p. 102-111.

– « Moral Progress and Moral Enhancement », *Bioethics*, 27/5, 2013, p. 285-290.

HELVÉTIUS C.-A., *De L'Esprit*, Paris, Fayard, 1988.

HÉRACLITE, *Fragments*, dans *Les penseurs grecs avant Socrate*, Paris, Garnier, 1964.

HERISSONE-KELLY P., « Procreative Beneficience and the Prospective Parent », *British Medical Journal*, 32, 2006, p. 166-169.

HEYMAN G., *Addiction. A Disorder of Choice*, Cambridge (MA), Harvard UP, 2009.

HOTTOIS G., *Philosophie et idéologies trans/posthumanistes*, Paris, Vrin, 2017.

—, J.-N. MISSA et L. PERBAL (éd.) *Encyclopédie du trans/posthumanisme*, Paris, Vrin, 2015.

HUNYADI M., *Je est un clone*, Paris, Seuil, 2004.

ILLIEVA I. et M. FARAH, « Enhancement Stimulants : Perceives Motivational and Cognitive Advantages », *Frontiers in Neuroscience*, 7/198, 2013, p. 1-6.

JEANGÈNE VILMER J.-B., *Éthique animale*, Paris, P.U.F., 2008.

JONAS H., « Not Compassion Alone », *Hastings Center Report*, 25/7, 1995, p. 44-50.

JOTTERAND F., « Beyond Therapy and Enhancement : The Alteration of Human Nature », *Nanoethics*, 2, 2008, p. 16-22.

JOUSSET-COUTURIER B., *Le Transhumanisme*, Paris, Eyrolles, 2016.

KAHANE G. et SAVULESCU J., « Normal Human Variation : Refocussing the Enhancement Debate », *Bioethics*, 29/2, 2015, p. 133-143.

KANT E., *Critique de la raison pratique*, Paris, P.U.F., 1943.

– *Fondements de la métaphysique des mœurs*, Paris, Vrin, 1980.

– *Anthropologie du point de vue pragmatique*, Paris, Vrin, 1984.

– *Doctrine de la vertu*, Paris, Vrin, 1985.

KASS L., « Reflections on Public Bioethics : A View from the Trenches », *Kennedy Institute of Ethics Journal*, 15/3, 2005, p. 221-250.

KLAMING L. et P. HASELAGER, « Did My Brain Implant Make Me Do It ? Questions Raised by DBS Regarding Psychological Continuity, Responsibility for Action and Mental Competence », *Neuroethics*, 6, 2013, p. 527-537.

KORSGAARD C., *The Sources of Normativity*, Cambridge, CUP, 1992.

KHUSHF G., « An Ethic for Enhancing Human Performance Through Integrative Technologies », dans W. Bainbridge et M. Roco (eds.), *Managing Nano-Bio-Info-Cogno Innovations*, Dordrecht, Springer, 2005, p. 255-278.

KWOK R., « DNA's Master Craftsmen », *Nature*, 468, 2010, p. 22–25.

LABRO P., *L'étudiant étranger*, Paris, Folio-Gallimard, 1986.

LE COZ P., *Le gouvernement des émotions*, Paris, Albin Michel, 2014.

LEIBNIZ G. W., *Essais de théodicée*, Paris, GF-Flammarion, 1969.

LEVASSEUR-MOREAU J., BRUNELIN J. et S. FECTEAU, « Non-invasive Brain Stimulation Can Induce Paradoxical Facilitation. Are These Neuroenhancement Transferable and Meaningful to Security Services? », *Frontiers in Human Neuroscience*, 7/449, p. 2013, 1-13.

LEVY N., *Neuroethics. Challenges for the 21 st Century*, Cambridge, CUP, 2007.

– « Rethinking Neuroethics in the Light of the Extended Mind Thesis », *American Journal of Bioethics*, 7/9, 2007, p. 3-11.

MACINTYRE A., *Après la vertu*, Paris, P.U.F., 1984.

MALDARELLI C., « Monkeys Drive Wheelchairs Using Thought Alone », *Popular Science*, 3 mai 2016, disponible en ligne : http : //www.popsci.com/robotic-wheelchair-can-be-now-be-controlled-by-monkeys-brain

MANNINEN B., « Medicating the Mind : a Kantian Analysis of Overprescribing Psychoactive Drugs », *Journal of Medical Ethics*, 32/2, 2006, p. 100-105.

MARCUS S. (éd.), *Neuroethics. Mapping the Field*, New York, Dana Foundation, 2002.

MAURON A., « Du statut de l'embryon au statut des technologies de la reproduction », dans P. Jouannet et C. Paley-Vincent (éd.), *L'embryon, le fœtus et l'enfant*, Paris, Eska, 2009.

MAURON A., « Éthique démiurgique », dans G. Hottois, J.-N. Missa et L. Perbal (éd.), *Encyclopédie du trans/posthumanisme*, Paris, Vrin, 2015, p. 34-40.

MCGEE G., *The Perfect Baby*, Lanham, Rowman & Littlefield, 2000.

MCPHERSON I., ROQUÉ M. V. et I. SEGARRA, « Moral enhancement, at the Peak of Pharmacology and at the Limit of Ethics », *Frontiers Pharmacology*, à paraître.

MELE A., *Self-Deception Unmasked*, Princeton, Princeton UP, 2000.

MELO-MARTIN I. de et A. DALLES, « Moral Bioenhancement : Much Ado About Nothing? », *Bioethics*, 29/4, 2015, p. 223-232.

MEYERS C., « Neuroenhancement in Reflective Equilibrium : A Qualified Kantian Defense of Enhancing in Scholarship and Science », *Neuroethics*, 7, 2014, p. 287-298.

MIAH A., « Engineering Greater Resilience or Radical Transhuman Enhancement? », *Studies in Ethics, Law, and Technology*, 2/1, 2008, p. 1-20.

MICHAEL M., « Redistributive Taxation, Self-Ownership and the Fruit of Labour », *Journal of Applied Philosophy*, 14/2, 1997, p. 137-146.

MILL J. S., *L'Utilitarisme*, Paris, Garnier, 1968.

MILLER H., « When Politics drives science : Lysenko, Gore, and U.S. biotechnology policy », *Social Philosophy and Policy*, 13/2, 1996, p. 96-112.

MISSA J.-N., « L'homme recombiné. Les enjeux éthiques et philosophiques de la modification du génome de l'être humain », dans J.-Y. Goffi (éd.), *Regards sur les technosciences*, Paris, Vrin, 2006, p. 111-133.

– « Dopage cognitif sportif et médecine d'amélioration », *Journal international de bioéthique*, 23/3-4, 2011, p. 93-121.

— et L. PERBAL (éd.), *« Enhancement ». Éthique et philosophie de la médecine d'amélioration*, Paris, Vrin, 2009.

NAGEL S., « Too Much of a Good Thing? Enhancement and the Burden of Self-Determination », *Neuroethics*, 3/2, 2010, p. 109-119.

NAGEL T., « What Is It Like to Be a Bat », *The Philosophical Review*, 83/4, 1974, p. 435-450.

NOUVEL P., « Les amphétamines : un aiguillon philosophique à la conquête des records », dans J.-N. Missa et L. Perbal (éd.), *« Enhancement ». Éthique et philosophie de la médecine d'amélioration*, Paris, Vrin, 2009, p. 121-131.

NOZICK R., *Anarchie, État et utopie*, Paris, P.U.F., 1988.

NUFFIELD COUNCIL ON BIOETHICS, *Novel Neurotechnologies : Intervening in the Brain*, Londres, 2013, disponible en ligne : http://nuffieldbioethics.org/wp-content/uploads/2013/06/Novel_neurotechnologies_report_PDF_web_0.pdf

– *Genome Editing : An Ethical Review*, Londres, 2016, en ligne : http://nuffieldbioethics.org/wp-content/uploads/Genome-editing-an-ethical-review.pdf

NUSSBAUM M., « Human Dignity and Political Entitlements », dans Comité du Président américain pour la bioéthique, *Human Dignity and Bioethics*, Washington (DC), 2008.

O'CONNOR C. et H. JOFFE, « How the Public Engages with Brain Optimization : The Media-Mind Relationship », *Science, Technology, and Human Values*, 40/5, 2015, p. 712-743.

OGIEN R., *L'éthique aujourd'hui. Maximalistes et minimalistes*, Paris, Gallimard, Folio-essais, 2007.

– *Mon dîner chez les cannibales*, Paris, Grasset, 2016.

OSHIMA H. et Y. KATAYAMA, « Neuroethics of Deep Brain Stimulation for Mental Disorders : Brain Stimulation Reward of Humans », *Neurologia Medico-Chirurgica*, 50, 2010, p. 845-852.

PARENS E., « Authenticity and Ambivalence : Toward Understanding the Enhancement Debate », *Hastings Center Report*, 35/3, 2005, p. 34-41.

– « Creativity, Gratitude, and the Enhancement Debate », dans J. Illes (éd.), *Neuroethics, Defining the Issues in Theory, Practice, and Policy*, Oxford, OUP, 2006, p. 75-86.

PARKHURST A., « Becoming Cyborgian : Procrastinating the Singularity », *The New Bioethics*, 18/1, 2012, p. 68-80.

PAUL D., « Is Human Genetics Disguised Eugenics ? », dans D. Hull et M. Ruse (éd.), *The Philosophy of Biology*, Oxford, OUP, 1998, p. 536-551.

PERBAL L., « Eugénisme », dans G. Hottois, J.-N. Missa et L. Perbal (éd.), *Encyclopédie du trans/posthumanisme*, Paris, Vrin, 2015, p. 278-288.

PIC DE LA MIRANDOLE, *Discours sur la dignité de l'homme,* 1486, www.lyber-eclat.net—pictrad.html.

PIETERS T. et S. SNELDERS, « Psychotropic Drug Use : Between Healing and Enhancing the Mind », *Neuroethics*, 2, 2009, p. 63-73.

PROUST J., *La nature de la volonté*, Paris, Folio-essais, 2005.

– « Cognitive Enhancement, Human Evolution and Bioethics », *Journal international de bioéthique*, 23/3-4, 2011, p. 153-173.

PROUST M., *À la recherche du temps perdu*, Paris, Quarto-Gallimard, 1999.

RACINE É. et C. FORLINI, « Cognitive Enhancement, Lifestyle Choice or Misuse of Prescription Drugs ? », *Neuroethics*, 3, 2010, p. 1-4.

RACINE É., MARTIN RUBIO T., CHANDLER J., FORLINI C. et J. LUCKE, « The Value and Pitfalls of Speculation about Science and Technology in Bioethics : The Case of Cognitive Enhancement », *Medical Health Care and Philosophy*, 17, 2014, p. 325-337.

RAINE A., *The Anatomy of Violence*, London, Penguin Books, 2014.

RAINEY S., « Enhanced, Improved, Perfected ? », *The New Bioethics*, 18/1, 2012, p. 21-35.

RAMAKRISHNAN A., IFFT P., PAIS-VIEIRA M., WOO BYUN Y., ZHUANG K., LEBEDEV M. et Nicolelis M., « Computing Arm Movements with a Monkey Brainet », *Scientific Reports*, art. 10767, DOi : 10.1038/srep10767, 2015.

RAUS K., FOCQUAERT F., SCHERMER M., SPECKER J. et S. STERCKX, « On Defining Moral Enhancement : A Clarificatory Taxonomy », *Neuroethics*, 7, 2014, p. 263-273.

RAWLS J., *Théorie de la justice*, Paris, Seuil, 1987.

– *Justice et démocratie*, Paris, Seuil, 1993.

– *Libéralisme politique*, Paris, P.U.F., 1995.

RAY K. S., « Not Just "Study Drugs" for the Rich : Stimulants as Moral Tools for Creating Opportunities for Socially Disadvantaged Students », *AJOB*, 16/6, 2016, p. 29-38.

ROBERTSON J., « Extending Preimplantation Genetic Diagnosis : The Ethical Debate », *Human Reproduction*, 18/3, 2003, p. 465-471.

ROBITAILLE C. et J. COLIN, « Prescription Psychostimulant Use Among Young Adults : A Narrative Review of Qualitative Studies », *Substance Use & Misuse*, 51/3, 2015, p. 357-369.

RODUIT J., *The Case for perfection*, Frankfurt, Peter Lang, 2016.

ROMAINS J., *Les hommes de bonne volonté*, Paris, Bouquins-Laffont, 4 vol., 2003.

RØNNOW-RASMUSSEN T., « On Locating Value in Making Moral Progress », *Ethical Theory and Moral Practice*, 19/4, 2016, p. 1-16.

ROUSSEAU J.-J., *Émile*, dans *Œuvres complètes*, t. IV, Paris, Gallimard, 1969.

– *Discours sur l'origine de l'inégalité,* dans *Œuvres complètes*, t. III, Paris, Gallimard, 1964.

– *Du contrat social*, dans *Œuvres complètes*, t. III, Paris, Gallimard, 1964.

RUBIN C., « Human Dignity and the Future of Man », dans President's Council on Bioethics, *Human Dignity and Bioethics*, Washington (DC), 2008.

SALZMANN Y., *Sartre et l'authenticité*, Genève, Labor & Fides, 2000.

SANDEL M., « The Case Against Perfection », *Atlantic Monthly*, 293/3, 2004, Harvard, 2007 ; trad. fr. H. Valance, *Contre la perfection. L'éthique à l'âge du génie génétique*, Paris, Vrin, 2016

SARTRE J.-P., *L'existentialisme est un humanisme*, Paris, Folio-Gallimard, 1996.

SAVULESCU J. et G. KAHANE, « The Moral Obligation to Create Children with the Best Chance of the Best Life », *Bioethics*, 23/5, 2009, p. 274-290.

SCHANKER B. et W. CURRY, « Evaluation of Positive and Negative Self-Identity Changes with Brain Neoplasia », *AJOB Neuroscience*, 1/3, 2010, p. 19-21.

SCHERMER M., « Enhancements, Easy Shortcuts, and the Richness of Human Activities », *Bioethics*, 22/7, 2008, p. 355-363.

—, BOLT I., DE JONGH R. et B. OLIVIER, « The Future of Psychopharmacological Enhancements : Expectations and Policies », *Neuroethics*, 2, 2009, p. 75-87.

SCHLEIM S. et B. QUEDNOW, « How Realistic Are the Scientific Assumptions of the Neuroenhancement Debate ? », *Frontiers in Pharmacology*, 9, 2018, art. 3, p. 1-7.

SCHNALL S., HAIDT J., CLORE G. et A. JORDAN, « Disgust as Embodied Moral Judgment », *Personality and Social Psychology Bulletin*, 34/8, 2008, p. 1096-1109.

SCHUIJER J., DE JONG I., KUPPER F. et N. VAN ATTEVELDT, « Transcranial Electric Stimulation to Enhance Cognitive Performance of Healty Minors », *Frontiers in Human Neuroscience*, 11, 2017, art. 142, p. 1-15.

SHARPE K., « Evidence is Mounting that Medication for ADHD Doesn't Make a Lasting Difference to Schoolwork or Achievement », *Nature*, February vol. 506, 2014, p. 146-148.

SHRIVER A., « Knocking Out Pain in Livestock : Can Technology Succeed Where Morality Has Stalled ? », *Neuroethics*, 3, 2009, p. 115-124.

SMITH B., « Can We Test the Experience Machine ? », *Ethical Perspectives*, 18/1, 2011, p. 29-51.

SMITH K., « Synthetic Biology : A Utilitarian Perspective », *Bioethics*, 27/8, 2013, p. 453-463.

SPARROW R., « Better than Men ? Sex and the Therapy/Enhancement Distinction », *Kennedy Institute of Ethics Journal*, 20/2, 2010, p. 115-144.

– « In vitro Eugenics », *Journal of Medical Ethics*, 40/11, 2014, p. 725-731.

SPECKER J. et M. SCHERMER, « Drawing Inspiration from Moral Education, Public Health Ethics, and Forensit Psychiatry », *Cambridge Quarterly of Healthcare Ethics*, 26, 2017, p. 415-426.

STOL Y., SCHERMER M. et E. ASSCHER, « Omnipresent Health Checks May Result in Overresponsibilization », *Public Health Ethics*, DOI : 10.1093/phe/phw034, 2016.

SWIESTRA T. et A. RIP, « Nano-ethics as NEST-ethics : Patterns of Moral Argumentation About New and Emerging Science and Technology », *Nanoethics*, 1, 2007, p. 3-20.

SYNOFZIK M., « Ethically Justified, Clinically Applicable Criteria for Physician Decision-Making in Psychopharmacological Enhancement », *Neuroethics*, 2, 2009, p. 89-102.

—, SCHLAEPFER T. et J. FINS, « How Happy Is Too Happy ? Euphoria, Neuroethics, and Deep Brain Stimulation of the Nucleus Accumbens », *AJOB Neuroscience*, 3/1, 2012, p. 30-36.

TAYLOR C., *The Ethics of Authenticity*, Cambridge (MA), Harvard UP, 1991.

TERBECK S., SAVULESCU J., CHESTERMAN L. et P. COWEN, « Noradrenaline Effects on Social Behaviour, Intergroup Relations, and Moral Decisions », *Neuroscience and Biobehavioral Reviews*, 66, 2016, p. 54-60.

THOMAS D'AQUIN, *De Potentia*, q. 9, a. 3, dans *Quæstiones disputatæ*, Paris, Lethielleux, 1925.

– *Somme théologique*, 1984, http: //docteurangelique.free.fr/livresformatweb/sommes/1sommetheologique1apars.htm

THOMPSON P., « The Opposite of Human Enhancement : Nanotechnology and the Blind Chicken Problem », *Nanoethics*, 2, 2008, p. 305-316.

TINLAND F., « La technoscience : convergence occasionnelle ou lien essentiel ? », dans J.-Y. Goffi (éd.), *Regards sur les technosciences*, Paris, Vrin, 2006, p. 39-66.

TRAN J. et D. TRAN, « (De)regulating Neuroenhancement », *University of La verne Law Review*, 37, 2015, p. 101-124.

VAN WILLIGENBURG T., « Philosophical Reflection on Bioethics and Limits », dans M. Düwell, C. Rehmann-Sutter et D. Mieth (éd.), *The Contingent Nature of Life*, Berlin, Springer, 2008, p. 147-156.

VARELIUS J., « Illness, Suffering and Voluntary Euthanasia », *Bioethics*, 21/2, 2007, p. 75-83.

VOLTAIRE, *La Princesse de Babylone*, dans *Romans et contes*, Paris, Folio, 1972.

VRECKO S., « Just How Cognitive Is "Cognitive Enhancement"? On the Significance of Emotions in University Students' Experiences with Study Drugs », *AJOB Neuroscience*, 4/1, 2013, p. 4-12.

WADE L., FORLINI C. et É. RACINE, « Generating Genius : How an Alzheimer's Drug Became Considered a "Cognitive Enhancer" for Healthy Individuals », *BMC Medical Ethics*, 15, 2014, p. 1-28.

WARREN M. A., *Moral Status*, Oxford, OUP, 1997.

WILKINSON S., *Choosing Tomorrow's Children*, Oxford, OUP, 2010.

WITT K., KUHN J., TIMMERMANN L., ZUROWSKI M. et C. WOOPEN, « Deep Brain Stimulation and the Search for Identity », *Neuroethics*, 6, 2013, p. 499-511.

ZAK P., « The Physiology of Moral Sentiments », *Journal of Economic Behavior and Organization*, 77, 2011, p. 53-65.

ZWEIG S., *La pitié dangereuse*, dans *Romans et nouvelles*, Paris, Pochothèque, 2006.

TABLE DES MATIÈRES

IMPRIMERIE F. PAILLART, B.P. 30324, 80103 ABBEVILLE – (16302)
DÉPÔT LÉGAL : 3e TRIMESTRE 2019